高等职业院校财经类专业“十三五”规划教材

仓储配送管理

上海财经大学出版社

阮喜珍　编著

STORAGE AND DISTRIBUTION MANAGEMENT

图书在版编目(CIP)数据

仓储配送管理/阮喜珍编著．—上海：上海财经大学出版社，2017.2
(高等职业院校财经类专业"十三五"规划教材)
ISBN 978-7-5642-2596-4/F・2596

Ⅰ.①仓…　Ⅱ.①阮…Ⅲ.①仓库管理-高等学校-教材 ②物资配送-物资管理-高等学校-教材　Ⅳ.①F253 ②F252.14

中国版本图书馆 CIP 数据核字(2017)第 018060 号

□责任编辑　江　玉
□封面设计　钱宇辰

CANGCHU PEISONG GUANLI
仓 储 配 送 管 理

阮喜珍　编著

上海财经大学出版社出版发行
(上海市武东路 321 号乙　邮编 200434)
网　　址：http://www.sufep.com
电子邮箱：webmaster @ sufep.com
全国新华书店经销
上海华教印务有限公司印刷装订
2017 年 2 月第 1 版　2017 年 2 月第 1 次印刷

787mm×1092mm　1/16　15.75 印张　403 千字
印数：0 001—4 000　定价：36.00 元

高等职业院校财经类专业“十三五”规划教材

编写委员会

前　言

高职高专是培养适应生产、建设、管理、服务第一线需要的高等技术应用型人才的摇篮。目前，经济管理类专业处于改革的关键时期。“仓储配送管理”是管理类专业的主要专业课程或专业基础课程，其教材和教学模式改革迫在眉睫，编写本教材可以解决当务之急，为培养满足社会需要的第一线物流管理人才做贡献。

考虑到高职教育突出技能性和实用性的特点及要求，本教材围绕现代仓储配送管理实务操作的相关知识、技能要求进行编写。突出以库管员、配送调度员等岗位和工作任务所需的知识、技能要求进行教材内容体系的架构，即按现行仓储与配送相关管理岗位或管理项目所实施的实务操作技能和必备知识要求编写。采用通俗易懂的语言，既注重理论与方法的系统介绍，又穿插一些小案例、知识链接和小思考，增强趣味性。着重介绍怎么做、如何做，力求通俗易懂，注重案例和图表的运用。每个项目均以相关案例引入，后面附有思考题、技能训练和案例分析。

本书以全国高等职业院校物流管理及其他专业学生为教学对象，同时也可作为物流管理人员培训和普通高等教育的教材或教学参考书，在教学中可以根据实际情况进行取舍。

在本书的编写过程中，参考和引用了许多学者的研究成果，在此谨向有关作者表示诚挚的感谢！

全书由阮喜珍教授编著。本书得到了上海财经大学出版社的领导和编辑的大力支持以及同行专家关心、帮助和指导，在此一并表示感谢！

由于水平有限，难免存在欠缺，恳请读者批评指正。

作　者

2017 年 1 月

目　录

项目 1

对仓储配送管理的认识和理解

知识目标

◎ 理解仓储及仓储管理的含义;
◎ 明确仓储的功能及仓储活动类型;
◎ 了解配送及仓储管理的发展过程;
◎ 掌握仓储及配送管理的内容、原则。

技能目标

◎ 能用所学知识对物流企业仓储及配送管理状况进行分析;
◎ 能结合企业具体情况提出如何进行仓储及配送管理的一些措施。

【引例】

西南仓储公司物流管理

西南仓储公司是一家地处四川省成都市的国有商业储运公司,随着市场经济的深入发展,原有的业务资源逐渐减少,在企业的生存和发展过程中,也经历了由专业储运公司到非专业储运公司再到专业储运公司的发展历程。

在业务资源和客户资源不足的情况下,这个以仓储为主营业务的企业其仓储服务是有什么就储存什么。以前是以五金交电为主,后来也储存过钢材、水泥和建筑涂料等生产资料。这种经营方式解决了企业仓库的出租问题。

那么,这家企业是如何发展区域物流的呢?

①专业化。当仓储资源又重新得到充分利用的时候,这家企业并没有得到更多利益,经过市场调查和分析研究,这家企业最后确定了立足自己的老本行,发展以家用电器为主的仓储业务。一方面,在家用电器仓储上,加大投入和加强管理,加强与国内外知名家用电器厂商的联系,向这些客户和潜在客户介绍企业确定的面向家用电器企业的专业化发展方向,吸引家电企业进入。另一方面,与原有的非家用电器企业用户协商,建议其转库,同时将自己的非家用电

器用户主动地介绍给其他同行。

②延伸服务。在家用电器的运输和使用过程中,不断出现损坏的家用电器,以往,每家生产商都是自己进行维修,办公场所和人力方面的成本很高。经过与用户协商,在得到大多数生产商认可的情况下,这家企业在库内开始了家用电器的维修业务,既解决了生产商的售后服务的实际问题,也节省了维修品往返运输的成本和时间,并分流了企业内部的富余人员,一举两得。

③多样化。除了为用户提供仓储服务之外,这家企业还为一个最大的客户提供办公服务,向这个客户的市场销售部门提供办公场所,为客户提供了前店后厂的工作环境,大大提高了客户的满意度。

④区域性物流配送。通过几年的发展,企业经营管理水平不断提高,企业内部的资源得到了充分的挖掘,同样,企业的仓储资源和其他资源也已经处于饱和状态,资源饱和了,收入的增加从何而来?在国内发展现代物流的形势下,这家企业认识到只有走出库区,走向社会,发展物流,才能提高企业的经济效益,提高企业的实力。发展物流从何处做起?经过调查和分析,决定从学习入手,向比自己先进的企业学习,逐步进入现代物流领域。经过多方努力,他们找到一家第三方物流企业,在这个第三方物流企业的指导下,通过与几家当地的运输企业合作(外包运输),开始了区域内的家用电器物流配送,为一家跨国公司提供物流服务,现在这家企业的家用电器的物流配送已经覆盖了四川(成都市)、贵州和云南。

该案例表明:现代物流较传统物流发生了很大的变化。仓储和配送管理对于一个物流企业来说非常重要,要把信息技术应用于管理中。要对市场进行分析,进入物流市场切入点,发展自己优势,充分利用社会资源,减少成本,提高服务水平,拓展物流服务功能。

任务 1.1 对仓储及仓储管理的认识和理解

1.1.1 仓储的概念、功能、分类

(1)仓储的概念

"仓"即仓库,为存放、保管、储存物品的建筑物和场地的总称,可以是房屋建筑、洞穴、大型容器或特定的场地等,具有存放和保护物品的功能。"储"即储存、储备,表示收存以备使用,具有收存、保管、交付使用的意思。"仓储"则为利用仓库存放、储存未即时使用的物品的行为。仓储是产品生产、流通过程中因订单前置或市场预测前置而使产品、物品暂时存放。它是集中反映工厂物资活动状况的综合场所,是连接生产、供应、销售的中转站,对促进生产提高效率起着重要的辅助作用。同时,围绕着仓储实体活动,清晰准确的报表、单据账目、会计部门核算的准确信息也同时进行着,因此仓储是物流、信息流、单证流的合一。

对仓储概念的理解要抓住以下要点:第一,满足客户的需求,保证储存货物的质量,确保生产、生活的连续性是仓储的使命之一。第二,当物品不能被即时消耗,需要专门的场所存放时,形成了静态仓储。对仓库里的物品进行保管、控制、存取等作业活动,便产生了动态仓储。第三,储存的对象必须是实物产品,包括生产资料、生活资料等。第四,储存和保管货物要根据货物的性质选择相应的储存方式。不同性质的货物应该选择不同的储存方式。例如,食品、生物药品等对温度有特殊要求的货物需要采用冷藏库储存;液体性的原油或成品油就需要使用油

品库储存。

(2)仓储的功能

从整个物流过程看,仓储是保证这个过程正常运转的基础环节之一。仓储的价值主要体现在其具有的基本功能、增值功能以及社会功能三个方面。

①基本功能。基本功能是指为了满足市场的基本储存需求,仓库所具有的基本的操作或行为,包括储存、保管、拼装、分类等基础作业。其中,储存和保管是仓储最基础的功能。通过基础作业,货物得到了有效的、符合市场和客户需求的仓储处理,例如,拼装可以为进入物流过程中的下一个物流环节做好准备。

②增值功能。增值功能是指通过仓储高质量的作业和服务,使经营方或供需方获取除这一部分以外的利益,这个过程称为附加增值。这是物流中心与传统仓库的重要区别之一。增值功能的典型表现方式包括:一是提高客户的满意度。当客户下达订单时,物流中心能够迅速组织货物,并按要求及时送达,提高了客户对服务的满意度,从而增加了潜在的销售量。二是信息的传递。在仓库管理的各项事务中,经营方和供需方都需要及时而准确的仓库信息。例如,仓库利用进出货频率、仓库的地理位置、仓库的运输情况、客户需求状况、仓库人员的配置等信息,这些信息为用户或经营方进行正确的商业决策提供了可靠的依据,提高了用户对市场的响应速度,提高了经营效率,降低了经营成本,从而带来额外的经济利益。

③社会功能。仓储的基础作业和增值作业会给整个社会物流过程的运转带来不同的影响,良好的仓储作业与管理会带来正面的影响,如保证生产、生活的连续性,反之,则会造成负面效应。这些功能称为社会功能,主要从三个方面理解:第一,时间调整功能。一般情况下,生产与消费之间会产生时间差,通过储存可以克服货物产销在时间上的隔离(如季节生产,但需全年消费的大米)。第二,价格调整功能。生产和消费之间也会产生价格差,供过于求、供不应求都会对价格产生影响,因而通过仓储可以克服货物在产销量上的不平衡,达到调控价格的效果。第三,衔接商品流通的功能。商品仓储是商品流通的必要条件,为保证商品流通过程连续进行,就必须有仓储活动。通过仓储,可以防范突发事件,保证商品顺利流通。例如,运输被延误,卖主缺货。

(3)企业仓储活动的类型及业务程序

企业可以选择自建仓库、租赁公共仓库或采用合同制仓储为库存的物料、商品准备仓储空间。

①自有仓库仓储。相对于公共仓储而言,企业利用自有仓库进行仓储活动可以更大程度地控制仓储,管理也更具灵活性。

②租赁公共仓库仓储。企业通常租赁提供营业性服务的公共仓储进行储存。

③合同制仓储。合同仓储公司能够提供专业、高效、经济和准确的分销服务。

一个企业是自建仓库还是租赁公共仓库或采用合同制仓储需要考虑以下因素:周转总量;需要的稳定性;市场密度。

仓储的一般业务程序:签订仓储合同;验收货物;办理入库手续;货物保管;货物出库。

1.1.2　仓储管理的概念、任务、内容及原则

(1)仓储管理的概念

仓储管理就是对仓库及仓库内的物资所进行的管理,是仓储机构为了充分利用所具有的仓储资源提供高效的仓储服务所进行的计划、组织、控制和协调过程。

仓储管理是一门经济管理科学，同时也涉及应用技术科学，故属于边缘性学科。仓储管理的内涵随着其在社会经济领域中的作用不断扩大而变化。

(2)仓储管理的任务

利用市场经济手段获得最大的仓储资源的配置；以高效率为原则组织管理机构；不断满足社会需要为原则开展商务活动；以高效率、低成本为原则组织仓储生产；以优质服务、讲信用建立企业形象；通过制度化、科学化的先进手段不断提高管理水平；从技术到精神领域提高员工素质。

(3)仓储管理的内容

产品在仓储中的组合、妥善配载和流通包装、成组等活动就是为了提高装卸效率，充分利用运输工具，从而降低运输成本的支出。合理和准确的仓储活动会减少商品的换装、流动，减少作业次数，采取机械化和自动化的仓储作业，都有利于降低仓储作业成本。优良的仓储管理，能对商品实施有效的保管和养护，并进行准确的数量控制，从而大大减少仓储的风险。仓储管理的具体内容为：订货、交货；进货、交货时的检验；仓库内的保管、装卸作业；场所管理；备货作业。

(4)仓储管理的原则

①效率的原则。效率是指在一定劳动要素投入量时的产品产出量。只有较小的劳动要素投入和较高的产品产出量才能实现高效率。仓储的效率表现为仓容利用率、货物周转率、进出库时间、装卸车时间等指标上，表现出"快进、快出、多存储、保管好"的高效率仓储。仓储生产管理的核心就是效率管理，实现最少的劳动量的投入，获得最大的产品产出。

②经济效益的原则。仓储业应围绕着获得最大经济效益的目的进行组织和经营。同时，仓储业也需要承担部分社会责任，履行保护环境、满足社会不断增长的需要等社会义务，实现生产经营的社会效益。

③服务的原则。仓储活动本身就是向社会提供服务产品。服务是贯穿于仓储中的一条主线，仓储的定位、仓储具体操作、对储存货物的控制都围绕着服务进行。仓储管理就是围绕服务定位，就如何提供服务、改善服务、提高服务质量而开展的管理，包括直接的服务管理和以服务为原则的生产管理。

1.1.3 仓储及仓储管理的现状和趋势

最近几年，JIT、快速反应及 ECR 等经营理念的出现以及直拨、不间断供货等经营模式的实践，使得一些人在匆忙间做出预言——仓储业将消亡，也使得某些不知情的人开始幻想一个没有仓库、批发商和分销中心等机构的世界。然而，在现实世界中，仓储依然联系着供应商与顾客，并且在实现供应链协同运作的过程中，仓库依然保持着重要的作用。在新形势下，仓储呈现出如下发展趋势：

(1)以顾客为中心

成功的企业愿意和他们的客户保持交流并倾听他们的意见，因为他们知道仓库的作业必须通过在适当的时间以适当的方式存储或发送适当的产品，在满足客户需要的基础上实现产品的增值。另一方面，成功的企业将与供应商和顾客发展真正的合作伙伴关系，从而从共享的信息、互相商定的计划和双赢的协议中受益。运作高效、反应迅速的仓储是实现这一目标的关键。

(2)减少作业，压缩时间

今后，仓储中心在数量上将减少，但在每个中心的商品数量将增加。因此，以后的分销中心一方面规模更大，另一方面日常所要处理的订单也更多。这意味着装运频次的加快和收货、放置、拣货及装运作业的增加。这一趋势将对物料处理系统提出更高的要求，对叉车和传送带等设备产生重大影响。

(3)仓库作业的自动化

为适应仓储业作业的急速膨胀，仓储业需要大大提高自动化程度。比方说，需要使用更多的传送带来长距离地运送小件物品，同时设定适当数量的重新包装站和装卸作业平台。另外，如果使用更多的自动分拣设备，就能在不建造额外场所的情况下提高整体工作能力。因此，在诸如货物搬运这类增值很少甚至无增值的作业方面，自动化设备将继续替代劳力。

(4)订单批量趋小化

在当代，订单呈现出批量趋小、频次趋高的趋势。造成这一趋势的原因包括：信息更易获得、技术进步、VMI计划的执行和某些地点的批发仓库的取消，尤其是"直接面向商店"(direct-to-store)和"直接面向客户"(direct-to-customer)计划的实施，使得大批量装运的日子一去而不复返了。在将来，为任何规模的订单服务对企业来说将不仅仅是意味着挑战，更意味着机遇。

(5)不间断供货

这也就是要求产品在供应链系统中同步化顺畅运作，避免巨大的库存。以前的仓储中心，有可能每个月甚至每个季度才发一次货，现在却是每周一次甚至是每周两次。因此，信息的流动也需要加速，以和物流保持协调一致。在线或即时信息系统将替换原先的滞后系统。在信息时代，仓储业在数据处理方面将会有巨大的变化和改进。

(6)直拨

直拨就是物品在物流环节中，不经过中间仓库或者站点，直接从一个运输工具换载到另一个运输工具的物流衔接方式。分销商在将商品存入仓库之前，常常将收到的货物以直拨方式满足被延期交付的订单。在将来，每个仓库需要处理的订单会更多，这一趋势将使大多数分销中心希望能通过运用直拨方式来提高效率。这对参与方之间的紧密合作和即时的信息交换有较高的要求。

(7)运作的电子化

仓库管理者将把货物从仓库的进进出出(包括收货、放货、分拣和装运)的作业看作工作中最关键的部分。然而，他们在执行这些工作时遇到了一个很大的困难，就是难以及时获取精确的信息。实施仓库工作的无纸化可以改变这一现状。从原则上讲，无纸化仓库意味着所有的物流运动的电子化操作，从而减少甚至消除在产品鉴别、地点确认、数据输入和准确分拣方面可能产生的传统错误。同时，电子控制系统其次还能避免数据输入的延误、即时更新库存、随时找到所需的货物。

(8)第三方仓储

近年来，一些公司认识到了培育、巩固他们的核心竞争力的重要性，从而不愿再为库存专门设立存储场所，而是将这一部分业务外包，这在一定程度上促进了第三方仓储的发展。在将来，会有越来越多的中小型企业借助第三方仓储来减少资本的投入，提高服务水平。从长期来看，第三方仓储因有众多的优点，而会成为主要的市场主体，但仍然有一些产品和企业并不适于采用第三方仓储。

(9)人力资源

仓库作业的自动化和电子化将要求工人必须不断提高他们的技能，尤其是计算机技能。为了提高雇员的素质和教育水平，公司必须雇用和留住最好的雇员，并训练他们掌握基本的机械操作，熟悉所有的仓储作业。然而，仓库管理的成功最后都要依赖于它的领导者的素质，我们需要的是一个有鼓舞力的领导，他需要能够找到企业的发展方向并知道该如何去做。

【案例分析 1－1】

月山啤酒集团的仓储管理

月山啤酒集团在几年前就借鉴国内外物流公司的先进经验，结合自身的优势，制定了自己的仓储物流改革方案。首先，成立了仓储调度中心，对全国市场区域的仓储活动进行重新规划，对产品的仓储、转库实行统一管理和控制。由提供单一的仓储服务，到对产成品的市场区域分布、流通时间等全面的调整、平衡和控制，仓储调度成为销售过程中降低成本、增加效益的重要一环。其次，以原运输公司为基础，月山啤酒集团注册成立具有独立法人资格的物流有限公司，引进现代物流理念和技术，并完全按照市场机制运作。作为提供运输服务的"卖方"，物流公司能够确保按规定要求，以最短的时间、最少的投入和最经济的运送方式，将产品送至目的地。再次，筹建了月山啤酒集团技术中心。月山啤酒集团应用建立在互联网信息传输基础上的 ERP 系统，筹建了月山啤酒集团技术中心，将物流、信息流、资金流全面统一在计算机网络的智能化管理之下，建立起各分公司与总公司之间的快速信息通道，及时掌握各地最新的市场库存、货物和资金流动情况，为制定市场策略提供准确的依据，并且简化了业务运行程序，提高了销售系统工作效率，增强了企业的应变能力。

分析提示：之所以通过这一系列改革，月山啤酒集团获得了很大的直接和间接经济效益，是因为现代物流管理体系的建立，特别是处理好了仓储、运输、销售之间环环相扣的关系，再就是现代技术的使用。

任务 1.2　对配送与配送管理的认识和理解

1.2.1　配送的概念、类型、作用、要素

（1）配送的概念

日本工业标准将货物从物流节点送交收货人，从配送中心到顾客之间的物品空间移动称作"配送"。

美国《物流管理供应链过程的一体化》表述：实物配送这一领域涉及特制成品交给顾客的运输。实物配送过程，可以使顾客服务的时间和空间的需求成为营销的一个整体组成部分。

我国出版的《现代物流学》的表述：配送是以现代送货形式实现资源最终配置的经济活动；按用户订货要求，在配送中心或其他物流节点进行货物配备并以最合理方式送交用户。我国物流前辈王之泰从两个方面对配送进行了定义：一是从经济学资源配置的角度，对配送在社会再生产过程的位置和配送的本质行为表述为："配送是以现代送货形式实现资源的最终配置的经济活动"；二是从配送实施形态表述为："配送是按用户订货要求，在配送中心或其他物流节点进行货物配备，并以最合理方式送交用户"。

国家标准《物流术语》(GB/T 18354-2001)定义:在经济合理区域范围内,根据用户要求,对物品进行拣选、加工、包装、分割、组配等作业,并按时送达指定地点的物流活动。

配送概念的内涵:配送提供的是物流服务,因此满足顾客对物流服务的需求是配送的前提。由于在买方市场条件下,顾客的需求是灵活多变的,消费特点是多品种、小批量的,因此单一的送货功能,无法较好地满足广大顾客对物流服务的需求,因此配送活动是多项物流活动的统一体。

【知识链接1-1】

配送与物流的关系

从物流来讲,配送几乎包括了所有的物流功能要素,是物流的一个缩影或在某小范围中物流全部活动的体现。一般的配送集装卸、包装、保管、运输于一身,通过这一系列活动完成将货物送达的目的。特殊的配送则还要以加工活动为支撑,所以包括的方面更广。但是,配送的主体活动与一般物流却有不同,一般物流是运输及保管,而配送则是运输及分拣配货,分拣配货是配送的独特要求,也是配送中有特点的活动,以送货为目的的运输则是最后实现配送的主要手段,从这一主要手段出发,常常将配送简化地看成运输中之一种。从商流来讲,配送和物流的不同之处在于,物流是商物分离的产物而配送则是商物合一的产物,配送本身就是一种商业形式。虽然配送具体实施时,也有以商物分离形式实现的,但从配送的发展趋势看,商流与物流越来越紧密的结合,是配送成功的重要保障。

配送是"配"与"送"的有机结合。所谓"合理地配",是指在送货活动之前必须依据顾客需求对其进行合理的组织与计划。只有"有组织有计划"地"配"才能实现现代物流管理中所谓的"低成本、快速度"地"送",进而有效满足顾客的需求。

【知识链接1-2】

配送与一般送货的重要区别

配送与一般送货的重要区别在于,配送利用有效的分拣、配货等理货工作,使送货达到一定的规模,以利用规模优势取得较低的送货成本。如果不进行分拣、配货,有一件运一件,需要一点送一点,这就会大大增加动力的消耗,使送货并不优于取货。所以,追求整个配送的优势,分拣、配货等项工作是必不可少的。

配送是在积极合理区域范围内的送货。配送不宜在大范围内实施,通常仅局限在一个城市或地区范围内进行。

(2)配送的类型

按配送商品的种类和数量,可将配送分为:少品种(或单品种)、大批量配送;多品种、少批量、多批次配送;成套配套配送。

按配送时间及数量,可将配送分为:定时配送;定量配送;定时定量配送;定时定量定点配送;即时配送。定时配送是指按规定的间隔时间进行配送。定时配送有以下两种具体形式:当日配送和准时方式。定时定量配送是指按规定的时间和规定的商品品种及数量进行配送。定时定量定点配送是指按照确定的周期、确定的商品品种和数量、确定的客户进行配送。即时配送即随要随送，按照客户提出的时间和商品品种、数量的要求，随即进行配送。

按配送组织者，可将配送分为：商店配送；配送中心配送；仓库配送；生产企业配送。商店配送是指配送组织者是商业零售网点的配送。商店配送有如下两种形式：兼营配送形式和专营配送形式。配送中心配送是指配送组织者是专职从事配送的配送中心。仓库配送是以一般仓库为结点进行配送的形式。生产企业配送的组织者是生产企业，尤其是进行多品种生产的生产企业，直接由本企业开始进行配送而无需将产品发运到配送中心再进行配送。

按经营形式，可将配送分为：销售配送；供应配送；销售—供应一体化配送；代存代供配送。销售配送是指配送企业为销售性企业，或销售企业进行的促销型配送。供应配送是指企业为了自己的供应需要所采取的配送形式，往往由企业或企业集团组建配送结点，集中组织大批量进货，然后向本企业配送或向本企业集团若干企业配送。销售—供应一体化配送是指销售企业对于基本固定的客户和基本确定的配送产品在自己销售的同时承担对客户执行有计划供应的职能，它既是销售者又是客户的供应代理人。代存代供配送是指客户将属于自己的货物委托配送企业代存、代供，有时还委托代订。

(3)配送的作用

配送主要涉及从供应链的制造商到终端客户的运输和储存活动。运输的功能在于完成产品空间上的物理转移，克服制造商与客户之间的空间距离，从而产生空间效用；而储存的功能就是将产品保存起来，克服产品供应与需求在时间上的差距，创造时间效用。所以配送创造了时间效用和空间效用。

配送的作用具体体现为：推行配送有利于物流运动实现合理化；完善运输和整个物流系统；提高末端物流的效益；通过集中库存使企业实现低库存或零库存；简化事务，方便用户；提高供应保证程度；配送为电子商务的发展提供了基础和支持。

(4)配送的要素

①集货。集货，即将分散的或小批量的物品集中起来，以便进行运输配送的作业。集货是配送的重要环节，为了满足特定客户的配送要求，有时需要把从几家甚至数十家供应商处预订的物品集中，并将要求的物品分配到指定容器和场所。

②分拣。分拣是将物品按品种、出入库先后顺序进行分门别类堆放的作业。分拣是配送不同于其他物流形式的功能要素，也是配送成败的一项重要支持性工作。它是完善送货、支持送货的准备性工作，是不同配送企业在送货时进行竞争和提高自身经济效益的必然延伸。

③配货。配货是使用各种拣选设备和传输装置，将存放的物品，按客户要求分拣出来，配备齐全，送入指定发货地点。

④配装。在单个客户配送数量不能达到车辆的有效运载负荷时，就存在如何集中不同客户的配送货物，进行搭配装载以充分利用运能、运力的问题，这就需要配装。跟一般送货不同之处在于，通过配装送货可以大大提高送货水平及降低送货成本，所以配装也是配送系统中有现代特点的功能要素，也是现代配送不同于以往送货的重要区别之一。

⑤配送运输。配送是较短距离、较小规模、额度较高的运输形式，一般使用汽车做运输工具。与干线运输的另一个区别是，配送运输的路线选择问题是一般干线运输所没有的，干线运输的干线是唯一的运输线，而配送运输由于配送客户多，一般城市交通路线又较复杂，如何组合成最佳路线，如何使配装和路线有效搭配等，是配送运输的特点，也是难度较大的工作。

⑥送达服务。将配好的货运输到客户还不算配送工作的结束，这是因为送达货和客户接

货往往还会出现不协调,使配送前功尽弃。因此,要圆满地实现运到之货的移交,并有效地、方便地处理相关手续并完成结算,还应讲究卸货地点、卸货方式等。送达服务也是配送独具的特殊性。

⑦配送加工。配送加工是按照配送客户的要求所进行的流通加工。在配送中,配送加工这一功能要素不具有普遍性,但往往是有重要作用的功能要素。这是因为通过配送加工,可以大大提高客户的满意程度。配送加工是流通加工的一种,但配送加工有它不同于流通加工的特点,即配送加工一般只取决于客户要求,其加工目的较为单一。

1.2.2 配送管理概述

(1)配送管理的含义

所谓配送管理,是指为了以最低的配送成本达到客户所满意的服务水平,对配送活动进行的计划、组织、协调与控制。具体来说,就是按照用户的要求,运用合理的拣货策略,编制最佳的配送作业计划,选择最优化的配送线路,以合理的方式送交客户,实现商品最终配置的经济活动。

根据这个定义,我们可以从以下几个方面对配送管理进行理解:制定配送管理计划;对配送活动的组织和指挥;对配送活动的监督和检查;对配送活动的调节;对配送活动的评价。

(2)配送管理的内容

从不同的角度来看,配送管理包含不同的内容。我们从以下角度进行分析。

①配送模式管理。配送模式是企业对配送所采取的基本战略和方法。企业选择何种配送模式,主要取决于以下几方面因素:配送对企业的重要性、企业的配送能力、市场规模与地理范围、保证的服务及配送成本等。根据国内外的发展经验及我国的配送理论与实践,目前主要形成了以下几种配送模式:自营配送模式、共同配送模式和第三方配送模式。

②配送业务管理。配送的对象、品种、数量等较为复杂。为了做到有条不紊地组织配送活动,管理者需要遵照一定的工作程序对配送业务进行安排与管理。在一般情况下,配送组织工作的基本程序和内容主要有两个方面:一是配送路线的选择。有效的配送路线实际上是在保证商品准时到达客户指定点的前提下,尽可能地减少运输的车次和运输的总路程。二是拟定配送计划。配送需求计划(distribution requirements planning, DRP)是制造需求计划(manufacturing requirements planning, MRP)的编制原理和方法在流通领域中的应用。

③配送作业管理。不同产品的配送可能有独特之处,但配送的一般流程基本如图1—1所示。

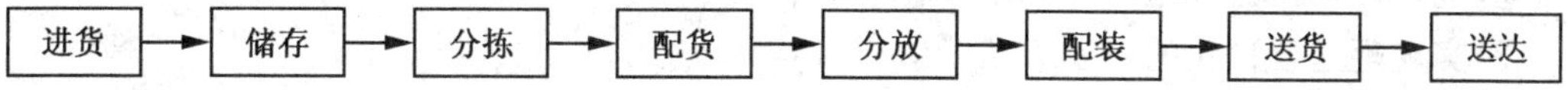

图1—1 配送的一般流程

配送作业流程的管理就是对这个流程之中的各项活动进行计划和组织。

④对配送系统各要素的管理。从系统的角度看,对配送系统各要素的管理主要包含以下内容:人员的管理;物资的管理;财务的管理;技术的管理;信息的管理。

⑤对配送活动中具体职能的管理。从职能上划分,配送活动主要包括配送计划管理、配送质量管理、配送技术管理、配送经济管理等。

1.2.3 配送合理化

配送活动各种成本之间经常存在着此消彼长的关系，配送合理化的一个基本思想就是“均衡”的思想，从配送总成本的角度权衡得失。不求极限，但求均衡，均衡造就合理。

(1)配送合理化的判断标志

配送合理化是配送决策系统的重要内容。配送合理化的判断标志，可概括为以下几个方面：

①库存标志。库存是判断物流配送合理与否的重要标志。其具体指标有两个：库存总量和库存周转。

在一个配送系统中，库存量从各个分散的用户转移给配送中心后，配送中心库存量加上各用户在实行配送后的库存量之和应低于实行配送前各用户库存量之和。此外各个用户在实行配送前后的库存量比较，也是判断合理与否的标准，某个用户库存量上升而总量下降，也属于一种不合理现象。

在库存周转方面，合理的物流配送可以加快库存周转速度，使得用户能够以较低库存来保持较高供应能力。此外，从各个用户角度进行判断，各用户在实行配送前后的库存周转比较，也是判断合理与否的标志。

②资金标志。一是资金总量，即用于资源筹措所占用的流动资金总量，随储备总量的下降及供应方式的改变必然有一个较大的降低；二是资金周转，同样数量资金，过去需要较长时期才能满足一定供应要求，配送之后，在较短时期内就能达到此目的；三是资金投向的改变，实行配送后，资金必然从分散投入改为集中投入，能增强资金调控能力。

③成本与效益标志。总效益、宏观效益、微观效益、资源筹措成本都是判断配送合理化的重要标志。成本及效益对合理化的衡量，还可以具体到储存、运输等具体配送环节，使合理化判断更为精细。

④供应保证标志。实行配送，用户最大的担心是害怕供应保证程度降低，所以必须提高而不是降低对用户的供应保证能力。即时配送的能力及速度是用户出现应急情况下的特殊供应保障方式，这一能力必须高于未实行配送前用户的紧急进货能力及速度才算合理。

⑤物流合理化标志。物流配送必须有利于物流合理化。物流配送是否合理化，可从这几方面进行判断：物流配送过程中是否降低了物流费用；是否减少了物流损失；是否加快了物流速度；是否发挥了各种物流方式的最优效果；是否有效衔接了干线运输与末端运输；是否不增加实际的物流中转次数；是否采用了先进的技术手段。物流合理化问题是物流配送要解决的大问题，也是衡量物流配送本身的重要标志。

(2)实现配送合理化的主要方法

要实现配送合理化，可采取以下做法：

①推行专业性独立配送或综合配送。专业性独立配送是指根据产品的性质将其分类，由各专业经销组织分别、独立地进行配送。其优点是可以充分发挥各专业组织的优势，便于用户根据自身的利益选择配送企业，从而有利于形成竞争机制。这类配送主要适宜于小杂货配送、生产资料配送、食品配送、服装配送等。

专业综合配送是指将若干种相关的产品汇集在一起，由某一个专业组织进行配送。这是一种向用户提供比较全面服务的配送方式，可以很快备齐用户所需的各种物资，从而减轻用户的进货负担。

②推行加工配送。通过加工和配送结合，在充分利用本来应有的中转而不增加新的中转的情况下求得配送合理化。同时，加工借助于配送，加工目的更明确，与用户联系更紧密，避免了盲目性。

③推行共同配送。共同配送是指对某一地区的用户进行配送不是由一个企业独自完成，而是由若干个配送企业联合在一起共同去完成。通过共同配送，可以以最近的路程、最低的配送成本去完成配送，从而达到配送合理化效果。

④推行送取结合。配送企业与用户建立稳定、密切的协作关系，它不仅是用户的供应代理人，而且是用户的储存据点，甚至变成用户的产品代销人。在配送时，将用户所需的物资送到，再将该用户生产的产品用同一车辆运回，这种产品也成了配送中心的配送产品之一，或者作为代存代储，免去了生产企业的库存包袱。这种送取结合，使运力充分利用，也使配送企业功能有更大的发挥，从而趋向合理化。

⑤推行准时配送。准时配送是配送合理化的重要内容。只有将配送做到了准时，用户才可以放心地实施低库存或零库存，才可以有效地安排接货的人力、物力，以追求最高效率的工作。另外，保证供应能力，也取决于准时供应。从国外的物流企业的管理经验看，准时供应配送系统是现在许多配送企业追求配送合理化的重要手段。

【案例分析1－2】

海福发展有限公司的配送经营

海福发展（深圳）有限公司坐落在深圳福田保税区，是一家为高科技电子产品企业提供物流配送服务的企业。该公司承接了IBM公司在我国境内生产厂的电子料件的配送业务，他们将IBM分布在全球各地共140余家供应商的料件通过海陆空物流网络有机联系在一起。料件集装箱运达香港机场或码头后，由公司配送中心进行报关、接运、质检、分拣、选货、配套、集成、结算、制单、信息传递、运输、装卸等项作业。将上千种电子料件在24小时内安全、准确地完成香港—保税区—IBM工厂生产线的物流过程。保证IBM的各地供应商，与此同时，还要完成IBM、海福、供应商三者之间的费用结算。

分析提示：海福的配送是高效率的配送，高效率的配送需要一套完整的配送体系做保证。

1.2.4　配送与配送管理的现状和趋势

配送管理是按照用户的要求，运用合理的拣货策略，编制最佳的配送作业计划，选择最优化的配送线路，以合理的方式送交客户，实现商品最终配置的经济活动。配送管理的核心是对物流配送各功能环节的管理。许多国家甚至到20世纪80年代才真正认识到配送是企业经营活动主要组成部分，它能给企业创造出更多盈利，是企业增强自身竞争能力的手段，这种认识的转变有着深厚的社会根源。在观念发生变化的同时，配送方式和手段也有很大发展，尤其突出反映在以下几方面：

(1)配送区域的扩大

近些年，配送已突破了一个城市范围，在更大范围内找到了优势。美国已开展了洲际配送，日本不少配送是在全国范围或很大区域范围进行的，如日本东京的三味株式会社的全国性配送系统、日本Asica配送系统、日本资生堂配送系统等都是全国性的配送系统。

(2)直达配送的进展

不经过物流基地中转，在有足够批量且不增加用户库存的情况下，配送在"直达"领域中也找到了优势，因而突破了配送的原来概念，有了新的发展，对于生产资料而言，直达配送有更广泛的应用。

(3)计算机管理

随配送规模的扩大和计算机的微型化，计算机管理配送取得了很大进展，这个进展突出表现在以下三个方面：一是信息传递与处理，甚至建立了 EDI 系统。二是计算机辅助决策，如辅助进货决策、辅助配货决策、辅助选址决策等。美国 IBM 公司率先建立了配送车辆计划和配送路线的计算机软件。三是计算机与其他自动化装置的操作控制。如无人搬运车、配送中心的自动分拣系统等。配送劳动手段作为支撑配送的生产力要素，是进展很大的领域。配送已普遍采用了计算机系统、自动搬运系统、大规模分拣、光电识别、条形码。

(4)配送的发展趋势

配送的发展趋势体现为：集约化、共同化；区域化；产地直送化；信息化；自动化、机械化、条码化、数字化以及组合化；多种配送方式组合最优化。

【案例分析 1－3】

海尔的仓储和配送

在海尔，仓库不再是储存物资的仓库，而是一条流动的河。河中流动的是按单采购来生产必需的物资，也就是按订单来进行采购、制造等活动。这样，从根本上消除了呆滞物资、消灭了库存。目前，海尔集团每个月平均接到6 000多份销售订单，这些订单的品种达7 000多个，需要采购的物料品种达 26 万余种。在这种复杂的情况下，海尔物流自整合以来，呆滞物资降低了 73.8%，仓库面积减少 50%，库存资金减少 67%。海尔国际物流中心货区面积7 200平方米，但它的吞吐量却相当于普通平面仓库的 30 万平方米。同样的工作，海尔物流中心只有 10 个叉车司机，而一般仓库完成这样的工作量至少需要上百人。

为实现"以时间消灭空间"的物流管理目的，海尔从最基本的物流容器单元化、集装化、标准化、通用化到物料搬运机械化开始实施，逐步深入到对车间工位的五定送料管理系统、日清管理系统进行全面改革，加快了库存资金的周转速度，库存资金周转天数由原来的 30 天以上减少到 12 天，实现 JIT 过站式物流管理。

生产部门按照 B2B、B2C 订单的需求完成以后，可以通过海尔全球配送网络送达用户手中。目前海尔的配送网络已从城市扩展到农村，从沿海扩展到内地，从国内扩展到国际。全国可调配车辆达 1.6 万辆，目前可以做到物流中心城市 6～8 小时配送到位，区域配送 24 小时到位，全国主干线分拨配送平均 4.5 天，形成全国最大的分拨物流体系。

分析提示：仓储和配送管理对于一个物流企业来说非常重要，如果不重视库存管理，就会导致成本的增加、利润的减少；如果没有高效率的配送网络作为后盾，海尔的销售效率也不会那么高。

● 基本训练

□ 知识题

1.1 阅读理解

(1)仓储及仓储管理的含义是什么？

(2)仓储有哪些功能?

(3)仓储管理应遵循怎样的原则?

(4)什么叫配送?配送有哪些要素?

(5)配送和物流的关系是怎样的?

1.2　知识应用

(1)判断题

①仓库只能是建筑物。(　　)

②存放在仓库里的物品,没有使用价值。(　　)

③商品仓储是商品流通的必要条件,为保证商品流通过程连续进行,就必须有仓储活动。(　　)

④配送是较短距离、较小规模、额度较高的运输形式。(　　)

⑤通过配装送货可以大大提高送货水平及降低送货成本。(　　)

(2)选择题

①按经营形式,配送可分为销售配送、供应配送以及(　　)。

A. 销售—供应一体化配送　　B. 配送中心配送

C. 代存代供配送　　D. 仓库配送

②仓储管理的原则包括(　　)。

A. 效率原则　　B. 服务原则　　C. 经济效益原则　　D. 可行性原则

③企业仓储活动的类型包括(　　)。

A. 自建仓库　　B. 租赁公共仓库　　C. 保税仓库　　D. 采用合同制仓储

④仓储最基础的功能是(　　)。

A. 储存和保管　　B. 增值功能　　C. 保值功能　　D. 社会功能

⑤储存的对象必须是(　　)。

A. 有价值的物品　　B. 满足市场需求的物品

C. 消费者认为没有价值的物品　　D. 实物产品

□ **技能题**

(1)参观1~2家仓储配送企业,要求学生写一份参观报告。报告内容包括仓储配送的经营模式、经营内容、企业性质、仓储类型、配送方式等情况。

实训目的:要求学生了解仓储或配送企业生产经营状况。

实训要求:仔细观察,认真听讲解,结合所学知识。

(2)查阅物流管理的知名网站,写出3~4个网址,对某一自己感兴趣的网页栏目的话题写一篇1 000字左右关于仓储配送管理的体会。

实训目的:对仓储配送管理的重要性有进一步认识。积累一些仓储配送管理的经验。

实训要求:认真思考,结合所学知识,写出自己关于仓储配送管理的体会。

(3)某物流公司主要对自己的销售点和大客户进行配送,配送方法为销售点和大客户有需要就立即组织装车送货,结果经常造成送货车辆空载率过高,同时往往出现所有车都派出去而其他用户需求满足不了的情况。所以,销售经理一直要求增加送货车辆,但由于资金原因一直没有购车。请问:

①若你来做决策,你会买车来解决送货效率低的问题吗?为什么?

②请用配送的含义分析该案例，并提出解决方法。

● 综合案例

案例1　索尼集团全球物流的增减之道

索尼的物流理念是：必须从战略高度去审视和经营物流，每时每刻都不能忽视物流。索尼集团全球物流公司通过不断革新物流经营模式，根据全球市场需求而不是根据索尼工厂的生产计划彻底重振全球物流网络渠道，千方百计紧缩存货，率先在美国物流市场积极推广，大胆开创和增设智能型多功能配送渠道，成绩卓著。索尼集团公司拥有和经营着分布于全世界的75家工厂和200多个全球性的销售网络。据国际物流专家估计，仅仅在电子产品方面，迄今索尼集团公司每年的全球集装箱货运量已经超过16万标准箱，是世界上规模较大的生产厂商和发货人之一。为了充分发挥跨国经营的杠杆作用，扩大其在国际市场上的竞争能力，目前该集团物流公司正在与承运人及其代理展开全球性商谈，以便进一步改善物流供应链，提高索尼集团公司的经济效益。

索尼集团总公司要求索尼集团公司系统内的各家公司必须切实做到：竭尽全力缩短从产品出厂到客户手中的过程和所用的时间，特别是要缩短跨国转运、多式联运和不同类型运输方式之间货物逗留的时间，保证“零逗留时间，零距离，零附加费用，零风险”物流服务全面到位，大力加强索尼集团公司和物流链服务供应方之间的合作关系，始终保持电子数字信息交换联系的畅通，最终确保索尼物流增收节支。

索尼公司认为，仓储成本过高对于物流十分不利，索尼物流在美国年均产生仓储费用就高达2 000万美元，其中还没有包括昂贵的内陆公路和铁路运输费用、集装箱货物被盗窃所产生的货损货差赔偿费用、集装箱货物运输保险费用，减少物流仓储必然会降低物流成本，加快供应链运转速度和确保物流的安全操作。

索尼物流公司在美国的仓储场所被削减一半以上，供应链存货量也被减少一半，从原来的15天存货储备改为6天半存货。其中包括把索尼物流公司原先设立在美国西海岸的众多仓库撤销，通过所谓交叉式站台集散服务面和提高快速货递频率，从一个月仅仅送货一次改为一周几次的供应链模式，把仓储业务全部集中到在美国西海岸的洛杉矶港附近卡森专门建立的一座物流中心，该中心内的集装箱装卸设备非常先进，以此为中心，以点带面，用快件速递方式把集装箱货物向美国腹地发运，大约3天，从美国西海岸港口卸下的集装箱货物就可以抵达美国东海岸。

任何事物都是一分为二的，索尼物流公司把其在美国西海岸几乎全部物流业务集中在洛杉矶附近的卡森物流中心确实有一定的风险，但是索尼公司认为这些风险在目前经营管理技术条件下是可以克服的，其最大的优势是减少管理层面，把原来错综复杂的物流业务集中到一个中心，不仅可避免不必要的财力、物力、人力等资源的浪费，进一步减少物流基础设施的投资总额，而且能提高物流的效率和效益。迄今索尼公司在美国经营的物流配送所发生的成本是世界上最低廉的。

由于实施多国拼箱的方法，索尼公司把半箱货物的集装箱从某一个产地发往新加坡或者高雄，在那里把另外一种产品补充装入箱子，变成满箱货物的集装箱，然后继续运输，直至北美或者欧洲某目的港。这种物流方法的最大好处，首先是避免了等候时间，同时也大幅度减少了通关时间。

目前，索尼集团公司又在世界各地组织“递送牛奶式”服务，进一步改善索尼公司在全球特别是在亚洲地区的产品运输质量。索尼物流分公司围着供应方转，代表零部件供应商随时提供索尼工厂所需要的备件订单。“递送牛奶式”服务是日本人特有的一种快递服务，高效、快捷、库存量合理，特别受到需求数量不多、产品规格特别多的客户的欢迎。

索尼新加坡公司在船舶或者航空货机开航前7天准备货物托运手续，由于采用若干出口优先规划，海运已经缩短到4天，空运缩短到1天。索尼物流公司所采用的零配件采购经营方式是独一无二的，即通过第三方经营人控制和实施索尼物流公司的供应链管理业务，所有的物流费用也是通过第三方经营人收取的。

由外及里的索尼物流经营管理模式在最大限度内提高了物流服务销售量，同时大幅度减少了索尼公司物流资源的浪费。例如，索尼物流公司在美国各地总共拥有9家零配件采购基地，其员工总数不过300人，同时在美国各地拥有106家成品配送中心，其员工总数仅仅700人，职工队伍人数少，却以少胜多，创造出令人瞩目的物流业绩。目前索尼美国公司在索尼中国公司的密切配合和支持下，在美国经营的零配件和成品物流年均收益达到27.6亿美元。

问题：

(1)索尼集团全球物流管理取得了哪些成效？

(2)索尼集团全球物流在仓储和配送管理方面有哪些经验？

案例2　富日物流基于配送的仓储服务

富日物流于2001年9月正式投入运营，注册资本为5 000万元。富日物流拥有杭州市最大的城市快速消费品配送仓库。它在杭州市下沙路旁租用的300亩土地上建造了140 000平方米现代化常温月台库房，并正在九堡镇建造规模更大的600亩物流园区。富日物流已经是众多快速流通民用消费品的华东区总仓，其影响力和辐射半径还在日益扩大中。

富日物流通过引入西方先进的第三方物流经营理念，聘请了职业经理人王卫安，成功地开拓了以杭州为核心的周边物流市场，目前已成为杭州最大的第三方物流企业之一。富日物流的主要客户包括大型家用电器厂商(科龙、小天鹅、伊莱克斯、上海夏普、LG、三洋等)、酒类生产企业(五粮液的若干子品牌、金六福等)、方便食品生产企业(如康师傅、统一等)和其他快速消费品厂商(金光纸业、维达纸业等)。国美电器、永乐家电等连锁销售企业和华润万佳等连锁超市也与富日物流达成了战略合作关系。

富日物流的商业模式就是基于配送的仓储服务。制造商或大批发商通过干线运输等方式大批量地把货品存放在富日物流的仓库里，然后根据终端店面的销售需求，用小车小批量配送到零售店或消费地。目前，富日物流公司为各客户单位每天储存的商品量达2.5亿元。最近，这家公司还扩大了6万平方米的仓储容量，使每天储存的商品量达10亿元左右。按每月流转3次计，这家公司的每月物流量达30亿元左右，其总经理王卫安运用先进的管理经营理念，使得富日物流成为浙江现代物流业乃至长三角地区的一匹“黑马”。富日物流为客户提供仓储、配送、装卸、加工、代收款、信息咨询等物流服务，利润来源包括仓租费、物流配送费、流通加工服务费等。富日物流的仓库全都是平面仓。部分采用托盘和叉车进行库内搬运，少量采用手工搬运。月台设计很有特色，适合于大型货柜车、平板车、小型箱式配送车的快速装卸作业。

与业务发展蒸蒸日上不同的是，富日物流的信息化一直处于比较原始的阶段，只有简单的单机订单管理系统，以手工处理单据为主。以富日物流目前的仓库发展趋势和管理能力，以及为客户提供更多的增值服务的要求，其物流信息化“瓶颈”严重制约了业务发展。直到最近，富日物流开始开发符合其自身业务特点的物流信息化管理系统。

富日物流在业务和客户源上形成了良性循环。如何迅速扩充仓储面积,提高配送订单的处理能力,进一步提高区域影响力,成为富日物流公司决策层的考虑重点。

富日物流开始密切关注客户的需求,并为客户规划出多种增值服务,期盼从典型的仓储型配送中心开始向第三方物流企业发展。从简单的操作模式迈向科学管理的新台阶,富日物流的管理层开始意识到仅仅依靠决策层的先进思路是完全不够的,此时导入全面质量管理的管理理念和实施 ISO9000 质量管理体系,保证所有层次的管理人员和基层人员能够严格按照全面质量管理的要求,并且在信息系统的帮助下,使得富日物流的管理体系能够上到一个科学管理的高度。

问题:

富日物流是如何应用基于配送的仓储服务模式的?

● 综合实训

(1)实训目的

正确认识物流配送及仓储管理,掌握现代物流配送及仓储管理的基本理论及物流仓储配送的发展趋势,提高对物流仓储配送作用与意义分析的能力,以及在此基础上进一步掌握物流仓储配送管理的内容。了解物流仓储配送合理化目标,理解影响物流仓储配送合理化的相关因素,掌握物流仓储配送主要功能要素,熟悉物流仓储配送的特点及作用。

(2)实训项目安排

实训项目:进驻当地某物流企业,分组顶岗。每个学生必须了解该企业的发展历程、背景及趋势;掌握其业务流程;熟悉 1～2 个部门的一个工种的操作。

(3)实训纪律与实训守则

严格服从企业的安排,遵守企业的规章制度,虚心向企业指导老师学习,吃苦耐劳,团结协作。

(4)实训要求

撰写顶岗实习报告。做好 PPT,择时汇报。

项 目 2

仓储及配送商务

知识目标

◎ 理解仓储及配送商务的含义；
◎ 掌握仓储及配送商务管理的内容；
◎ 了解仓储合同及仓单；
◎ 理解仓储及配送商务成本管理的分析。

技能目标

◎ 能用所学知识对物流企业仓储及配送商务状况进行分析；
◎ 能拟定仓储合同和配送合同。

【引例】

配送中心仓库增值服务经营方法

配送中心仓库可以通过优化包装来提供增值服务，以满足整个渠道的顾客需求。例如，仓库通过延伸包装和变换托盘来增值。这种做法可以使配送中心只处理一种统一的商品，与此同时，延期包装，以使包装需求专门化。另一个有关仓库增值的例子是在商品交付给零售商或顾客以前，解除保护性包装。在使用大型机械的情况下，这是一种有价值的服务，因为处理大量的包装有时对于零售商或顾客而言是有困难的，因此，解除或回收包装材料可以作为配送中心仓库提供的增值服务。

配送中心还可以通过改变包装特点来提供增值服务，诸如厂商将大片的防冻剂运到仓库，由配送中心对该商品进行瓶装，以满足各种牌号和包装尺寸的需要。这类延期包装能将存货风险降到最低程度，减少运输成本，并减少损坏（对于玻璃瓶包装的产品而言）。

另一个增值服务是对诸如水果和蔬菜之类的产品进行温控。配送中心可以依赖储存温度，提前或延迟香蕉的成熟过程，这样产品可以根据市场情况适时成熟。

提供增值的仓储服务，使配送中心经理对监督合同的履行承担了特别责任。尽管外部活动及其经营管理可以提高存货有效性和作业效率，但它们也要承担厂商控制范围外的责任。例如，仓库包装需要仓库经营人严格遵守厂商内部所适用的质量标准。因此，仓库必须按相同的质量运行，并符合外部厂商的服务标准。

该案例表明：仓储和配送商务管理对于一个物流企业来说非常重要。仓储配送增值管理只是仓储配送商务管理中的一部分内容。物流企业，特别是从事仓储配送服务的企业，应作出正确合理的经营决策，加强成本管理，提高服务质量。

任务 2.1　仓储商务

2.1.1　仓储商务的概念、内容

(1)仓储商务的概念

仓储商务是指仓储经营人利用其仓储保管能力向社会提供仓储保管产品并获取经济收益的商业行为。商务活动是企业对外的一种经济交换活动，因此，若企业自营仓储，则不发生仓储商务活动。

(2)仓储商务的内容

仓储商务活动是企业对外经济活动的综合体现，其内容包括制定企业经营战略、市场调研和市场开拓、商务磋商和签订商务合同、履行合同等。

①制定企业经营战略。仓储企业要实现可持续性发展，离不开一支合理高效的商务队伍、一套完善的商务管理和作业规章制度、一个科学合理的管理体系，因此，在全面了解企业资源的情况下制定企业经营战略，对仓储企业的发展至关重要。在制定企业经营战略时，要综合考虑企业自身的人力、财力和物力以及市场对仓储产品的需求和供给状况，以实现可持续发展和利润最大化为原则，合理制定企业经营发展目标和经营发展方法。仓储企业可以在总体经营战略的基础上选择租赁经营、公共仓储、物流中心或者配送中心，或者采用单项专业经营或者综合经营，实行独立经营定位。

②市场调研和市场开拓。市场调研是企业进行有效经营决策不可缺少的一步，市场调研的资料和结论往往可以作为企业经营决策的重要依据。仓储企业市场调研的目的在于寻找和发现潜在的商业机会，对市场进行分析并合理选择商业机会。仓储企业市场调查的重点应放在仓储市场的供求关系、仓储服务需求方的需求变化、同行业的竞争状况等方面。市场开拓的目的在于通过采取针对性的有效措施，挖掘有潜在需求的客户，并与之建立业务关系。市场开拓可采用广告宣传、人员促销、关系营销、企业联系等方法。企业也可结合有效的市场开拓进行企业形象宣传。

③商务磋商和签订商务合同。合同是市场经济主体之间权利义务关系的综合体现。仓储企业经营人应本着诚实信用、互惠互利的原则积极与客户进行商务沟通和商务谈判。由于物资仓储往往需要较长时间，而且在保管的过程中还可能涉及加工处理、分拆等作业，也有可能涉及仓单持有人的第三方关系，为了避免产生争议，商务磋商的内容应该尽可能条款细致、内容充分。双方在意思表示一致的基础上应该订立较为完备的商务合同，以明确仓储合同双方的权利义务关系，为仓储活动的顺利开展提供法律保障。

④履行合同。对合同的履行是双方权利义务得以实现的阶段，也是仓储企业实现其经济

利益的阶段。

【知识链接 2－1】

仓储商务合同履行的关键环节

对于一项仓储商务合同而言，其履行主要包括以下一些关键环节：

①存货人交付仓储物。存货人应按合同约定的时间和地点准备好仓储物。仓储物应该适合仓储，存货人对仓储物的状态、质量应提供相应的证明。若存放危险品或易变质的物质，存货人应向保管人详细说明仓储物的性质和存放时的注意事项。

②保管人接收仓储物并保管仓储物。这是保管人在仓储过程中主要义务的体现。具体包括：保管人按合同约定在接收仓储物之前准备好合适的仓库；保管人在接收仓储物时对仓储物进行严格检验，确定仓储物的状态、质量和数量；按合同约定对仓储物妥善进行卸载、堆放；货物接收完毕后，向存货人签发仓单；采取有效措施对仓储物进行妥善保管和相应的作业；对于存放期间仓储物的损害或变化应采取必要的处理措施并及时通知存货人。

③存货人提货。仓储期满后，存货人或仓单持有人可凭仓单向保管人提取仓储物。提货人提货时应对仓储物进行检验，确定仓储物的状态、数量和质量是否完好。提货人对仓储中产生的残损货物、收集的地脚货、货物残余物等有权一并提取。

④存货人支付仓储费用。这是存货人的一项义务。按合同的约定，仓储费的支付可采取预付、定期支付、提货时支付等方法。存货人应严格按照合同履行仓储费用的支付义务，其中包括支付保管人的垫付费用、仓储物性质造成的保管人的损失、超期存货费和超期加收费等费用。

2.1.2　仓储经营方法

(1)保管仓储经营

保管仓储经营是指保管人储存存货人交付的仓储物，存货人支付仓储费的一种仓储经营方法。

经营特点：原物返还，所有权不转移；保管对象是特定物；收入主要来自仓储费；仓储过程由保管人操作。

(2)混藏仓储经营

混藏仓储经营是指存货人将一定品质、数量的货物交付保管人储藏，而在储存保管期限满时，保管人只需以相同种类、相同品质、相同数量的替代物返还的一种仓储经营方法。

经营特点：替代物返还，所有权不转移；保管对象是种类物；收入主要来自仓储费；仓储过程由保管人操作。

(3)消费仓储经营

消费仓储经营是指存货人不仅将一定数量、品质的种类物交付仓储管理人储存保管，而且与保管人相互约定，将储存物的所有权也转移给保管人，在合同期届满时，保管人以相同种类、相同品质、相同数量替代品返还的一种仓储方法。

经营特点：替代物返还；所有权随交付而转移；保管对象是种类物；收入主要来自于仓储物消费的收入；仓储过程由仓库保管人操作。

(4)仓库租赁经营

仓库租赁经营是指通过出租仓库、场地、仓储设备，由存货人自行保管货物的仓库经营方式。

经营特点：存货人自行保管货物；收入主要来自于租金；设备维修由保管人负责。

【知识链接2－2】

箱柜委托租赁保管业务

箱柜委托租赁保管业务是仓库业务者以一般城市居民和企业为服务对象，向他们出租体积较小的箱柜来保管非交易物品的一种仓库业务。对一般城市居民和家庭，以贵重物品如金银首饰、高级衣料、高级皮毛制品、古董、艺术品等为对象提供保管服务。对企业，以法律或规章制度规定必须保存一定时间的文书资料、磁带记录资料等物品为对象提供保管服务。箱柜委托租赁保管业务强调安全性和保密性，它为居住面积较小的城市居民和办公面积较窄的企业提供了一种便利的保管服务。箱柜委托租赁保管业务是一种城市型的仓库保管业务。

许多从事箱柜委托租赁保管业务的仓库经营人专门向企业提供这种业务，他们根据保管物品、文书资料和磁带记录资料的特点建立专门的仓库。这种仓库一般有三个特点：一是注重保管物品的保密性。因为保管的企业资料中许多涉及企业的商业秘密，所以仓库有责任保护企业秘密，防止被保管的企业资料流失到社会上去。二是注重保管物品的安全性，防止保管物品损坏变质。因为企业的这些资料如账目发票、交易合同、会议记录、产品设计资料、个人档案等需要保管比较长的时间，必须防止保管物品损坏变质。三是注重快速服务反应。当企业需要调用或查询保管资料时，仓库经营人能迅速、准确地调出所需资料，及时地送达企业。

箱柜委托租赁保管业务作为一种城市型的保管业务具有较大的发展潜力。仓储租赁经营的经营方在经营方法上要注意以下一些问题：首先，仓储经营人应该根据市场需要提供合适的仓库、场地和仓储设备，并保证所提供的仓储资源质量可靠；其次，仓储经营人应该加强环境管理、安全管理工作，协助租用人使用好仓储资源，必要时可为租用人提供仓储保管的技术支持；最后，仓储经营人和租用人应该签订仓储租赁合同，以明确双方的权利义务关系。

(5)仓储多种经营

①仓储多种经营具备的条件。

仓储多种经营是指仓储企业为了实现经营目标，采用多种经营的经营方式。如在开展仓储业务的同时，还开展运输中介、商品交易、配载与配送、仓储增值服务等。

仓储企业要开展多种经营，必须具备一定的条件。第一，要能适应瞬息万变的物流市场。消费者需求受市场环境等多种不可控因素影响，环境因素在不断变化，市场需求也在不断变化。第二，能更好地减少风险。任何一个企业的经营活动都存在风险，问题在于如何减少风险、分散风险和增强抗风险的能力。多元化经营能分散风险，但实践证明，若经营项目选择不当，又会带来风险。实施仓储经营多样化，可使仓储的经营范围更广，把资金分散经营，其前提条件就是这些项目是企业的优势项目，可以减少风险，确保企业的正常经营。

②仓储多种经营中的仓储增值服务。

随着物流业的快速发展，仓储企业充分利用其联系面广、仓储手段先进等有利条件，向多功能的物流服务中心方向发展，开展加工、配送、包装、贴标签等多项增值服务，增加仓储利润。仓储可提供的增值服务主要有：

● 托盘化。这是将产品转化为一个独立托盘的作业过程。

● 包装。产品的包装环节由仓储企业或和企业的仓储部门共同完成，并且把仓储的规划与相关的包装业务结合起来综合考虑，有利于整个物流效益的提高。

● 贴标签。在仓储过程中完成在商品上或商品包装上贴标签的工序。

● 产品配套、组装。当某产品需要由一些组件或配件组装配套而成时，就有可能通过仓储企业或部门的配套组装增值服务来提高整个供应链过程的效率。在仓储过程中，这些配件不出仓库就直接由装配工人完成配装，提高了物流的效率，节约了供应链成本，不但使得存储企业的竞争力增强、效率提高，同时也使得生产部门和企业的压力减轻。

● 简单的加工生产。一些简单的加工生产业务本来在生产过程中是作为一道单独的工序来完成的。把这些简单加工过程放到仓储环节来进行，可以从整体上节约物流流程，降低加工成本，并使生产企业能够专心于主要的生产经营业务活动。如把对商品的涂油漆过程放到仓储环节来进行，可以缩短物流流程，节约物流成本，提高仓储企业的效率。

● 退货和调换服务。当产品销售之后，产品出现质量问题或出现纠纷，需要实施退货或货物调换业务时，由仓储企业来帮助办理有关事项。

● 订货决策支持。由于仓储过程中掌握了每种货物的消耗过程和库存变化情况，这就有可能对每种货物的需求情况做出统计分析，从而为客户提供订货及库存控制的决策支持，甚至帮助客户做出相关的决策。

【知识链接2-3】

仓储多种经营中的运输中介

运输中介即运输服务中间商。运输中介通常不拥有运输设备，但向其他厂商提供间接服务。其职能类似营销渠道中的批发商，即从各种托运人手中汇集一定数量的货源，然后购买运输。中间商主要有货运代理人、经纪人。

所谓的货运经纪人，实际上是运输代办，以收取服务费为目的。货运经纪人相当于整个物流业务的润滑剂，他有机地结合托运人与承运人，并且方便了小型托运人的托运活动，因为小型托运人无法得到承运人的较好服务。货运经纪人同时也简化了承运人的作业，使很多小托运人不用亲自到承运人处办理托运业务。出于对利润的追求，货运经纪人会根据托运人的要求，合理安排运输方式，节约费用，从而避免物流浪费。

货运代理人(简称货代)常常把来自各种客户手中的小批量装运整合成大批量装载，然后利用专业承运人进行运输；到达目的地后，再把大批量装载的货物拆成原来的装运量。货运代理人的主要优势在于大批量的装运可以获得较低的费率，而且在很多时候小批量装运的速度甚至快于个别托运人直接与专业承运人打交道的速度。

社会分工促使货运代理人产生。货运代理人的积极作用在于：第一，通过对货物的整合，使专业承运人的规模经济效益提高。第二，缩短专业承运人发出货物的时间，减少货物在专业承运人处的储存时间，提高作业效率。第三，缩短托运人的发货时间，货运代理人收集的大量货物可以让专业承运人快速发货而不必等待集货发运。许多时候，托运人的小批量货物暂时没有同样目的地的货物而无法发货，只有积累到一定数量后才可发运。第四，货运代理人收集的大量货物可以集中一次发运到目的地，不用中途重新装运，能减少工作量，减少货物二次装运的破损率。第五，货运代理人具有熟练的运输专业技能，充分掌握运输市场的信息，且与众多的实际承运人有着密切的关系，实施简单而有效的业务流程。

【案例分析 2－1】

某新成立的第三方物流企业的市场定位

某新成立的第三方物流企业拥有 3 吨普通卡车 50 辆，10 吨普通卡车 30 辆，高级无梁仓库20 000平方米，层高 14 米，企业地处上海市闵行地区。闵行地区是上海最早的经济技术开发区，外商投资企业多，邻近有沪闵路和莘松公路，交通便利。请比较以下四种市场定位中哪一种最适合于该企业，为什么？A. 上海西部地区的国际货运代理；B. 闵行地区外商投资企业的第三方物流企业；C. 车辆外包，仓库出租；D. 省际运输仓储企业。

分析提示：最适合的市场定位应当是 B。闵行地区外商投资企业的第三方物流企业。要成为国际货运代理企业，需要经过国家商务部批准，手续烦琐，而且国际货运代理企业主要处理集装箱业务，车辆最好是集装箱卡车，而本企业只有普通卡车，不具备条件，因而不予考虑。闵行地区是上海最早的经济技术开发区，外商投资企业较多，并且具有较长的历史，更往西部的松江经济开发区也有许多外商投资企业。这些货主企业对于采购第三方物流早有需求。只要掌握他们的物流需求，并充分结合自己的能力，就有可能提供令人满意的服务。车辆外包、仓库出租尽管可以极大程度地调动司机和仓库的工作积极性，但是不能发挥企业的规模优势，与物流整合资源的理念也是截然对立的。省际运输仓储企业的定位是基于传统方式，面向公众的服务方式，并没有凸显物流企业的特点。

2.1.3 仓储商务管理的概念和内容、作用、特征

(1)仓储商务管理的概念和内容

仓储商务管理是指仓储经营者对仓储商务所进行的计划、组织、指挥和控制的活动，属于独立经营的仓储企业内部管理之一。仓储商务管理是为了有效利用仓储资源，最大限度地获得经济收益和提高经济效益。

作为仓储企业管理的组成部分，仓储商务管理包括对仓储商务工作的人、财、物的组织和管理，涉及企业资源的合理利用，制度建设、激励机制以及仓储商务队伍的教育培养等各方面。具体内容有：组建仓储商务机构，选配仓储商务人员，制定仓储商务工作制度和管理制度；有效组织市场调研，广泛收集和分析市场信息，捕捉有利的商业机会，科学地制定竞争策略；根据当前市场的需要和发展，科学规划和设计营销策略；充分利用先进的技术和有效的手段降低成本；准确地进行成本核算，细致地进行成本分析，促进企业整体成本管理的效果，进一步降低成本；以优质的服务满足客户的需要，实现企业经济和社会效益的提高；加强交易磋商管理和合同管理，严格依合同办事，守信用，讲信誉；建立风险防范机制，妥善处理商务纠纷和冲突，防范和降低商务风险；加强仓储商务人员管理，以人为本，充分调动全体商务人员的积极性，发挥其聪明才智；重视仓储商务人员的培养，确保其跟上时代发展的要求，保持企业发展后劲。

(2)仓储商务管理的作用

仓储商务管理的目的是为了有效利用仓储资源，最大限度地获得经济收益和提高经济效益。其作用具体表现在以下几个方面：

①满足社会需要。仓储企业的商务管理就是为了通过仓储服务，向社会提供尽可能多的仓储产品，满足社会对仓储产品的需要。其任务就是积极开发市场，适应市场需求的变化，提

高服务水平，降低产品价格，提高产品竞争力。

②充分利用企业资源。在有效的仓储管理之下，仓储企业在获得大量商业机会的同时，也承担起按时提供仓储服务的义务。这需要仓储企业充分利用企业的人力、物力、财力资源，完成仓储任务，使仓储企业的一切资源都得到最充分的利用。

③降低成本。成本的高低是决定企业竞争力的关键因素。仓储商务管理不仅要尽可能地提高交易回报，在市场竞争激烈的形势下，更重要的是采取先进的经济管理理论、现代化技术、有效的经营手段，控制和减少成本，借以提高企业竞争力。

④降低风险。一般来讲，企业的经营风险绝大部分来自于商务风险，高水平的商务管理应尽可能避免商务风险与责任事故的发生，规避经营风险。因此，建立有效的风险防范机制，妥善地处理协议纠纷，构建仓储商务质量管理体系，是仓储商务管理的重要任务。

⑤塑造企业形象。商务的每一项工作都会对企业形象产生直接的影响，例如，商务人员在对外交往的过程中，其一言一行常常代表着企业的形象，关系到客户对企业的信赖程度。因此，仓储商务管理要按照以人为本、用人为贤、权责分明的原则建立一支精明能干、业务熟练的商务队伍，提倡合作和服务的精神，加上企业整体守合同、讲信用的商务管理，逐步树立起仓储企业可信赖、高水平的企业形象。

⑥提高效益。一方面，通过有效的成本管理、最少的经营风险使成本降低，进而实现仓储企业效益的提高；另一方面，良好的企业形象将促进仓储企业社会效益的提高。

(3)仓储商务管理的特征

相对于其他企业项目管理，仓储商务管理具有以下特征：

①经济性。虽然企业管理的最终目标是追求企业利润最大化，各方面的管理也是围绕这一总目标展开，但与企业经营管理、人力资源管理等相比，商务管理更加直接地关系到企业的经营目标和经营收益，更为注重管理的经济性和效益性。

②外向性。仓储商务活动是企业对外的一种经济交换活动，仓储商务管理是围绕着仓储企业与外部发生的经济活动的管理。

③整体性。仓储商务活动直接涉及企业整体的经营和效益，因而在仓储企业，高层管理者会将仓储商务管理作为自己的核心工作。仓储商务管理的好与坏，直接影响到其他各部门的工作。

2.1.4　仓储合同及仓单

(1)仓储合同

①仓储合同的含义及特征。

仓储合同是保管人储存存货人交付的仓储物，存货人支付仓储费的合同。提供储存保管服务的一方称为保管人，接受储存保管服务并支付报酬的一方称为存货人。交付保管的货物为仓储物。仓储合同属于保管合同的一种特殊类型，它具有保管合同的基本特征，同时又具有自己的特殊特征。

仓储合同有其法定的特点，所以在签订履行时要注意自己权利义务的内容、起始时间，这决定着承担责任的内容和开始时间。

仓储合同具有如下特征：第一，仓储合同在成立时即生效。这有别于保管合同。保管合同自交付标的物开始生效。第二，仓储合同均为有偿。这也有别于保管合同。保管合同有偿与否由当事人自行约定。第三，仓储物的所有权不发生转移，只是占有权暂时转移。第四，仓储保管的对象必须是动产，不动产不能作为仓储合同的保管对象。这也是仓储合同区别于保管合同的显著特征。第五，仓储合同的保管人必须依法取得从事仓储保管业务的经营资格。第六，仓储合同是诺成合同。诺成合同是指以缔约当事人意思表示一致为充分成立条件的合同，即一旦缔约当事人的意思表示达成一致，合同即告成立，不以一方交付标的物为合同的成立要件，当事人交付标的物属于履行合同，而与合同的成立无关。

②保管方的义务与存货方的权利。

保管方应保证货物完好无损；对库场因货物保管而配备的设备，保管方有义务加以维修，保证货物不受损害；在由保管方负责对货物搬运、看护、技术检验时，保管方应及时委派有关人员；保管方对自己的保管义务不得转让；保管方不得使用保管的货物，其不对此货物享有所有权和使用权；保管方应做好入库的验收和接收工作，并办妥各种入库凭证手续，配合存货方做好货物的入库和交接工作；对危险品和易腐货物，如不按规定操作和妥善保管，造成毁损，则由保管方承担赔偿责任；一旦接受存货方的储存要求，保管方应按时接收货物入场。

③存货方的义务与保管方的权利。

存货方应确保入库场的货物数量、质量、规格、包装与合同规定内容相符，并配合保管方做好货物入库场的交接工作；存货方应按合同规定的时间提取委托保管的货物；存货方应按合同规定的条件支付仓储保管费；存货方应向保管方提供必要的货物验收资料；对危险品货物，存货方必须提供有关此类货物的性质、注意事项、预防措施、采取的方法等；由于存货方原因造成退仓、不能入库场，存货方应按合同规定赔偿保管方；由于存货方原因造成不能按期发货，由存货方赔偿逾期损失。

④仓储合同签订的注意事项。

一是保管人的资格。在签订仓储合同之前，一定要查明保管人是否具有从事仓储的资格，并且是否在其营业执照上写明。当保管人一方由代理人来签合同时，存货人应注意审查其是否具有代理人资格。

二是关于仓储物。在订立仓储合同时，保管人应确切地知晓存货人所存放的是什么物品，防止存货人利用仓储公司存放违法物品。合同中应注明仓储物的品名、品种、规格、数量、质量、包装；规定仓储物的验收内容、出入库手续、时间及运输；约定仓储物在储存期间和运输过程中的损耗、磅差标准的执行原则。有国家或专业标准的，按国家或专业标准规定执行；没有国家或专业标准的，可以商定在保证运输和存储安全的前提下由双方作出规定。

三是保管条件。仓储物的储存条件和储存要求必须在合同中明确作出规定，需要在冷冻库里储存还是在高温、高压下储存，都应通过合同订明。特别是对易燃、易爆、易渗漏、易腐烂、有毒等危险物品的储存，要明确操作要求、储存条件和方法。原则上有国家规定操作程序的，按国家规定执行；没有国家规定的，按合同约定执行。

⑤仓储合同中的违约责任。

仓储合同中保管人的违约责任：保管人验收仓储物后，在仓储期间发生仓储物的品种、数量、质量、规格、型号不符合合同约定的，承担违约赔偿责任；仓储期间，因保管人保管不善造成仓储物毁损、灭失的，保管人承担违约赔偿责任；仓储期间，因约定的保管条件发生变化而未及时通知存货人，造成仓储物的毁损、灭失，由保管人承担违约损害责任。

仓储合同中存货人的违约责任：存货人没有按合同的约定对仓储物进行必要的包装或该包装不符合约定要求，造成仓储物毁损、灭失的，自行承担责任，并由此承担给仓储保管人造成的损失；存货人没有按合同约定的仓储物性质交付仓储物，或者超过储存期，造成仓储物毁损、灭失的，自行承担责任；危险有害物品必须在合同中注明，并提供必要的资料，存货人未按合同约定执行而造成损失的，自行承担民事和刑事责任，并承担由此给仓储人造成的损失；逾期储存，存货人承担加收费用的责任；储存期满不提取仓储物，经催告后仍不提取，存货人承担违约赔偿责任。

⑥合同范本。

仓储合同

甲方：存货人：__________________________(以下简称甲方)

乙方：保管人：××仓储有限公司　　　　　　　　(以下简称乙方)

为适应市场经济发展、提高企业经济效益，在乙方具备法人资格、拥有仓库所有权的前提下，双方就甲方所有的仓储物资在乙方仓库储存的相关事宜进行协商，本着互惠互利、双方自愿、真诚合作、共同发展的原则，达成如下协议：

一、标的：______________采购的各种钢材。

二、数量：仓储物资的具体品种、规格、数量由甲方提供。

三、仓储物资的交付、验收方式及期限：

1. 甲方的仓储物资在交付给乙方仓库保管前，应事先将有关仓储物资的到货信息资料以书面形式及时通知乙方，以便乙方能及时安排货位和做好接货的准备工作。

2. 甲方的铁路、水路运单"收货人"栏内填写：

收货人：××仓储有限公司(代____________________)

整车到站：杨浦车站；整船到站：复兴岛木材码头

3. 为了方便联系，乙方应配备基本的通信设备：长途电话机、传真机。乙方根据甲方验收单的内容及时组织入库验收并在货到 3 个工作日内验收完毕，验收完毕后将验收结果填写在验单上加盖乙方公章及经办人章(或签字)后转给甲方，以作为甲方的入库验收凭证，乙方对甲方发到仓库的仓储物资要建立单独的收、发、存台账。

4. 对甲方入库的存储物资，乙方必须一车一位存放、集中摆放整齐、设置标识，专人管理，并按国家同类物资存放的标准存放，以确保钢材在存放期间的质量。

四、仓储费及结算方式：

1. 收费标准：

(1)货物出库费 15 元/吨，如需装船，每吨加收装船费 10 元/吨。

(2)货物到达乙方仓库全部费用由乙方实行包干，①铁路运输卸车费 780 元/车皮，短驳运输费 320 元/车皮；②船进起驳费 10 元/吨。每月 20 日之前向甲方结清上月所发生费用。

(3)货物加工，开平费____元/吨(免出库费)；切边费____元/吨；厚度超过 12.00mm，加工费另议。

2. 结算方式：转账。

五、数量及质量异议提出期限：

1. 乙方在接收甲方交付的仓储物资入库时，应当按照合同的约定对仓储物资进行验收，验收中出现与甲方提供的入库验收单不符的现象，乙方应在 3 个工作日内以书面形式通知甲方，以便甲方核实。

2. 验收中出现盈亏、残损及外观质量问题，乙方应在仓储物资到库的 3 个工作日内，以书面形式及时通知甲方(按标准允许的交货公差除外)，并提供盈亏磅码单或残损单等有关资料，由甲方负责处理，乙方负责处理异议时的复磅及进库物资的商检等工作。

3. 仓库物资在规定的期限内验收完毕后，在以后的储存和出库过程中发生的残损、短重量等数量、质量等问题，由乙方负责。

4. 甲方验收方式应与________质保书的验收方式相同。

六、仓库物资出库的手续：

1. 甲方在乙方处留存________________公司物资出库单的票样(见附件1)。

2. 乙方凭甲方出具的________________公司物资出库单(原始件)，经核实无误后，方可出库，并在公司物资出库单上加盖乙方公章及经办人签字，出库单发生涂改或印件不全的为无效出库单，乙方不得擅自出库或者拖延出库时间。由于乙方业务差错造成甲方损失的，由乙方负责赔偿。

3. 乙方协助甲方办理铁路运输、汽车及水路运输工作，其运输费用由货物买方承担。

七、其他约定：

1. 甲方对交付给乙方存储的仓储物资拥有所有权。乙方在未经甲方同意的情况下，不得擅自动用、扣留、质押、留置甲方的仓储物资。

2. 乙方对甲方的仓储物资负有妥善保管的义务，无论货物位于室内还是室外，都负有防止仓储物资污染、变质的责任。

3. 乙方在仓储物资存储期间，不得擅自将仓储物资转交第三人保管。乙方的仓库经营权及法定代表人等有关权属、人员方面发生变动时，乙方应及时以书面形式通知甲方，但不得以变动为由变更或解除仓储合同，否则，由此给甲方造成的实际经济损失由乙方承担。

4. 对甲方在乙方仓库内的仓储物资，双方应按月核对库存，并提供月收、发、存报表。

八、违约责任：

甲、乙双方任何一方不履行合同义务或履行合同义务不符合约定，给双方造成损失的，应赔偿实际损失。

1. 乙方不能按合同约定的时间、品种、数量接收仓储物资入库或者违反货物出库规定的，必须向甲方交付违约金。违约金的数额为违约所涉及部分货物的实际损失及由此造成的其他费用。

2. 乙方提供的货位不符合要求，或者在仓储物资存储期间因保管不善以及非因不可抗力造成仓储物资损毁、灭失、短少、变质的，应当承担损害赔偿责任。赔偿金额按照甲方进货金额确定。

3. 由乙方负责发运的货物，不能按期发货的，乙方应赔偿甲方因此遭受的损失；错发到货地点，乙方除按合同规定无偿运到规定地点外，还应赔偿甲方因此造成的损失。

九、因执行本协议而发生的争执，双方应通过协商解决；若协商不成，则申请________仲裁委员会裁决。

十、本合同一式四份，双方各执两份，经双方签字、加盖公章后生效。

十一、附加条款：本协议有效期自____年____月____日至____年____月____日止。

合同期满，若双方均无书面材料要求终止合同，则本合同有效期可顺延____年。

甲方：	乙方：××仓储有限公司
法定代表人：	法定代表人：
地址：	地址：
邮政编码：	邮政编码：
电话：	电话：

传真： 传真：

签订日期：

(2)仓单

①仓单的定义及性质。

仓单(warehouse receipt)是保管人收到仓储物后给存货人开付的提取仓储物的凭证。仓单除作为已收取仓储物的凭证和提取仓储物的凭证外，还可以通过背书，转让仓单项下货物的所有权，或者用于出质。存货人在仓单上背书并经保管人签字或者盖章，转让仓单始生效力。存货人以仓单出质，应当与质权人签订质押合同，在仓单上背书并经保管人签字或者盖章，将仓单交付质权人后，质押合同始生效力。

仓单为有价证券。《合同法》第387条规定："仓单是提取仓储物的凭证。存货人或者仓单持有人在仓单上背书并经保管人签字或者盖章的，可以转让提取仓储物的权利。"可见，仓单表明存货人或者仓单持有人对仓储物的交付请求权，故为有价证券。

仓单为要式证券。《合同法》第386条规定，仓单须经保管人签名或者盖章，且须具备一定的法定记载事项，故为要式证券。

仓单为物权证券。仓单上所载仓储物的移转，必须自移转仓单始生所有权转移的效力，故仓单为物权证券。

仓单为文义证券。所谓文义证券，是指证券上权利义务的范围以证券的文字记载为准。仓单的记载事项决定当事人的权利义务，当事人须依仓单上的记载主张权利义务，故仓单为文义证券，不是要因证券。

仓单为自付证券。仓单是由保管人自己填发的，又由自己负担给付义务，故仓单为自付证券。仓单证明存货人已经交付了仓储物和保管人已经收到了仓储物的事实，作为物品证券，在保管期限届满时，存货人或者仓单持有人可凭仓单提取仓储物，也可以背书的形式转让仓单所代表的权利。

②仓单的作用。

仓单作为仓储保管的凭证，其作用是显而易见的，主要表现在以下几个方面：

- 仓单是保管人向存货人出具的货物收据。当存货人交付的仓储物经保管人验收后，保管人就向存货人填发仓单。仓单是保管人已经按照仓单所载状况收到货物的证据。
- 仓单是仓储合同存在的证明。仓单是存货人与保管人双方订立的仓储合同存在的一种证明，只要签发仓单，就证明了合同的存在。
- 仓单是货物所有权的凭证。它代表仓单上所列货物，谁占有仓单就等于占有该货物，仓单持有人有权要求保管人返还货物，有权处理仓单所列的货物。仓单的转移，也就是仓储物所有权的转移。因此，保管人应该向持有仓单的人返还仓储物。也正由于仓单代表着其项下货物的所有权，所以，仓单作为一种有价证券，也可以按照《担保法》的规定设定权利质押担保。
- 仓单是提取仓储物的凭证。仓单持有人向保管人提取仓储物时，应当出示仓单。保管人一经填发仓单，则持单人对于仓储物的受领，不仅应出示仓单，而且还应缴回仓单。仓单持有人为第三人，而该第三人不出示仓单的，除了能证明其提货身份外，保管人应当拒绝返还仓储物。
- 此外，仓单还是处理保管人与存货人或提单持有人之间关于仓储合同纠纷的依据。

②仓单的主要事项。

根据《合同法》第386条规定，仓单包括下列事项：

● 存货人的名称或者姓名和住所。仓单是记名证券，因此应当记载存货人的名称或姓名和住所。

● 仓储物的品种、数量、质量、包装、件数和标记。在仓单中，有关仓储物的有关事项必须记载，因为这些事项与当事人的权利义务直接相关。有关仓储物的事项包括仓储物的品种、数量、质量、包装、件数和标记等。这些事项应当记载准确、详细，以防止发生争议。

● 仓储物的损耗标准。仓储物在储存过程中，由于自然因素和货物本身的自然性质可能发生损耗，如干燥、风化、挥发等，这就不可避免地会造成仓储物数量上的减少。对此，在仓单中应当明确规定仓储物的损耗标准，以免在返还仓储物时发生纠纷。

● 储存场所。储存场所是存放仓储物的地方。仓单上应当载明储存场所，以便存货人或仓单持有人能够及时、准确地提取仓储物。同时，也便于确定债务的履行地点。

● 储存期间。储存期间是保管人为存货人储存货物的起止时间。储存时间在仓储合同中十分重要，它不仅是保管人履行保管义务的起止时间，也是存货人或仓单持有人提取仓储物的时间界限。因此，仓单上应当明确储存期间。

● 仓储费。仓储费是保管人为存货人提供仓储保管服务而获得的报酬。仓储合同是有偿合同，仓单上应当载明仓储费的有关事项，如数额、支付方式、支付地点、支付时间等。

● 已经办理保险的仓储物的保险金额、期间以及保险人的名称。如果存货人在交付仓储物时，已经就仓储物办理了财产保险，则应当将保险的有关情况告知保管人，由保管人在仓单上记载保险金额、保险期间以及保险公司的名称。

● 保管人的名称或者姓名，以及填发地点和时间。保管人在填发仓单时，应当将自己的名称或姓名以及填发仓单的地点和时间记载于仓单上，以便确定当事人的权利义务。

2.1.5 仓储成本分析

仓储成本(warehousing cost)是指仓储企业在开展仓储业务活动中以货币计算的各种要素投入的总和。仓储成本是物流成本的重要组成部分，对物流成本的高低有直接影响。大多数仓储成本不随存货水平变动而变动，而是随存储地点的多少而变。

(1)仓储成本的构成

与库存成本不同，货物的仓储成本主要是指货物保管的各种支出，其中一部分为仓储设施和设备的投资，另一部分则为仓储保管作业中的活劳动或者物化劳动的消耗，主要包括工资和能源消耗等。根据货物在保管过程中的支出，可以将仓储成本分成以下几类：

①保管费。保管费是为存储货物所开支的货物养护、保管等费用，包括用于货物保管的货架、货柜的费用开支，仓库场地的房地产税等。

②仓库管理人员的工资和福利费。仓库管理人员的工资一般包括固定工资、奖金和各种生活补贴。福利费可按标准提取，一般包括住房基金、医疗以及退休养老支出等。

③折旧费或租赁费。仓储企业有的是以自己拥有所有权的仓库以及设备对外承接仓储业务，有的是以向社会承包租赁的仓库及设备对外承接业务。自营仓库的固定资产每年需要提取折旧费，对外承包租赁的固定资产每年需要支付租赁费。仓储费或租赁费是仓储企业的一项重要的固定成本，构成仓储企业的成本之一。对仓库固定资产按折旧期分年提取，主要包括库房、堆场等基础设施的折旧和机械设备的折旧等。

④修理费。修理费主要用于设备、设施和运输工具的定期大修理，每年可以按设备、设施和运输工具投资额的一定比率提取。

⑤装卸搬运费。装卸搬运费是指货物入库、堆码和出库等环节发生的装卸搬运费用，包括搬运设备的运行费用和搬运工人的成本。

⑥管理费用。管理费用是指仓储企业或部门为管理仓储活动、开展仓储业务而发生的各种间接费用，主要包括仓库设备的保险费、办公费、人员培训费、差旅费、招待费、营销费、水电费等。

⑦仓储损失。仓储损失是指保管过程中货物损坏而需要仓储企业赔付的费用。造成货物损失的原因一般包括仓库本身的保管条件，管理人员的人为因素，货物本身的物理、化学性能，搬运过程中的机械损坏等，实际中，应根据具体情况，按照企业的制度标准，分清责任合理计入成本。

(2)降低仓储成本的措施

仓储成本管理是仓储企业管理的基础，对提高整体管理水平、提高经济效益有重大影响，但是由于仓储成本与物流成本的其他构成要素，如运输成本、配送成本，以及服务质量和水平之间存在二律背反的现象，因此，降低仓储成本要在保证物流总成本最低以及不降低企业的总体服务质量和目标水平的前提下进行。常见的措施有：采用"先进先出"方式，减少仓储物的保管风险；提高储存密度，提高仓容利用率；采用有效的储存定位系统，提高仓储作业效率；采用有效的监测清点方式，提高仓储作业的准确程度；加速周转，提高单位仓容产出；采取多种经营，盘活资产；加强劳动管理；降低经营管理成本。

【案例分析2-2】

布鲁克林酿酒厂对成本的控制

美国布鲁克林酿酒厂于1987年11月将它的第一箱布鲁克林拉格运到日本，并在最初的几个月里使用了各种航运承运人。最后，日本金刚砂航运公司被选为布鲁克林酿酒厂唯一的航运承运人。金刚砂公司之所以被选中，是因为它向布鲁克林酿酒厂提供了增值服务。金刚砂公司在其国际机场的终点站交付啤酒，并在飞往东京的商业航班上安排运输，金刚砂公司通过其日本报关办理清关手续。这些服务有利于保证产品完全符合保鲜要求。布鲁克林酿酒厂的啤酒之所以能达到新鲜的要求，是因为这样的物流作业可以在啤酒酿造后的1周内将啤酒从酿酒厂直接运送到顾客手中。新鲜啤酒能超过一般的价值定价，高于海运装运的啤酒价格的5倍。虽然布鲁克林拉格在美国是一种中等价位的啤酒，但在日本，它是一种溢价产品，获得了极高的利润。布鲁克林酿酒厂改变包装，通过装运小桶装啤酒而不是瓶装啤酒来降低运输成本。虽然小桶重量与瓶的重量相等，但减少了玻璃破碎而使啤酒损毁的机会。此外，小桶啤酒对保护性包装的要求也比较低，这进一步降低了装运成本。

分析提示：仓储成本控制的重要性主要体现在以下几方面：

①仓储成本控制是企业增加盈利的"第三利润源"，直接服务于企业的最终目标。

②仓储成本控制是加强企业竞争能力、求得生存和扩展的主要保障。

③仓储成本控制是企业持续发展的基础。

任务 2.2 配送商务

2.2.1 配送商务简述

(1)配送商务的含义和内容

配送商务是指配送经营人与需要产品配送的委托人之间基于配送活动的经济联系,是双方基于配送产品交换的经济活动。

配送商务的内容包括:配送的经营决策和产品的市场定位;配送产品的市场宣传;交易机会的搜寻和推销;交易磋商和配送合同的订立;配送成本核算和配送价格的确定;合同履行的督促和履行中的沟通协调;配送合同争议处理和商务风险防范;客户关系维护和新市场开发。

(2)配送经营模式

目前,国内物流业主要存在以下四种配送模式:

①自营配送模式,是指企业创建完全为本企业生产经营提供配送服务的组织模式。该模式要求企业自身物流具有一定的规模,可以满足配送中心发展的需要。随着网络技术的发展,这种模式必将会向其他模式转化。

②合作配送模式,是指若干企业由于共同的物流需求,在充分挖掘利用每个企业现有物流资源的基础上,联合创建配送组织模式。通过合作和共享,这种模式打破了企业之间的界限,实现了物流高效化。

③第三方物流,是指物流渠道中的专业化物流中间人以签订合同的方式,在一定期间内,为其他公司提供所有的或某些方面的物流业务服务。这种模式对物流企业的运输管理、运作经验和管理水平有着很高的要求。

④共同配送模式,是指物流配送企业之间为了提高配送效率以及实现配送合理化所建立的一种功能互补的配送联合模式。这种模式以互惠互利为原则,可以促进物流行业整体的配送合理化。

2.2.2 配送合同

(1)配送合同的定义和性质

配送合同是指配送经营人与配送委托人签订的有关确定配送服务权利和义务的协议。或者说,是配送服务经营人收取费用,将委托人委托的配送物品,在约定的时间和地点交付给收货人而订立的合同。委托人可以是收货、发货、贸易经营、商品出售、商品购买、物流经营、生产企业等配送物的所有人或占有人,可以是企业、组织或者个人。配送合同的性质如下:

①无名合同。配送服务合同不属于《合同法》分则中的有名合同,不能直接引用《合同法》分则中有名合同的规范。因此,配送服务合同需要依据《合同法》总则的规范,并参照运输合同、仓储合同、保管合同的有关规范,通过当事人签署完整的合同来调整双方的权利和义务关系。

②有偿合同。配送服务是一种产品,配送服务经营人需要投入相应的物化成本和劳动才能实现产品的生产。独立的配送经营是为了营利的经营,需要在配送经营中获得利益回报。配送经营的营利性决定了配送服务合同为有偿合同。委托人需要对接受配送服务产品支付报

酬,配送服务经营人收取报酬是其合同权利。

③诺成合同。诺成合同表示合同成立即可生效。当事人对配送服务关系达成一致意见时,配送服务合同就成立,合同也即生效。配送服务合同生效后,配送服务方需为履行合同组织力量,安排人力、物力,甚至要投入较多资源,如购置设备,聘请人员。如果说合同还不能生效,显然对配送服务经营人极不公平,因而配送服务合同必须是诺成合同。当事人在合同订立后没有依据合同履行义务,就构成违约。当然,当事人可在合同中确定合同开始履行的时间或条件,时间未到或条件未具备时虽然合同未开始履行,但并不构成合同未生效。

④长期性。配送服务活动具有相对长期性的特性,配送过程都需要持续一段时期,以便开展有计划、小批量、不间断的配送,实现配送的经济目的。如果只是一次性送货,则只构成运输关系而非配送关系。因此,配送合同一般是期限合同,确定一段时期的配送关系,或者是一定数量产品的配送,需要持续较长的时间。

(2)配送服务合同的种类

①独立配送服务合同。独立配送服务合同是由独立经营配送业务的配送企业或个人或兼营配送业务的组织与配送委托人订立的仅涉及配送服务的独立合同。该合同仅仅用于调整双方在配送服务过程中的权利和义务关系,以配送行为为合同标的。

②附属配送服务合同。附属配送服务合同是指在加工、贸易、运输、仓储或其他物质经营活动的合同中,附带地订立配送服务活动的权利和义务关系的协议,没有就配送服务活动订立独立合同。附属配送服务合同主要有仓储经营人与保管人在仓储合同中附带配送协议、运输合同中附带配送协议、销售合同中附带配送协议、物流合同中附带配送协议、生产加工合同中附带配送协议等。

③配送服务合同的其他分类。

配送服务合同依据合同履行的期限还可分为定期配送服务合同和定量配送服务合同。定期配送服务合同是指双方决定在某一期间,由配送人完成委托人的某些配送业务而订立的合同。定量配送服务合同则是配送人按照委托人的要求,按一定量的物品进行配送,直到该数量的物品配送完毕,则合同终止。

配送服务合同按照配送委托人身份的不同还可分为批发配送、零售配送、工厂配送等合同;依据配送物的不同可分为普通商品配送、食品配送、水果蔬菜配送、汽车配送、电器配送、原材料配送、零部件配送等合同;按照配送服务地理范围的不同可分为市内配送、地区配送、全国配送、跨国配送、全球配送等合同。

(3)配送服务合同的订立

配送服务合同是双方对委托配送经协商达成一致意见的结果。经过要约和承诺的过程,承诺生效合同成立。在现阶段,我国配送服务合同的订立往往需要配送经营人首先要约,向客户提出配送服务的整体方案,指明配送业务对客户产生的利益和配送实施的方法,以便客户选择接受配送服务并订立合同。

配送服务合同的要约和承诺可用口头形式、书面形式或其他形式。同样地,配送服务合同也可采用口头形式、书面形式或其他形式,为非要式合同。然而,由于配送时间延续较长,配送服务所涉及的计划管理性较强;非及时性配送所产生的后果可大可小,严重的会发生如生产线停工、客户流失等重大损失;配送服务过程受环境因素的影响较大,如交通事故等。为了便于双方履行合同,利用合同解决争议,配送服务合同采用完整的书面形式最为合适。

(4)配送服务合同的履行

配送服务合同双方应按照合同约定严格履行合同，任意一方不得擅自改变合同的约定，这是双方的基本合同义务。此外，对于依合同目的所推断的双方当事人还需要分别承担的一些责任，也应予以重视，尽管合同没有约定。

①配送委托人保证配送物适宜配送。配送委托人需要保证由其本人或者其他人提交的配送物适宜于配送和配送作业。具体包括：对配送物进行必要的包装或定型；标注明显的标识，并保证能与其他商品相区别；配送物可按配送要求进行分拆、组合；配送物能用约定的或者常规的作业方法进行装卸、搬运等作业；配送物不是法律禁止运输和仓储的禁品；对于限制运输的物品，需提供准予运输的证明文件等。

②配送经营人采取合适的方法履行配送的义务。配送经营人所使用的配送中心具有合适的库场，适宜于配送物的仓储、保管、分拣等作业；采用合适的运输工具、搬运工具、作业工具，如干杂货使用厢式车运输，使用避免损害货物的装卸方法，大件重货使用吊机、拖车作业；对运输工具进行妥善积载，使用必要的装载衬垫、捆扎、遮盖；采取合理的配送运输线路；使用公认的或者习惯的理货计量方法，保证理货计量准确。

③配送人提供配送单证。配送经营人在送货时须向收货人提供配送单证、配送货物清单。配送清单为一式两联，详细列明配送物的品名、等级、数量等配送物信息，经收货人签署后收货人和配送人各持一联，以备核查和汇总。配送人需在一定期间间隔向收货人提供配送汇总表。

④收货人收受货物。委托人保证要求配送的收货人正常地接受货物，不会出现无故拒收；收货人提供合适的收货场所和作业条件。收货人对接受的配送物有义务进行理算查验，并签收配送单和注明收货时间。

⑤配送人向委托人提供存货信息和配送报表。配送人需在约定的期间如每天向委托人提供存货信息，并随时接受委托人的存货查询，定期向委托人提交配送报表、分收货人报表、残损报表等汇总材料。

⑥配送人接受配送物并承担仓储和保管义务。配送经营人需按配送合同的约定接受委托人送达的配送物，承担查验、清点、交接、入库登记、编制报表的义务，安排合适的地点存放货物，妥善堆积或上架；对库存货物进行妥善的保管、照料，防止存货受损。

⑦配送人返还配送剩余物，委托人处理残料。配送期满或者配送合同履行完毕，配送经营人需要将剩余的物品返还给委托人，或者按委托人的要求交付给其指定的其他人。配送人不得无偿占有配送剩余物，同样，委托人有义务处理配送残余物或残损废品、回收物品、加工废料。

(5)配送合同范例

蔬菜配送合同

甲方：

乙方：××市××膳食管理有限公司

经过友好协商，甲方将食堂所需食材交由乙方供应配送。为确保双方权益，特拟定以下条款：

一、配送范围

1. 甲方食堂所需的食材由乙方供应，乙方负责送货上门，于每天早上 8:30 前送到甲方食堂。超出约定时间 30 分钟，则将扣除当日货款的 10%，作为违约处罚。

2. 甲方如需临时加送菜品(提前 3 小时通知乙方)，乙方必须无条件按时送达(每月 4 次为限)。

3. 甲方每星期有两天早餐需要奶粉与面粉，乙方须在当天早上6:00前送到甲方食堂。

4. 乙方配送如遇特殊情况，需提前通知甲方。在通知甲方后，乙方配送到达时间不得超过约定时间1小时；如乙方在规定时间内没有配送到，给甲方造成的一切经济后果将由乙方承担。

二、报价方式

乙方每周报一次菜价，以双方协商经甲方同意签字生效。

三、订货方式

1. 在当天食材送达后，甲方把第二天所需的蔬菜、肉类等食材的数量清单交给乙方配送人员带回。

2. 甲方须妥善保管好乙方供货的器具(菜筐、油桶、豆腐板等)，如有损坏或缺少，甲方需照价赔偿。

四、数量确定

1. 供货数量确保准确，数量以甲方验收数量为准。

2. 乙方每次送货的清单，经甲方指定人员验货后签字确定，甲乙双方各执一份，以此作为结算时的数量依据。

五、结账方式

货款每月结算一次，每月1日对账；对账后乙方给甲方开具上月所购货款发票，甲方在15日内一次性转账给乙方。

六、质量保证

1. 乙方配送的蔬菜、肉类等食材必须符合国家卫生标准，并且保证质量，不得有腐烂、变质食品。

2. 如发生质量问题，乙方必须包退包换，退补货品需在1小时内补给，不能影响甲方正常供餐。

3. 若因乙方配送食材导致甲方出现食物事故时，经卫生防疫站检验证明确属于乙方造成的，乙方必须承担经济与法律上的全部责任。

七、协议期限

1. 本协议一式两份，甲、乙双方各持一份。暂定____年____月____日至____年____月____日止，试用期一星期，甲方如基本满意，则一星期后此协议自然生效。协议期满后，双方再协商是否继续或终止。

2. 甲、乙双方如有一方要提前解约，须提前15天书面通知。

本协议若有未尽事宜，双方本着友好合作的精神协商解决。

甲方代表(签名)：　　　　　　　　乙方代表(签名)：

单　　位(盖章)：　　　　　　　　单　　位(盖章)：××市××膳食管理有限公司

2.2.3 配送成本分析

(1)配送成本的构成

配送成本(distribution cost)是配送过程中所支付的费用总和。根据配送流程及配送环节，配送成本包含配送运输费用、分拣费用、配装及流通加工费用等。配送成本费用的核算是多环节的核算，是各个配送环节或活动的集成。配送各个环节的成本费用核算具有各自的特点，如流通加工的费用核算与配送运输费用的核算具有明显的区别，其成本计算的对象及计算单位都不同。其成本应由以下费用构成：

①配送运输费用。配送运输费用主要包括车辆费用和营运间接费用。车辆费用是指从事配送运输生产而发生的各项费用，具体包括驾驶员及助手等工资及福利费、燃料、轮胎费用、修理费、折旧费、养路费、车船使用税等项目；营运间接费用是指营运过程中发生的不能直接计入各成本计算对象的站、队经费，包括站、队人员的工资及福利费、办公费、水电费、折旧费等内容，但不包括管理费用。

②分拣费用。分拣费用包括分拣人工费用和分拣设备费用。分拣人工费用是指从事分拣工作的作业人员及有关人员工资、奖金、补贴等费用的总和；分拣设备费用是指分拣机械设备的折旧费用及修理费用。

③配装费用。配装费用包括配装材料费用、配装辅助费用和配装人工费用。常见的配装材料有木材、纸、自然纤维和合成纤维、塑料等。这些包装材料功能不同，成本相差很大。配装辅助费用是指如包装标记、标志的印刷，拴挂物费用等的支出。配装人工费用是指从事包装工作的工人及有关人员的工资、奖金、补贴等费用总和。

④流通加工费用。流通加工费用包括流通加工设备费用、流通加工材料费用和管理人员、工人及有关人员工资、奖金等费用。流通加工设备因流通加工形式不同而不同，购置这些设备所支出的费用以流通加工费用的形式转移到被加工产品中去。流通加工材料费用是指投入到流通加工过程中的一些材料消耗所需要的费用。

实际应用中，应该根据配送的具体流程归集成本，不同的配送模式，其成本构成差异较大。在相同的配送模式下，由于配送物品的性质不同，其成本构成差异也很大。

(2)降低配送成本的策略

对配送的管理就是在配送的目标即满足一定的顾客服务水平与配送成本之间寻求平衡。在一定的配送成本下尽量提高顾客服务水平，或在一定的顾客服务水平下使配送成本最小。在一定的顾客服务水平下使配送成本最小的五种策略如下：

①混合策略。混合策略是指配送业务一部分由企业自身完成。这种策略的基本思想是：尽管采用纯策略(即配送活动要么全部由企业自身完成，要么完全外包给第三方物流完成)易形成一定的规模经济，并使管理简化，但由于产品品种多变、规格不一、销量不等等情况，采用纯策略的配送方式超出一定程度不仅不能取得规模效益，反而还会造成规模不经济。而采用混合策略，合理安排企业自身完成的配送和外包给第三方物流完成的配送，能使配送成本最低。

【案例分析 2-3】

美国一家企业的混合策略的运用

美国一家干货生产企业为满足遍及全美的1 000家连锁店的配送需要，建造了6座仓库，并拥有自己的车队。随着经营的发展，企业决定扩大配送系统，计划在芝加哥投资7 000万美元再建一座新仓库，并配以新型的物流处理系统。该计划提交董事会讨论时，认为这样不仅成本较高，而且就算仓库建起来也还是满足不了需要。于是，企业把目光投向租赁公共仓库。结果发现，如果企业在附近租用公共仓库，增加一些必要的设备，再加上原有的仓储设施，企业所需的仓储空间就足够了，但总投资只需20万美元的设备购置费、10万美元的外包运费，加上租金，也远没有7 000万美元之多。

分析提示:这是一个采用混合策略成功的案例,自建仓库成本高,而自建一部分,租赁一部分,既可以减少资金的压力,又能提高经济效益。

②差异化策略。差异化策略的指导思想是:产品特征不同,顾客服务水平也不同。当企业拥有多种产品线时,不能对所有产品都按同一标准的顾客服务水平来配送,而应按产品的特点、销售水平来设置不同的库存、不同的运输方式以及不同的储存地点,忽视产品的差异性会增加不必要的配送成本。例如,一家生产化学品添加剂的公司为降低成本,按各种产品的销售量比重进行分类:A类产品的销售量占总销售量的70%以上,B类产品占20%左右,C类产品则为10%左右。对A类产品,公司在各销售网点都备有库存,B类产品只在地区分销中心备有库存而在各销售网点不备有库存,C类产品连地区分销中心都不设库存,仅在工厂的仓库才有存货。经过一段时间的运行,事实证明这种方法是成功的,企业总的配送成本下降了20%之多。

③合并策略。合并策略包含两个层次:一个是配送方法上的合并,另一个则是共同配送。

配送方法上的合并是指企业在安排车辆完成配送任务时,充分利用车辆的容积和载重量,做到满载满装。这是降低成本的重要途径。由于产品品种繁多,不仅包装形态、储运性能不一,在容重方面也往往相差甚远。一车上如果只装容重大的货物,往往是达到了载重量,但容积空余很多;如果只装容重小的货物,则相反,看起来车装得满,实际上并未达到车辆载重量。这两种情况实际上都造成了浪费。实行合理的轻重配装、容积大小不同的货物搭配装车,不但可以在载重方面达到满载,而且也充分利用车辆的有效容积,取得最优效果。实践中,最好是借助电脑计算货物配车的最优解。

共同配送是一种产权层次上的共享,也称集中协作配送,是指几个企业联合,集小量为大量,共同利用同一配送设施的配送方式。其标准运作形式是:在中心机构的统一指挥和调度下,各配送主体以经营活动(或以资产为纽带)联合行动,在较大的地域内协调运作,共同对某一个或某几个客户提供系列化的配送服务。

④延迟策略。在传统的配送计划安排中,大多数库存是按照对未来市场需求的预测量设置的,这样就存在着预测风险。当预测量与实际需求量不符时,就会出现库存过多或过少的情况,从而增加配送成本。延迟策略的基本思想就是对产品的外观、形状及其生产、组装、配送尽可能推迟到接到顾客订单后再确定。一旦接到订单,就要快速反应。因此,采用延迟策略的一个基本前提是信息传递要非常快。

⑤标准化策略。标准化策略就是尽量减少因品种多变而导致附加配送成本,尽可能多地采用标准零部件、模块化产品。如服装制造商按统一规格生产服装,直到顾客购买时才按顾客的身材调整尺寸大小。采用标准化策略要求厂家从产品设计开始就要站在消费者的立场去考虑怎样节省配送成本,而不要等到产品定型生产出来了,才考虑采用什么技巧降低配送成本。

(3)配送成本控制

①加强配送的计划性。在配送活动中,临时配送、紧急配送或无计划的随时配送都会大幅度增加配送成本。随时配送对订货要求不作计划安排,有一笔送一次。这样虽然能保证服务质量,但是不能保证配装与路线的合理性,也会造成很大浪费。为了加强配送的计划性,需要制定配送申报制度。所谓配送申报制度,就是零售商店订货申请制度。解决这个问题的基本原则是:在尽量减少零售店存货、尽量减少缺货损失的前提下,相对集中各零售店的订货。应针对商品的特性,制定相应的配送申报制度。

②确定合理的配送路线。配送路线合理与否对配送速度、成本、效益影响很大，因此，采用科学方法确定合理的配送路线是配送的一项重要工作。确定配送路线可以采用各种数学方法以及在数学方法基础上发展和演变出来的经验方法。无论采用何种方法，都必须满足一定的约束条件。对于一般的配送，约束条件有：满足所有零售店对商品品种、规格、数量的要求；满足零售店对货物到达时间范围的要求；在交通管理部门允许通行的时间内进行配送；各配送路线的商品量不超过车辆容积及载重量的限制；在配送中心现有运力允许的范围之内配送。

● 基本训练

□ 知识题

1.1 阅读理解

(1)什么是仓储商务？其内容有哪些？

(2)仓储的经营方法有哪些？分别是怎样进行的？

(3)仓储合同、配送商务合同如何订立？

(4)如何控制仓储商务和配送商务成本？

(5)配送有哪些经营模式？

1.2 知识应用

(1)判断题

①配送路线对配送成本没有任何影响。 ( )

②要加强企业配送的计划性。 ( )

③配送成本中不包括流通加工费用。( )

④配送服务合同是双方对委托配送经协商达成一致意见的结果。经过要约和承诺的过程，承诺生效，合同成立。 ( )

⑤消费仓储收入主要来自于仓储物消费的收入。 ( )

(2)选择题

①分拣费用包括( )。

A. 车辆费用和营运间接费用

B. 分拣人工费用和分拣设备费用

C. 配装材料费用、配装辅助费用和配装人工费用

D. 流通加工设备费用、流通加工材料费用

②配送服务合同的种类包括( )。

A. 独立配送服务合同　　B. 附属配送服务合同

C. 定期配送服务合同　　D. 定量配送服务合同

③在开展仓储业务的同时，还开展运输中介、商品交易、配载与配送、仓储增值服务等属于( )。

A. 保管仓储　　B. 混合仓储　　C. 仓储租赁　　D. 仓储多种经营

④仓储合同规定保管方的义务与存货方的权利有( )。

A. 保证货物完好无损

B. 对库场因货物保管而配备的设备，保管方有义务加以维修，保证货物不受损害

C. 对危险品和易腐货物，如不按规定操作和妥善保管，造成毁损，则由保管方承担赔偿责任

D. 存货方对入库场的货物数量、质量、规格、包装应与合同规定内容相符

⑤仓储成本的构成中包括(　　)。

A. 保管费　B. 折旧费或租赁费　C. 装卸搬运费　D. 仓储损失

□ **技能题**

(1)某汽车装配厂从国外进口一批汽车零件,准备在国内组装、销售。2002 年 3 月 5 日,其与某仓储公司签订了一份仓储合同。合同约定,仓储公司提供仓库保管汽车配件,期限为 10 个月,从 2002 年 4 月 15 日起到 2003 年 2 月 15 日止,保管仓储费为 10 万元;还约定任何一方有违约行为,要承担违约责任,违约金为总金额的 20%;另外,汽车装配厂预交仓储公司定金2 000元。

合同签订后,仓储公司开始为履行合同做准备,清理了合同约定的仓库,并且从此拒绝了其他人的仓储要求。2002 年 3 月 27 日,仓储公司通知汽车装配厂已经清理好仓库,可以开始送货入库。但汽车装配厂表示已找到更便宜的仓库,如果仓储公司能降低仓储费的话,就送货仓储。仓储公司不同意,汽车装配厂明确表示不需要对方的仓库。4 月 2 日,仓储公司再次要求汽车装配厂履行合同,汽车装配厂再次拒绝。4 月 5 日,仓储公司向法院起诉,要求汽车装配厂承担违约责任,支付违约金、没收定金并支付仓储费。汽车装配厂答辩称合同未履行,因而不存在违约问题。

试分析:

①仓储合同是否生效?

②仓储公司的要求是否合理? 为什么?

③如果你是法官,会作怎样的判决?

(2)某玩具生产厂于 2003 年 9 月 5 日向一仓库公司发出要约,希望与对方签订仓储合同。该仓储公司于 2003 年 9 月 10 日向玩具生产厂发出承诺。承诺中又提出要与玩具生产厂于 2003 年 9 月 20 日签订正式仓储合同。而该玩具生产厂于 2003 年 9 月 16 日与另一仓储公司签订仓储合同,原因是其仓储费更便宜。请分析该玩具厂是否违约,为什么。

(3)2011 年 9 月 3 日,某市盛大粮油进出口有限责任公司(下称盛大公司)与河源速达物流公司签订一份仓储保管合同。合同主要约定:由东方储运公司为盛大公司储存保管小麦 60 万千克,储存费用为 5 万元,任何一方违约,均按储存费用的 25%支付违约金。请拟定一份仓储合同。两个小组一起完成任务,一组为甲方,一组为乙方,小组长宣读合同,其他小组提问。

● 综合案例

案例 1　美的——供应链双向挤压

中国制造企业有 90%的时间花费在物流上,物流仓储成本占据了总销售成本的 30%～40%,供应链上物流的速度以及成本更是令中国企业苦恼的老大难问题。美的针对供应链的库存问题,利用信息化技术手段,一方面从原材料的库存管理做起,追求零库存标准;另一方面针对销售商,以建立合理库存为目标,从供应链的两端实施挤压,加速了资金、物资的周转,实现了供应链的整合成本优势。

一是零库存梦想。美的虽多年名列空调产业的“三甲”之位,但是不无一朝城门失守之忧。自 2000 年来,在降低市场费用、裁员、压低采购价格等方面,美的频繁变招,其路数始终围绕着成本与效率。在广东地区,美的为终端经销商安装了进销存软件,力求实现“供应商管理库存”

(VMI)和"管理经销商库存"。

对于美的来说,其较为稳定的供应商共有300多家,其零配件(出口、内销产品)加起来一共有3万多种。2002年,利用信息系统,美的集团在全国范围内实现了产销信息的共享。有了信息平台作保障,美的原有的100多个仓库精简为8个区域仓,在8小时内可以运到的地方,全靠配送。这样一来,美的集团流通环节的成本降低了15%~20%。运输距离长(运货时间为3~5天)的外地供应商,一般都会在美的的仓库里租赁一个片区(仓库所有权归美的),并把其零配件放到片区里面储备。

在美的需要用到这些零配件的时候,它就会通知供应商,然后再进行资金划拨、取货等工作。这时,零配件的产权才由供应商转移到美的手上——而在此之前,所有的库存成本都由供应商承担。此外,美的在ERP(企业资源管理)基础上与供应商建立了直接的交货平台。供应商在自己的办公地点,通过互联网(WEB)方式就可以登录到美的公司的页面上,看到美的的订单内容——品种、型号、数量和交货时间等,然后由供应商确认信息,这样一张采购订单就合法化了。

实施VMI后,供应商不需要像以前那样疲于应付美的的订单,而只需有适当的库存即可。供应商不用备很多货,一般来说能满足3天的需求即可。美的零部件库存周转率在2002年上升到70~80次/年。其零部件库存也由原来平均的5~7天存货水平大幅降低为3天左右,而且这3天的库存也是由供应商管理并承担相应成本。

库存周转率提高后,一系列相关的财务"风向标"也随之"由阴转晴",让美的"欣喜不已":资金占用降低,资金利用率提高,资金风险下降,库存成本直线下降。

二是消解分销链存货。在业务链后端的供应体系进行优化的同时,美的也加紧对前端销售体系的管理进行渗透。在经销商管理环节上,美的利用销售管理系统能统计到经销商的销售信息(分公司、代理商、型号、数量、日期等),而近年来则公开了与经销商的部分电子化往来,以前半年一次的手工性的繁杂对账,现在改进为进行业务往来的实时对账和审核。

在前端销售环节,美的作为经销商的供应商,为经销商管理库存。这样的结果是,经销商不用备货了,"即使备也是五台十台这种概念"。经销商缺货,美的立刻就会自动送过去,而不需经销商提醒。经销商的库存"实际是美的自己的库存"。通过这种存货管理上的前移,美的可以有效地削减和精准地控制销售渠道上昂贵的存货,而不是任其堵塞在渠道中,让其占用经销商的大量资金。美的以空调为核心对整条供应链资源进行整合,更多的优秀供应商被纳入美的空调的供应体系,使得美的空调供应体系的整体素质有所提升。根据企业经营战略和重心的转变,为满足制造模式"柔性"和"速度"的要求,美的对供应资源布局进行了结构性调整,供应链布局得到优化。通过厂商的共同努力,整体供应链在"成本"、"品质"、"响应期"等方面的专业化能力得到了不同程度的提高,整体水平得到提升。

目前,美的空调成品的年库存周转率接近10次,而美的的短期目标是将成品空调的年库存周转率再提高1.5~2次。这一年库存周转率不仅远低于戴尔等电脑厂商,也低于年周转率大于10次的韩国厂商。库存周转率提高一次,可以直接为美的空调节省超过2 000万元人民币的费用,保证其在激烈的市场竞争中维持相当的利润。

(资料来源:http://www.clb.org.cn/Print/InfoPrint.aspx? ID=17114)

问题:

(1)结合案例分析仓储成本的构成有哪些。

(2)结合案例分析美的采取仓库零库存给生产带来了哪些好处。

(3)分析美的的成功之处。

案例 2 仓储保管合同是否有效

某五金公司与某贸易货栈有着多年的业务往来,两个公司的经理也是"铁哥们儿",私交很深。某年 5 月,五金公司经理王某找到贸易货栈经理张某称,"我公司购回走私彩电 500 台,有关部门正在追查,因此,想请张经理帮帮忙,将这批货暂时在贸易货栈存放一段时间,待避过风头之后,我公司立即想办法处理"。货栈经理张某说:"咱们都是经营单位,货栈目前效益也不是很好,并且寄存你这批货还要承担很大风险,因此,适当收点仓储费。另外,一旦有关部门得到信息,将该批货查封、扣押或者没收,我单位不承担任何责任。"五金公司王经理表态,"费用按标准支付,签份仓储合同"。双方随即签订了一份仓储保管合同。合同约定,贸易货栈为五金公司储存彩电 500 台,期限 6 个月,每月仓储费1 000元。同年 10 月,该批货在贸易货栈存放期间,被有关部门查获,并依法予以没收。后来双方当事人为仓储费问题发生争执,经多次磋商未果,贸易货栈诉至法院,要求五金公司依约支付仓储费并赔偿损失。

问题:

(1)五金公司与贸易货栈之间所签订的仓储保管合同是否有效?

(2)五金公司是否应支付仓储费?为什么?

● 综合实训

(1)实训目的

正确认识物流配送及仓储商务管理,掌握现代物流配送及仓储商务管理的内容,掌握仓储及配送商务合同的制定。

(2)背景资料

①甲乙双方于 2005 年 4 月 20 日签订了仓储租赁合同,甲方将自己的仓库租给乙方使用,租赁期限为 3 年,从 2005 年 5 月 10 日至 2008 年 5 月 10 日,如一方违约,须向另一方支付违约金 30 万元并赔偿损失,乙方向甲方支付定金 2 万元。乙方在租赁期间经营效益很好,平均每月有 5 万元利润收入。甲方于 2007 年 3 月 10 日突然提出:将原租赁给乙方的仓库收回。问乙方此时应提出什么索赔要求?

②晨达配送中心与流花食品厂签订配送合同,该厂将货物存储在配送中心。3 月 20 日,20 箱薯片由晨达配送到新世纪超市。到货后,超市收货人在未验货的情况下签收配送单。3 月21 日,超市人员发现该批薯片大部分由于保存不当受潮,且在送货途中颠簸碎裂。超市向流花食品厂进行索赔,但该厂要求晨达进行赔偿,并扣压支付给晨达的各项费用。晨达不服,将配送剩余物强行占有,以超市已签单为由,拒不归还。

分析:在此事件中,配送人、委托人、收货人三方具有的权利与义务分别是什么?

③作为仓储业来讲,除了经济利益和服务利益外,还必须提供其他的增值服务,以保持其竞争能力。仓库增值服务主要集中在包装或生产上。

最普通的增值服务与包装有关。在通常情况下,产品往往是以散装形式或无标签形式装运到仓库里来的。所以,这种存货基本上没有什么区别。一旦收到客户的订单,配送中心的工作人员就要按客户要求对产品进行定制和发放。例如,制造商把未贴标志的电池发送到仓库中,向仓库的作业人员提供了销售所需带有的商标牌号的包装材料。接到订货的仓库作业人员按要求将标志图案贴到电池上,然后用定制的盒子将其包装好。因此即使该产品在仓库里存放时是没有区别的，但是零售商实际收到的是已经定制化了的产品和包装。由于支持个别零售商需求所需要的安全储备量较少，所以该配送中心可以减少其存货。与此同时，还可以相应地减少市场预测和配送计划的复杂性。此外，配送中心仓库可以通过优化包装来提高这种增值服务，以满足整个渠道的顾客需求。例如，仓库可以通过延期包装和变换托盘来增值。这种做法可以使配送中心只处理一种统一的商品，与此同时，延期包装，以使包装需求专门化。另一个有关仓储增值的例子是在商品交付给零售商或顾客以前，解除保护性包装。在需要大型机械的情况下，这是一种有价值的服务，因为有时要零售商或顾客处理掉大量的包装是有困难的，因此，解除或回收包装材料是仓库提供的增值服务。

配送中心还可以通过改变包装特点来增值。例如，厂商将大包的防冻剂运到仓库，由配送中心对该商品进行瓶装，以满足各种牌号和包装尺寸的需要。这类延期包装使存货风险降到最低程度，减少了运输成本，并减少了损坏(即相对于玻璃瓶包装的产品而言)。另一个增值服务是对诸如水果和蔬菜之类的产品进行温控。配送中心可以利用储存温度，提前或延迟香蕉的成熟过程，这样产品可以根据市场的状况成熟。

提供增值的仓储服务，使配送中心经理对监督合同的履行承担特别的责任。尽管外部活动及其经营管理可以提高存货的有效性和作业的效率，但他们也要承担厂商控制范围外的责任。例如，仓库包装需要仓库经营人严格遵守厂商内部所适用的质量标准。因此，仓库必须按相同的质量运行，并符合外部厂商的服务标准。

分析：仓储增值服务功能主要有哪些?

(3)实训项目安排

分小组进行。查阅资料，实地考察。

项 目 3

现代仓储设备与设施

知识目标

◎ 理解仓库的定义及功能；

◎ 明确仓库类型和设备设施管理；

◎ 了解自动化立体仓库和保税仓库；

◎ 掌握仓储设备设施及现代仓库的规划。

技能目标

◎ 能使用简单的仓库设备；

◎ 能结合所学知识对仓库设施进行简单布局。

【引例】

各种仓储货架方式的比较与分析

某仓库长和宽是48m×27m，该仓库托盘单元货物尺寸为1 000mm(宽)×1 200mm(深)×1 300mm(高)，重量为1t。仓库若采用窄通道(VNA)系统，可堆垛6层，仓库有效高度可达10m；而采用其他货架方式只能堆垛4层，有效高度为7m。下面比较几种不同的货架和叉车、堆垛机系统方案，其货仓容量、叉车类型和最佳性价比。

● VNA窄通道系统。该系统货物可先进先出，取货方便，适用于屋架下弦较高(如10m左右)的仓库。因采用高架叉车，采购价为58万元，地面需要加装侧向导轨。叉车通道宽为1 760mm，总存货量为2 088个货位。货架总造价为41.76万元，仓库总造价为129.6万元，工程总投资为229.36万元，系统平均造价为1 098元/货位。

● 驶入式货架系统。货物先进后出，且单独取货困难；但存货密度高，适用于面积小、高度适中的仓库。该系统适用于货品单一、成批量进出货的仓库。系统采用平衡重式电动叉车，采购价为22.5万元，叉车直角堆垛通道宽度为3 200mm，总存货量为1 812个货位。货架总造价为43.5万元，仓库建筑总造价为123.12万元，工程总投资为189.12万元，系统平均造价为

1 044元/货位。

● 选取式货架系统。货物可先进先出,取货方便。该系统对货物无特殊要求,适用于各种类型货物,但属于传统型仓库系统,货仓容量较小。系统采用电动前移式叉车,采购价为26万元,叉车直角堆垛通道宽度为2 800mm,总存货量为1 244个货位。货架总造价为16.2万元,仓库建筑总造价为123.12万元,工程总投资为165.32万元,系统平均造价为1 329元/货位。

● 双深式货架系统。货物可先进后出,取货难度适中。该系统货仓容量较大,可与通廊式货架媲美;且对货物和货仓无特殊要求,适应面广。系统采用站驾式堆高车和伸缩叉,采购价为25万元,叉车直角堆垛通道宽度为2 800mm,总存货量为1 716个货位。货架总造价为24万元,仓库建筑总造价为123.12万元,工程总投资为172.12万元,系统平均造价为1 003元/货位。

该案例表明:除了投资成本的不同,四种不同的货架仓储方式有各自的特点。综合来看,每种仓库系统各有特色,每个公司要按照各自的行业特点来选择最适合的、性价比最高的系统。当然,每个系统并不是独立的,可以结合起来同时使用,根据不同的物流方式、进出速度、货物品种、进出量来选择。

任务3.1 仓库概述

3.1.1 仓库的功能与分类

(1)仓库的定义及功能

仓库(warehouse)是保管、储存物品的建筑物和场所的总称。物流中的仓库功能已经从单纯的物资存储保管,发展到具有担负物资的接收、分类、计量、包装、分拣、配送、存盘等多种功能。

仓库作为物流服务的据点,在物流作业中发挥着重要的作用。它不仅具有储存、保管等传统功能,而且还具有拣选、配货、检验、分类、信息传递等功能,并具有多品种小批量、多批次小批量等配送功能以及附加标签、重新包装等流通加工功能。一般来讲,仓库具有以下功能:

①储存和保管的功能。这是仓库最基本的传统功能。仓库具有一定的空间,用于储存物品,并且根据物品的特性,仓库内还配有相应的设备,以保持储存物品的完好性,如储存精密仪器的仓库需要防潮、防尘、恒温等,应设置空调、恒温等控制设备。

②配送和加工的功能。现代仓库的功能已由保管型向流通型转变,即仓库由原来的储存、保管货物的中心向流通、销售的中心转变。仓库不仅具有仓储、保管货物的设备,而且还增加分袋、配套、捆装、流通加工、移动等设施。这样,既扩大了仓库的经营范围,提高了物资的综合利用率,又方便了消费者,提高了服务质量。

③调节货物运输能力的功能。各种运输工具的运输能力差别较大。船舶的运输能力很大,货运船舶一般都在万吨以上。火车的运输能力较小,每节车厢能装10～60吨,一列火车的运量多达几千吨。汽车的运输能力相对较小,一般在10吨以下。它们之间运输能力的差异,也是通过仓库调节和衔接的。

④信息传递的功能。信息传递功能总是伴随着以上三个功能而发生的。在处理有关仓库

管理的各项事物时，需要及时而准确的仓库信息，如仓库利用水平、进出货频率、仓库的地理位置、仓库的运输情况、顾客需求状况，以及仓库人员的配置等，这对一个仓库管理能否取得成功至关重要。

(2)仓库的种类

①按运营形态的不同可分为营业仓库、自备仓库和公用仓库。营业仓库是根据"仓库业者仓库业法"经营的仓库。这类仓库有：保管杂货的1类仓库；保管小麦、肥料的2类仓库；保管玻璃、瓷砖的3类仓库；保管水泥、缆线的露天仓库；保管危险物品的危险品仓库；温度10℃以下，保管农产品、水产品和冷冻食品的冷藏仓库等八种。自备仓库是各生产或流通企业为了本企业物流业务的需要而修建的附属仓库。公用仓库属于公用服务的配套设施，是为社会物流服务的仓库。

②按保管类型的不同可分为普通仓库、冷藏仓库、恒温仓库、露天仓库、储藏仓库、危险品仓库、水上仓库和简易仓库。普通仓库是常温下的一般仓库，用于存放一般的物资，对于仓库没有特殊要求。冷藏仓库是具有冷却设备并隔热的仓库(10℃以下)。恒温仓库是能够调节温度、湿度的室外仓库(大致在10℃－20℃)。露天仓库是露天堆码、保管的室外仓库。储藏仓库是保管散粒谷物、粉体的仓库。危险品仓库是保管危险品、高压气体的仓库，以油罐仓库为代表。水上仓库是漂浮在水上的储藏货物的泵船、囤船、浮驳或其他水上建筑，或把木材在划定水面保管的室外仓库。简易仓库是没有正式建筑，使用帐篷等简易构造的仓库。

③根据功能可分为贮藏仓库、流通仓库、专用仓库、保税仓库及其他仓库。贮藏仓库主要对货物进行保管，以解决生产和消费的不均衡，如季节性生产的大米储存到下一年销售。流通仓库除具有保管功能外，还能发挥流通加工、装配、简单加工、包装、理货以及配送功能，具有周转快、附加值高、时间性强的特点。专用仓库是保管钢铁、粮食等某些特定货物的仓库。保税仓库是经海关批准，在海关监管下，专供存放未办理关税手续而入境或过境货物的场所。这里的其他仓库包括制品仓库、商品仓库、零件仓库、原材料仓库。

④其他分类形式(见表3－1)。

表3－1　　仓库的其他分类

根据建筑形式分类	(1)平房仓库； (2)多层仓库； (3)地下仓库
根据所用建筑材料分类	(1)钢筋混凝土仓库； (2)钢架金属质仓库； (3)木架砂浆质仓库； (4)轻质钢架仓库； (5)其他仓库
根据库内形态分类	(1)一般平地面仓库； (2)货架仓库； (3)自动化立体仓库

【知识链接3－1】

不同形状仓库的用途

单层仓库适于贮存金属材料、建筑材料、矿石、机械产品、车辆、油类、化工原料、木材及其制品等。水运码头仓库、铁路运输仓库、航空运输仓库多用单层建筑，以加快装卸速度。

多层仓库一般贮存百货、电子器材、食品、橡胶产品、药品、医疗器械、化学制品、文化用品、仪器仪表等。底层应有卸货装货场地，装卸车辆可直接进入。货物的垂直运输一般采用1.5～5吨的运货电梯。应考虑装运货手推车或铲车能开入电梯间内，以加快装卸速度。

圆筒形仓库一般贮存散装水泥、干矿渣、粉煤灰、散装粮食、石油及煤气等气体。圆筒形仓库的建筑设计根据贮存物品的种类和进卸料方式确定。库顶、库壁和库底必须防水、防潮。

3.1.2 现代仓库的规划

(1)仓库选址

仓库选址是指在一个具有若干供应点及若干需求点的经济区域内，选一个地址建立仓库的规划过程。合理的选址方案应该使商品通过仓库的汇集、中转、分发，到达需求点的全过程效益最佳。因为仓库的建筑物及设备投资太大，所以选址时要慎重，如果选址不当，损失难以弥补。

①仓库选址的原则：

- 适应性原则。仓库的选址要与国家及地区的产业导向、产业发展战略相适应，与国家的资源分布和需求分布相适应，与国民经济及社会发展相适应。
- 协调性原则。仓库的选址应将国家的物流网络作为一个大系统来考虑，使仓库的设施设备在区域分布、物流作业生产力、技术水平等方面相互协调。
- 经济性原则。选址的结果要保证建设费用和物流费用最低，如选定在市区、郊区，还是靠近港口或车站等，既要考虑土地费用，又要考虑将来的运输费用。
- 战略性原则。要有大局观，一是要考虑全局，二是要考虑长远。要有战略眼光，局部利益要服从全局利益，眼前利益要服从长远利益，要用发展的眼光看问题。
- 可持续发展原则。在环境保护上，充分考虑长远利益，维护生态环境，促进城乡一体化发展。
- 其他因素：一是国土资源利用。仓库的建设应充分利用土地，节约用地，充分考虑到地价的影响，还要兼顾区域与城市的发展规划。二是环境保护要求。要保护自然与人文环境，尽可能降低对仓库城市生活的干扰，不影响城市交通，不破坏城市生态环境。三是地区周边状况。仓库周边不能有火源，不能靠近住宅区；仓库所在地周边地区的经济发展情况对物流产业有促进作用。

【知识链接 3－2】

仓库选址的影响因素

自然环境因素：①气象条件。主要考虑的气象条件有：年降水量、空气温湿度、风力、无霜期长短、冻土厚度等。②地质条件。主要考虑土壤的承载能力。仓库是大宗商品的集结地，货物会对地面形成较大的压力，如果地下存在着淤泥层、流沙层、松土层等不良地质环境，则不适宜建设仓库。③水文条件。要认真搜集选址地区近年来的水文资料，需远离容易泛滥的大河流域和上游的地下水区域，地下水位不能过高，故河道及干河滩也不可选。④地形条件。仓库应建在地势高、地形平坦的地方，尽量避开山区及陡坡地区，最好选长方地形。

经营环境因素：①政策环境背景。选择建设仓库的地方是否有优惠的物流产业政策对物流产业进行扶持，这将对物流业的效益产生直接影响，当地劳动力素质的高低也是需要考虑的因素之一。②商品特性。经营不同类型商品的仓库应该分别布局在不同地域，如生产型仓库的选址应与产业结构、产品结构、工业布局紧密结合进行考虑。③物流费用。仓库应该尽量选择建在接近物流服务需求地，如大型工业、商业区，以便缩短运输距离，降低运费等物流费用。④服务水平。物流服务水平是影响物流产业效益的重要指标之一，所以在选择仓库地址时，要考虑是否能及时送达，应保证客户无论在任何时候向仓库提出需求，都能获得满意的服务。

基础设施状况：①交通条件：仓库的位置必须交通便利，最好靠近交通枢纽，如港口、车站、交通主干道（国、省道）、铁路编组站、机场等，应该有两种运输方式衔接。②公共设施状况。要求城市的道路畅通，通信发达，有充足的水、电、气、热的供应能力，有污水和垃圾处理能力。

②仓库选址步骤和方法。

仓库的选址可分为两个步骤进行。第一步为分析阶段，具体有需求分析、费用分析、约束条件分析。第二步为筛选及评价阶段，根据所分析的情况，选定具体地点，并对所选地点进行评价。具体方法如下：

● 分析阶段。分析内容包括：

第一，需求分析。根据物流产业的发展战略和产业布局，对某一地区的顾客及潜在顾客的分布进行分析。供应商的分布情况具体有以下内容：工厂到仓库的运输量，向顾客配送的货物数量（客户需求），仓库预计最大容量，运输路线的最大业务量。

第二，费用分析。主要有：工厂到仓库之间的运输费、仓库到顾客之间的配送费、与设施和土地有关的费用及人工费等，如所需车辆数、作业人员数、装卸方式、装卸机械费等。运输费随着距离的变化而变动，而设施费用、土地费是固定的，人工费是根据业务量的大小确定的。以上费用必须综合考虑，进行成本分析。

第三，约束条件分析。地理位置是否合适，应靠近铁路货运站、港口、公路主干道，道路是否通畅，是否符合城市或地区的规划；是否符合政府的产业布局，有没有法律制度约束；地价情况。

● 选址及评价阶段。分析活动结束后，得出综合报告。根据分析结果在本地区内初选几个仓库地址，然后对几个初选地址进行评价，确定一个可行的地址，编写选址报告，报送主管领导审批。评价方法有以下几种：

第一，量本利分析法。任何选址方案都有一定的固定成本和变动成本，不同选址方案的成本和收入都会随仓库储量变化而变化。利用量本利分析法，可采用作图或进行计算比较数值，进行分析。进行计算比较数值要求计算各方案盈亏平衡点的储量及各方案总成本相等时的储量。在同一储量点上，选择利润最大的方案。

第二，加权评分法。对影响选址的因素进行评分，把每一地址各因素的得分按权重累计，比较各地址的累计得分来判断各地址的优劣。步骤是：确定有关因素；确定每一因素的权重；为每一因素确定统一的数值范围，并确定每一地点各因素的得分；累计各地点每一因素与权重的乘积，得到各地点的总评分；选择总评分值最大的方案。

第三，重心法。重心法是一种选择中心位置，从而使成本降低的方法。它把成本看作运输距离和运输数量的线性函数。此种方法利用地图确定各点的位置，并将一坐标重叠在地图上确定各点的位置。坐标设定后，计算重心。

【知识链接 3－3】

特殊储存品种的仓库选址应注意的事项

果蔬食品仓库在选址时应选择入城干道处，以免运输距离过长，商品损耗过大。冷藏品仓库应选择在屠宰场、加工厂附近，由于设备噪声较大，所以应选择在城郊。

建筑材料仓库因流通量大，占地多，防火要求严格，有些还有污染，所以应选择在城市周边，交通干线附近。

燃料及易燃材料仓库应选择在城郊独立的地段，在气候干燥、风大的城镇，应选择大风季节的下风位，远离居民区，最好在地势低洼处。

(2)仓库布局规划

①仓库布局规划设计的含义和原则。

仓库布局规划是根据仓库生产和管理的需要，对整个仓库所有设施进行用途规划，确定生产、辅助生产、行政等场所，仓库、作业、道路、门卫等分布和确定，并对各类设施和建筑进行区别，如仓库货场编号、道路命名、行政办公区识别等，以使仓库的总体布局合理。仓库布局是指一个仓库的各个组成部分，如库房、货棚、货场、辅助建筑物、铁路专运线、库内道路、附属固定设备等，在规定的范围内，进行平面和立体的全面合理的安排。仓库布局可以用仓库总平面图表示。图 3－1 为仓库总体布局示意图。

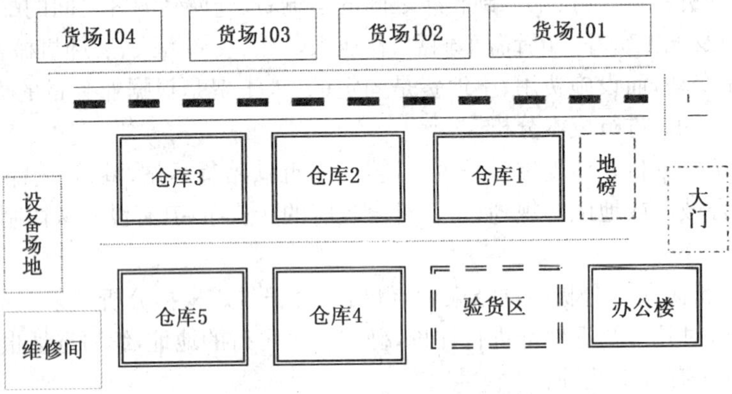

图 3－1 仓库总体布局示意图

普通仓库一般由货品储存区、验收分发作业区、管理室及生活间及辅助设施组成。仓库的布置规划就是在对上述区域的空间面积配置做出合理安排的同时，重点对仓库的储存区域的空间及技术要求、设备选择及作业通道宽度等进行规划设计。储存货物的空间规划是普通仓库规划的核心，储存空间规划的合理与否直接关系到仓库的作业效率和储存能力。仓库布局应符合以下几个原则：利于作业优化；单一的物流流向；节省其他投资；便于储存保管；提高物品保管质量；保管条件不同的货物不能混存保管；作业手段不同的货物不能混存；灭火措施不同的货物不能混存。

②仓库的平面布置。

仓库是物流企业最主要的设施。仓库的平面布置是对仓库的各个组成部分如库房、辅助建筑物、办公设施、库内道路等进行全面合理的安排和布置。仓库平面布置是否合理，将对仓储作业的效率、储存质量、储存成本和仓库盈利目标的实现产生很大影响。

影响仓库平面布置的因素包括：第一，仓库的专业化程度。仓库储存商品的种类越少，则仓库的专业化程度就越高；相反，仓库储存商品的种类越多、越杂，则仓库的专业化程度就越低。各种商品性质不同，装卸搬运方式和存储方法也会有所区别，对仓库平面布置的要求也不同，因此，仓库的专业化程度越高，布置越简单，反之越难。图 3—2 和图 3—3 显示了两种不同专业化程度的仓库。第二，仓库规模。仓储的规模越大、功能越多，则需要的设施设备就越多，设施设备之间的配套衔接就成为十分重要的问题，布置就越难，反之则越简单。第三，环境设施、地质地形条件等。环境设施、地质地形条件越好，仓库平面布置越简单，反之越难。

图 3—2　专业化程度较低的仓库

图 3—3　专业化程度高的仓库

仓库平面布置的要求：第一，仓库平面布置要适应仓储作业过程的要求，有利于仓储作业的顺利进行。具体包括：物品流向单一（如图 3—4 所示），仓库内物品在入库、验收、储存直到出库作业，应该是按一个方向流动的，以减少仓库内的拥塞和混乱；搬运距离最短，尽量减少迂回、重复搬运等；装卸环节最少，尽量减少在库物品的装卸搬运次数，如物品的卸车、验收、入库最好一次完成；最大限度地利用空间，物品储存时应合理储存并充分利用仓库容积，如高层货架可充分利用仓库的立体空间，高层货架如图 3—5 所示。第二，仓库平面布置要有利于提高仓储经济效益。要因地制宜，充分考虑地形、地质条件，利用现有资源和外部协作条件，根据设计规划和库存物品的性质，选择和配置合适的设施设备，以便最大限度地发挥其效能。第三，仓库平面布置要有利于保证安全和职工的健康。仓库建设时，要严格执行《建筑设计防火规范》的规定，留有一定的防火间距，并有防火防盗安全设施，作业环境的安全卫生标准要符合国家的有关规定，有利于职工的身体健康。同时，还要考虑防洪、排水标准和措施。

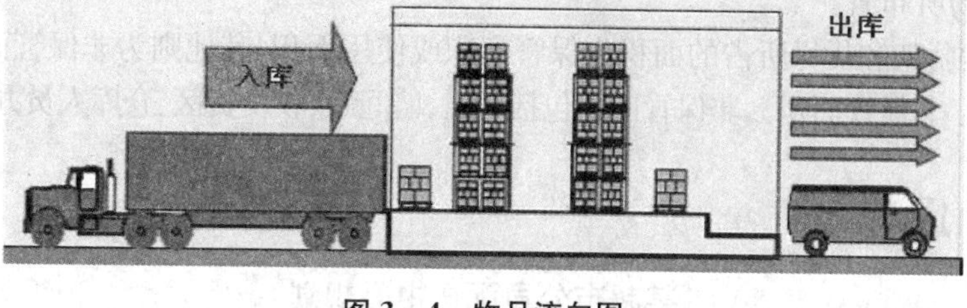

图 3—4　物品流向图

仓库平面布置的原则：根据物品特性分区分类储存，将特性相近的物品集中存放；重、大件物品，周转量大和出入库频繁的物品宜靠近出入口，以缩短搬运距离，提高出入库效率；易燃的物品应尽量靠外面布置，以便管理；有吊车的仓库，汽车入库的运输通道最好布置在仓库的横向方向，以减少辅助面积，提高面积利用率；仓库内部主要运输通道一般采用双行道；仓库出入

图 3—5 高层货架

口附近一般应留有收发作业用的面积;仓库内设置管理室及生活间时,应该用墙与库房隔开,其位置应靠近道路一侧的入口处。

③仓库货区布局的基本形式。

货区布局的目的一方面是提高仓库平面和空间利用率,另一方面是提高物品保管质量,方便进出库作业,从而降低物品的仓储处置成本。

货区布置的基本思路:根据物品特性分区分类储存,将特性相近的物品集中存放;将单位体积大、单位质量大的物品存放在货架底层,并且靠近出库区和通道;将周转率高的物品存放在进出库装卸搬运最便捷的位置;将同一供应商或者同一客户的物品集中存放,以便于进行分拣配货作业。

货区布置的形式:仓库货区布置分为平面布置和空间布置。平面布置是指对货区内的货垛、通道、垛间距、收发货区等进行合理的规划,并正确处理它们的相对位置。平面布置的形式可以概括为垂直式和倾斜式。空间布局是指库存物品在仓库立体空间上布局,其目的在于充分有效地利用仓库空间。空间布局的主要形式有就地堆码、上货架存放、加上平台、空中悬挂等。其中使用货架存放物品有很多优点,概括起来有以下几个方面:便于充分利用仓库空间,提高库容利用率,扩大存储能力;物品在货架里互补挤压,有利于保证物品本身和其包装完整无损;货架各层中的物品可随时自由存取,便于做到先进先出;物品存入货架,可防潮、防尘,某些专用货架还能起到防损伤、防盗、防破坏的作用。

④非保管场所布置。

仓库库房内货架和货垛所占的面积为保管面积或使用面积,其他则为非保管面积。应尽量扩大保管面积,缩小非保管面积。非保管面积包括通道、墙间距、收发货区、仓库人员办公地点等。

【案例分析 3－1】

某超市公司配送中心规划

某超市公司常温商品配送中心定位为利润中心,商品库存量由供货商自管,缺品罚款,库存周转天数超标将按日加收仓储费,总体而言,库容量较大,库存周转较慢,库存商品 1 万多种,年配送商品金额十几亿元,费率 2%左右,年利润1 000多万元。体力工作主要由外地农民工承担,关键岗位以及管理层均由当地合同工、劳务工担当。逆向物流极少,可以忽略。该配送中心有新老两个紧邻的仓库且两扇大门几乎联为一体，两块地均近似方形，中间仅一墙之隔，破墙开门连通两地，以方便人员、商品流动，同一商品两库均设有库存，但配送对象（区域）不同。两库的发货均以批次摘果二次播种（人工播种）为主。使用1 200mm×1 000mm川字形木托盘。老库占地面积约3万平方米，普通水泥地面，与新库非相邻三边各有一排低位无台平库（总面积约2万平方米）用于存放商品，货架以托盘横梁低位货架为主，整幅场地中间（三排库房与一面围墙之间）的空地上方全部拱形大棚覆盖。库房门前为收货集货场地，空地中央为播种作业区，规则平铺若干托盘，每托盘区域旁用带底盘标牌标示发货批次及门店等信息，发货时按播种单围绕托盘人工播种，播种结束后核点总箱数后装运。

新库占地面积约5万平方米左右，库房建筑物占地面积约2.5万平方米左右，外置式月台，耐磨角料地坪，办公楼在围墙内为独立建筑，食堂在围墙外。仓库主体建筑为高位高台平库位于场地中央，周边道路环通。库房三面设有月台，其中相邻两面收货，另一面用于出货，库房带有月台的三面积层，积层下部为集货场地，积层上部设为拆零库、精品库、恒温库，库房四角均布低速货梯用于垂直运输，非积层部分布设高位托盘横梁货架，配前移式高位叉车。拆零库、精品库为隔板货架，人工上架，恒温库为托盘横梁低位货架，叉车（电瓶堆高车）上架。收货、上架采用RFID技术，使用收货标签，同一商品如允许拆零，则分设整箱和拆零两个拣货位，恒温库区、高位货架库区采用流动拣货位、批次摘果，拆零库区采用固定拣货位、单店摘果。

分析提示：作业流程比较简单，也较常见，此处不再赘述。主要问题表现为：设备配置不到位，库房结构布局以及商品布局不尽合理，流程有待改进，系统有待提升，最大的问题是库容有余而吞吐能力严重不足，协调、协同能力不够，出货效率较低，作业"瓶颈"比较明显。

3.1.3 自动化立体仓库和保税仓库

（1）自动化立体仓库

自动化立体仓库是当前技术水平较高的形式。自动化立体仓库的主体由货架、巷道式堆垛起重机、入（出）库工作台和自动运进（出）及操作控制系统组成。货架是钢结构或钢筋混凝土结构的建筑物或结构体，货架内是标准尺寸的货位空间，巷道堆垛起重机穿行于货架之间的巷道中，完成存、取货的工作。管理上采用计算机及条形码技术。自动化立体仓库一般由高层货架、起重运输设备、土建公用设施以及控制和管理设施等部分组成。图3—6是两种自动化立体仓库。

(a)库架合一式

(b)库架分离式

图3—6 两种自动化立体仓库

自动化立体仓库得以迅速发展的主要原因就在于它具有如下优点:货物存放集中化、立体化,减少了占地面积,在地价昂贵的国家,其效果尤为显著;仓库作业的机械化和自动化减轻了工人的劳动强度,节约了劳力,缩短了作业时间;物品出入库迅速、准确,减少了车辆待装待卸时间,提高了仓库的存储周转能力;采用计算机控制与管理,有利于压缩库存和加速物品的周转,降低了储存费用,从而降低了产品成本;可以适应特殊环境下的作业,如高温、低温作业,剧毒、放射性和腐蚀性等物资的储存;提高仓库的安全可靠性,便于进行合理储存和科学的养护,提高保管质量,确保仓库安全;由于采用计算机管理,加快了处理各种业务活动的速度,缩短了交货时间。总之,由于自动化立体仓库这一新技术的出现,使原来那种固定货位、人工搬运和码放、人工管理、以储存为主的仓储作业,改变为自由选择货位、可按需要实现先进先出的机械化与自动化仓储作业。在储存的同时,可以对货物进行必要的拣选、组配,并根据整个企业生产的需要,有计划地将库存物按指定的数量和时间要求送到恰当地点,满足均衡生产的需要,可以说自动化立体仓库的出现使静态仓库变成了动态仓库。

【案例分析 3-2】

北京立体仓库

北京立体仓库库房面积5 400平方米,高约 11 米,为钢结构大跨度的独立库房。与传统平面仓库相比,立体仓库对大型货物的存储能力提高 1.6 倍,小件物品的存储能力提升 10 倍。使用立体仓库使得整体作业周期缩短,体现在收货和发货两方面。收货方面:占收货总量35%左右的厂家自带托盘,货物的接收上架速度由原先的 70 分钟/整车提升到 45 分/整车,效率提升近 40%;整车散装货物的接收上架时间也从 100 分钟缩短至 80 分钟。在发货方面:基本维持原有水平,但效率提高了(以市内配送为例,从交货单生成到货物发运驶离库房,原有时间为 52 分钟,目前在日订单量同期比增加 20%、扫描单数增加 60%、每月扫描量从 2000 年的零扫描增长为两万多条扫描需求,并且还呈不断上升趋势的情况下,出货速度与以往基本持平)。另外,由于利用了 RF 手持终端设备实现了 PN 条形码扫描/粘贴等无纸化操作,物流作业的错误率大大降低。在存储量保持不变的前提下,每月因折旧、租金的微提升增加费用为人民币 7 万元,但随着存储量的提升,每月节省租金约人民币 12 万余元。根据介绍,该立体仓库自接到网上订单后平均备货、出货过程在 15 分钟内就可完成,并在 2 小时内通过"神州特快"送达客户手中。

分析提示:北京立体仓库和普通平面仓库在结构布局方面有很大的差异,带来的结果是高效率和低成本。

(2)保税仓库

①保税仓库的定义及类型。

保税仓库是保税制度中应用最广泛的一种形式,是指经海关批准设立的专门存放保税货物及其他未办结海关手续货物的仓库。例如,龙口港公用型保税油库和保税堆场、江门市日新日盈公用型保税仓库等。

随着国际贸易的不断发展及外贸方式多样化,世界各国进出口货运量增长很快,如进口原料、配件进行加工,装配后复出口、补偿贸易、转口贸易、期货贸易等灵活贸易方式的货物,进口时要征收关税,复出口时再申请退税,手续过于烦琐,也不利于发展对外贸易。如何既方便进出口，有利于把外贸搞活，又使未税货物仍在海关有效的监督管理之下，实行保税仓库制度就是解决这个问题的一把钥匙。这种受海关监督管理，专门存放按海关法令规定和经海关核准缓纳关税的进出口货物的场所，通称保税仓库。

保税货物是指经海关批准未办理纳税手续进境，在国内储存、加工、装配后复出境的货物。这类货物如在规定的期限内复运出境，经海关批准核销；如果转为内销，进入国内市场，则必须事先提供进口许可证和有关证件，正式向海关办理进口手续并缴纳关税，货物才能出库。

保税仓库按照使用对象不同分为公用型保税仓库、自用型保税仓库。公用型保税仓库由主营仓储业务的中国境内独立企业法人经营，专门向社会提供保税仓储服务。自用型保税仓库由特定的中国境内独立企业法人经营，仅存储供本企业自用的保税货物。保税仓库中专门用来存储具有特定用途或特殊种类商品的称为专用型保税仓库。专用型保税仓库包括液体危险品保税仓库、备料保税仓库、寄售维修保税仓库和其他专用型保税仓库。液体危险品保税仓库是指符合国家关于危险化学品仓储规定的，专门提供石油、成品油或者其他散装液体危险化学品保税仓储服务的保税仓库。备料保税仓库是指加工贸易企业存储为加工复出口产品所进口的原材料、设备及其零部件的保税仓库，所存保税货物仅限于供应本企业。寄售维修保税仓库是指专门存储为维修外国产品所进口寄售零配件的保税仓库。

海关允许存放保税仓库的货物有三类：一是供加工贸易（进、来料加工）加工成品复出口的进口料件；二是外经贸主管部门批准开展外国商品寄售业务、外国产品维修业务、外汇免税商品业务及保税生产资料市场的进口货物；三是转口贸易货物、外商寄存货物以及国际航行船舶所需的燃料、物料和零配件等。

②保税仓库具备的条件。

保税仓库应当符合海关对保税仓库布局的要求，并设立在设有海关机构、便于海关监管的区域；具备符合海关监管要求的安全隔离设施、监管设施和办理业务必需的其他设施；具备符合海关监管要求的保税仓库计算机管理系统并与海关联网；具备符合海关监管要求的保税仓库管理制度、符合会计法要求的会计制度；符合国家土地管理、规划、交通、消防、质检、环保等方面法律、行政法规及有关规定；公用保税仓库面积最低为2 000平方米；液体危险品保税仓库容积最低为5 000立方米；寄售维修保税仓库面积最低为2 000平方米；法律、行政法规、海关规章规定的其他条件。

任务 3.2　仓储设备

3.2.1　货架与托盘

(1)货架

仓储货架区别于超市货架。超市货架除具有存储功能外，另一个重要的功能是展示作用。相对于超市货架，仓储货架普遍应用于工业仓库，更着重于向上发展，充分利用存储空间，最大高度可达到 40 米以上。大型物流中心的设计可以是库架一体式结构，即先建造货架部分，以货架为建筑物的支撑结构，后建造建筑结构，如围墙、屋顶等。除了存储、充分利用空间外，仓储货架的另一个重要功能是快速处理货物流通。在仓库设备中，货架是专门用于存放成件物品的保管设备。货架在物流及仓库中占有非常重要的地位。随着现代工业的迅猛发展、物流量的大幅度增加，为实现仓库的现代化管理，改善仓库的功能，货架不仅要数量多，而且要具有多功能，并能实现机械化、自动化要求。仓库货架有如下类型：

①横梁式货架。这种货架存取快捷、方便，保证任何物品都先进先出，无叉车类型限制，具有较快的取货速度，空间利用率为30%～50%（由叉车类型决定）。横梁式货架如图3—7所示。

图3—7 横梁式货架

②重力式货架。这种货架是高密度、高效率的储存货物理想之选，采用自由出入式设计，具有极高的存货流转率，按单取货，取货快捷，有良好的地面利用率，储货净空间占仓库的60%。重力式货架如图3—8所示。

图3—8 重力式货架

③阁楼式货架。阁楼式货架是用货架做楼面支撑，可设计成多层楼层（通常2～3层），设置有楼梯和货物提升电梯等，适用于库房较高、货物轻小、人工存取的情况。在储货量大的情况下，使用提升机和液压升降平台。这种货架如图3—9所示。

图 3—9　阁楼式货架

④悬臂式货架。悬臂式货架适用于储存长而不规则的物件，如各类管道软管及钢材钢板等。这种货架如图 3—10 所示。

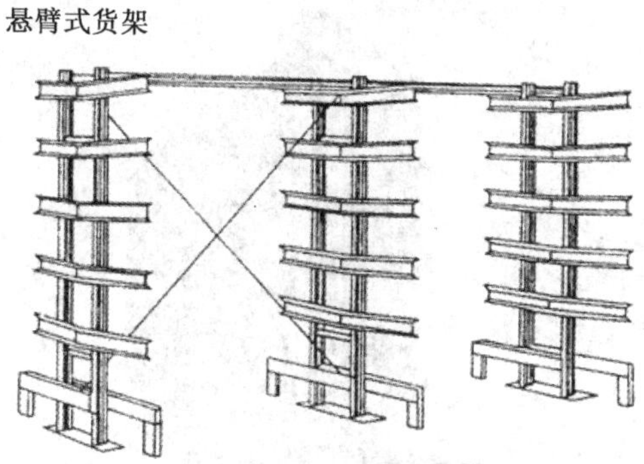

图 3—10　悬臂式货架

⑤托盘式货架。托盘式货架是以托盘单元货物的方式来设计并保管货物的货架，一般采用叉车等装卸设备作业。这种货架如图 3—11 所示。

⑥自动化立体仓库货架。自动化立体仓库货架高速运转，操作简单，能充分利用空间，扩大仓储能力，减少仓库占地面积，实现微机自动化管理，提高效率，适合大规模储存货物。这种仓库货架使用仓储笼或托盘作为货位单元存放器具，由高层货架、巷道堆垛起重机(有轨堆垛机)、入出库输送机系统、自动化控制系统、计算机仓库管理系统及其周边设备组成，可对集装单元货物实现自动化保管和计算机管理。自动化立体仓库货架广泛应用于大型生产性企业的采购件、成品件仓库，柔性自动化生产系统(FAS)，流通领域的大型流通中心、配送中心中。自动化立体仓库货架如图 3—12 所示。

⑦移动式货架。移动式货架易控制，安全可靠。每排货架有一个电机驱动，由装置于货架下的滚轮沿铺设于地面上的轨道移动。其突出的优点是提高了空间利用率，一组货架只需一条通道，而固定型托盘货架的一条通道只服务于通道内两侧的两排货架，所以在相同的空间内，移动式货架的储存能力比一般固定式货架高得多。移动式货架如图 3—13 所示。

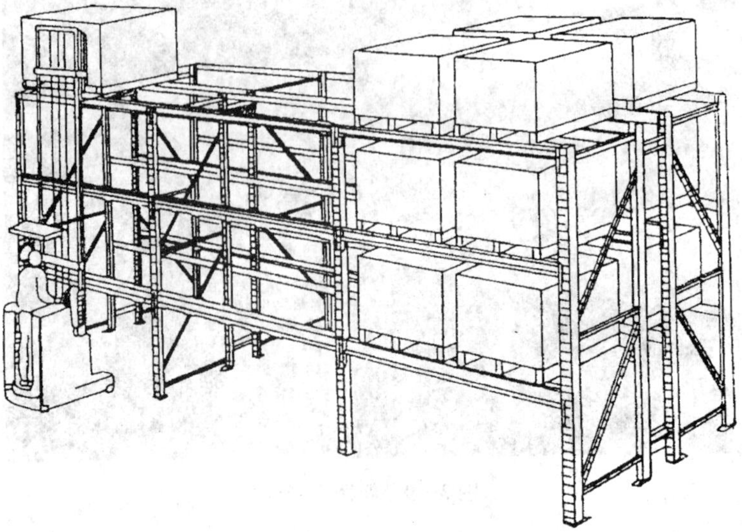

图 3—11　托盘式货架

图 3—12　自动化立体仓库货架

图 3—13　移动式货架

⑧装配式货架。装配式货架采用组合式结构，调节灵活，拆装方便。组合货架要实现标准化、系列化，因为如果每个单位自行设计、制造组合货架，质量会缺乏保证，成本也会比较高。货架实现标准化设计和专业化生产，不仅能提高产品质量，使产品规格多样化、系列化，而且能节约原材料，降低成本。装配式货架如图3－14所示。

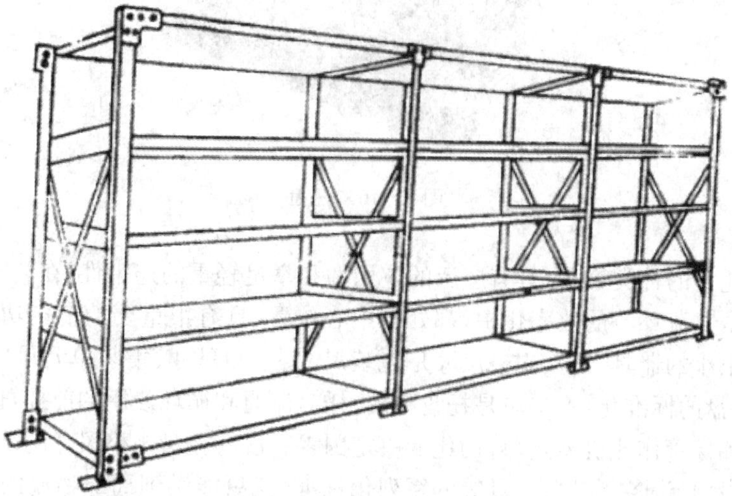

图3－14　装配式货架

⑨贯通式货架。贯通式货架又称通廊式货架或驶入式货架。贯通式货架采用托盘存取模式，适用于品种少、批量大类型的货物储存。贯通式货架除了靠近通道的货位由于叉车需要进入货架内部存取货物外，通常单面取货建议不超过7个货位深度。为提高叉车运行速度，可根据实际需要选择配置导向轨道。与货位式货架相比，贯通式货架的库空间利用率可提高30%以上。贯通式货架广泛应用于冷库及食品、烟草行业。贯通式货架如图3－15所示。

图3－15　贯通式货架

(2)托盘

国家标准《物流术语》对托盘(pallet)的定义是：用于集装、堆放、搬运和运输的放置作为单元负荷的货物和制品的水平平台装置。典型的托盘如图3－16所示。作为与集装箱类似的一种集装设备，托盘现已广泛应用于生产、运输、仓储和流通等领域，被认为是20世纪物流产业中两大关键性创新之一。托盘作为物流运作过程中重要的装卸、储存和运输设备，与叉车配套使用，在现代物流中发挥着巨大的作用。托盘给现代物流业带来的效益主要体现在：可以实现物品包装的单元化、规范化和标准化，保护物品，方便物流和商流。

图 3—16 托盘

正是由于托盘的种类繁多，具有广泛的应用性和举足轻重的连带性，在装卸搬运、保管、运输和包装等各个物流环节的效率化中，都处于中心位置，具有很重要的衔接功能。因此，虽然托盘只是一个小小的器具，但其规格尺寸是包装尺寸、车厢尺寸、集装单元尺寸的核心。从某种意义上讲，托盘的标准化，不单单是托盘租赁、托盘流通和循环使用的前提，也是实现装卸搬运、包装、运输和保管作业机械化、自动化的决定因素。没有托盘规格尺寸的统一，没有以托盘为基础的相关设施、设备、装置、工具等的系列化标准，就只能做到局部物流的合理化，难以达到整体物流的合理化。ISO 统一全球联运托盘的规格存在很大的困难，最终只能对已在相关地区和国家推行的 1 200mm×1 000mm、1 200mm×800mm、1 219mm×1 016mm（即 48 英寸×40 英寸）、1 140mm×1 140mm、1 100mm×1 100mm 和 1 067mm×1 067mm 这 6 种托盘规格在 ISO 6780《联运通用平托盘主要尺寸及公差》中采取兼容并包的态度，将这 6 种托盘的规格并列成为全球通用的国际标准。

3.2.2 叉车、堆垛机、输送机械

(1)叉车

叉车是指对成件托盘货物进行装卸、堆垛和短距离运输、重物搬运作业的各种轮式搬运车辆。国际标准化组织 ISO/TC110 将其称为工业车辆，属于物料搬运机械。叉车广泛应用于车站、港口、机场、工厂、仓库等各国民经济部门，是机械化装卸、堆垛和短距离运输的高效设备。自行式叉车出现于 1917 年。第二次世界大战期间，叉车得到发展。中国从 20 世纪 50 年代初开始制造叉车。

叉车通常可以分为三大类：内燃叉车、电动叉车和仓储叉车。

①内燃叉车。内燃叉车又分为普通内燃叉车、重型叉车、集装箱叉车和侧面叉车。内燃叉车如图 3—17 所示。

②电动叉车。电动叉车以电动机为动力，蓄电池为能源。承载能力为 1.0～8.0 吨，作业通道宽度一般为 3.5～5.0 米。电动叉车由于没有污染、噪音小，因而广泛应用于室内操作和其他对环境要求较高的工况，如医药、食品等行业。随着人们对环境保护的重视，电动叉车正在逐步取代内燃叉车。由于每组电池一般在工作约 8 小时后需要充电，因而对于多班制的工况需要配备备用电池。电动叉车如图 3—18 所示。

③仓储叉车。仓储叉车主要是为仓库内货物搬运而设计的叉车。除了少数仓储叉车（如手动托盘叉车）是采用人力驱动的，其他都是以电动机驱动的，因其车体紧凑、移动灵活、自重

图 3—17　内燃叉车

图 3—18　电动叉车

轻和环保性能好而在仓储业得到普遍应用。在多班作业时，电机驱动的仓储叉车需要有备用电池。仓储叉车如图 3—19 所示。

图 3—19　仓储叉车

(2)堆垛起重机

堆垛起重机是用货叉或串杆攫取、搬运和堆垛或从高层货架上存取单元货物的专用起重机。它是一种仓储设备,分为桥式堆垛起重机和巷道式堆垛起重机(又称巷道式起重机)两种。

①桥式堆垛起重机。桥式堆垛起重机是在桥式起重机的基础上结合叉车的特点发展起来的一种自动式堆货的机器。这种起重机在从起重小车悬垂下来的刚性立柱上有可升降的货叉,立柱可绕垂直中心线转动,因而货架间需要的巷道宽度比叉车作业所需要的小。这种起重机支承在两侧高架轨道上运行,除一般单元货物外还可堆运长物件。在起重量和跨度较小时,也可在悬挂在屋架下面的轨道上运行,这时它的起重小车可以过渡到邻跨的另一台悬挂式堆垛起重机上。立柱可以是单节的或多节伸缩式的。单节立柱结构简单、较轻,但不能跨越货垛和其他障碍物,主要适用于有货架的仓库。多节伸缩式的一般有 2～4 节立柱,可以跨越货垛,因此也可用于使单元货物直接堆码成垛的无架仓库。起重机可以在地面控制,也可在随货叉一起升降的司机室内控制。额定起重量一般为 0.5～5 吨,有的可达 20 吨,主要用于高度在 12 米以下、跨度在 20 米以内的仓库。桥式堆垛起重机如图 3—20 所示。

图 3—20 桥式堆垛起重机

②巷道式堆垛起重机。这种起重机专用于高架仓库。采用这种起重机的仓库高度可达 45 米左右。起重机在货架之间的巷道内运行,主要用于搬运装在托盘上或货箱内的单元货物;也可开到相应的货格前,由机上人员按出库要求拣选货物出库。巷道式堆垛起重机由起升机构、运行机构、货台司机室和机架等组成。起升机构采用钢丝绳或链条提升。机架有 1～2 根立柱,货台沿立柱升降。货台上的货叉可以伸向巷道两侧的货格存取物品,巷道宽度比货物或起重机宽度大 15～20 厘米。起重量一般在 2 吨以下,最大达 10 吨。起升速度为 15～25 米/分,有的可达 50 米/分。起重机运行速度为 60～100 米/分,最快达 180 米/分。货叉伸缩速度为 5～15 米/分,最快已达到 30 米/分。

(3)输送机械

输送机械是按照规定路线,输送散状物料或成件物品的设备,是现代物料搬运系统的重要组成部分。输送机械主要有带式输送机(如图 3—21 所示)、斗式提升机、埋刮板式输送机等。

图 3—21　带式输送机

任务 3.3　仓储设备设施管理

3.3.1　仓储设备设施管理概述

仓储设备设施管理是以仓储设备设施为管理对象，追求设备综合效率，应用一系列理论、方法，通过一系列技术、经济、组织措施，对仓储设施设备寿命周期全过程的科学型管理，包括从规划、设计、正确选择设备、正确使用设备、维护修理到更新改造全过程的管理。

(1)仓储设备选择原则

仓储设备的选用，应根据仓储作业的需要，因地制宜。结合作业场地、货物的种类、特性、货运量大小、运输车辆或船舶的类型、运输组织方法、货物储存方式、各设备在仓储系统中的作用等，考虑是自行设计、制造还是购置，并进行技术经济论证，以选择最优方案。仓储设备的选择原则如下：

①符合货物的特性。货物的物理、化学性质以及外部形状和包装千差万别，在选择装卸机械时，必须与货物特性相符，以确保作业的安全和货物的完整无损。

②适应仓储量的需要。物流设备的作业能力应与物流量的大小相适应，应选择投资较少、作业能力恰当的设备。

③确保各类仓储设备之间的衔接和配合是否协调。

④仓储设备的经济性和使用性。选择物流设备时，各设备应操纵灵活，维修保养方便，有较长的使用寿命，使用费用低，消耗能源少，生产率高，辅助人员少等。

⑤具有超前性和富余量。在选择设备时，应有长远考虑，使它们能满足不远将来的变化，这也是减少投资提高适应性的一个有效途径。

(2)仓储设备设施管理的作用

仓储设备是构成仓储系统的重要组成因素，担负着仓储作业的各项任务，影响着仓储活动的每一个环节，在仓储活动中处于十分重要的地位。离开仓储设备管理，仓储系统就无法运行或服务水平及运行效率就可能极其低下。

仓储设备是提高仓储系统效率的主要手段。一个完善的仓储系统离不开现代仓储设备的应用。许多新的仓储设备的研制开发，为现代仓储的发展做出了积极的贡献。实践证明，先进的仓储设备和先进的仓储管理是提高仓储能力、推动现代仓储迅速发展的两个车轮，二者缺一不可。

仓储设备是反映仓储系统水平的主要标志。仓储设备与仓储活动密切相关，在整个仓储活动的过程中伴随着存储保管、存期控制、数量管理、质量养护等功能作业环节及其他辅助作业，这些作业的高效完成需要不同的仓储设备。因此，其水平的高低直接关系到仓储活动各项功能的完善和有效实现，决定着物流系统的技术含量。

仓储设备是构筑仓储系统的主要成本因素。现代仓储设备是资金密集型的社会财富。现代仓储设备购置投资相当可观。同时，为了维持系统的正常运转，发挥设备效能，还需要继续不断地投入大量的资金。仓储设备的费用对系统的投入产出分析有着重要的影响。

3.3.2 仓储设备设施的使用和维修

(1)仓储设备的合理使用

物流设备使用寿命的长短、生产效率的高低，在很大程度上受制于设备的使用是否合理、正确。正确使用，可以在节省费用的条件下减轻设备的磨损，保持其良好的性能和应用的精度，延长设备的使用寿命，充分发挥设备的效率和效益。

设备的正确使用，是设备管理中的一个重要环节。具体应抓好以下几项工作：

①做好设备的安装、调试工作。设备在正式投入使用前，应严格按质量标准和技术说明安装、调试设备，安装调试后要经试验运转验收合格后才能投入使用。

②合理安排生产任务。使用设备时，必须根据工作对象的特点和设备的结构、性能特点来合理安排生产任务，防止和消除设备无效运转。使用时，严禁设备超负荷工作，要避免“大马拉小车”现象。

③切实做好机械操作人员的技术培训工作。操作人员在上机操作之前，需做好上岗前培训，认真学习有关设备的性能、结构和维护保养等知识，掌握操作技能和安全技术规程等知识和技能，经过考核合格后，方可上岗。必须严禁无证操作(或驾驶)现象的发生。

④建立健全一套科学的管理制度。现代物流企业要针对设备的不同特点和要求，建立各项管理制度、规章制度和责任制度等。如持证上岗制、安全操作规程、操作人员岗位责任制、定人定机制、定期检查维护制、交接班制度及设备档案制度等。

【知识链接3－4】

某公司叉车管理制度

为规范企业管理，做好生产安全工作，特制定本制度。

一、安全管理

1. 定期对叉车司机进行安全教育(每周一次)。

2. 操作者必须持证上岗，严格执行《安全操作规程》，并对驾驶员进行年审，对叉车进行年检，在得到合格确认后方可继续驾驶和使用叉车。

3. 严格按公司机动车驾驶要求执行。

4. 每天做好叉车的点检工作(按点检表进行)，保持叉车良好的工作状态。

二、维修、保养管理

1. 每周对车辆进行两次清洗，并检查油、电、刹车系统是否正常，定期更换齿轮油、更换液压油、电池充电、水箱加水。

2. 发现故障时由专人进行检修，如若不能排除故障，应通知制造商或专业维修厂来进行维修，并做好记录。

三、叉车维修、平时停放的位置管理

1. 叉车维修必须在比较安全的位置进行(如车槽)。

2. 叉车的备用轮胎必须定置存放，以不影响生产。应放置在方便取用和安全的地方。

3. 班后叉车必须离开作业区域和仓库停放，尽可能不要露天放置并切断电源，拉上手刹。如场地不平，则必须在车轮底下垫上三角垫木，以确保车辆不发生滑行，以免发生安全事故。

四、叉车交接

1. 不同班次上下班时必须进行交接，填写交接表，让下一班人员知道叉车的状态，以确保安全。

2. 同班次不同叉车司机交接使用叉车时，必须进行口头交接，以确保安全。

3. 故障车维修完毕，维修人员与叉车司机必须进行交接，叉车司机进行试车，确认故障已排除后方可接车。

五、创造使用设备良好的作业条件和环境

保持设备作业条件和环境的整齐、清洁，并根据设备本身的结构、性能等特点，安装必要的防护、防潮、防尘、防腐、防冻、防锈等装置。有条件的还应该配备必要的测量、检验、控制、分析以及保险用的仪器、仪表、安全保护装置。这对精密、复杂、贵重设备尤为重要。

(2)仓储设备的保养

设备在使用过程中，会产生技术状态的不断变化，不可避免地出现摩擦、零件松动、声响异常等不正常现象。这些都是设备故障隐患，如果不及时处理和解决，就会造成设备的过早磨损，甚至酿成严重事故。因此，只有做好设备的保养与维护工作，及时处理好技术状态变化引起的事故隐患，随时改善设备的使用情况，才能保证设备的正常运转，延长其使用寿命。

设备的保养维护应遵循设备自身运动的客观要求。其主要内容包括：清洁、润滑、紧固、调整、防腐等。目前，实行得比较普遍的是"三级保养制"，即日常保养、一级保养和二级保养。

日常保养是由操作人员每天对设备进行的物理性保养。主要内容有：班前班后检查、擦拭、润滑设备的各个部位，使设备经常保持清洁润滑；操作过程中认真检查设备运转情况，及时排除细小故障，并认真做好交接班记录。

一级保养是以操作人员为主，维修人员为辅，对设备进行局部和重点拆卸、检查、清洗有关部位，疏通油路，调整各部位配合间隙，紧固各部位等。

二级保养是以维修人员为主，操作人员参加，对设备进行部分解体检查和修理，更换或修复磨损件，对润滑系统清洗、换油，对电气系统检查、修理，局部恢复精度，满足物流作业要求。

此外，物流企业在实施设备保养制度过程中，应该对那些已运转到规定期限的重点和关键设备，不管其技术状态好坏，作业任务缓急，都必须按保养作业范围和要求进行检查和保养，以确保这类设备运转的正常完好和具有足够的精确度、稳定性。

【知识链接 3－5】

货运车辆维修保养注意事项

货运车辆的保养非常重要，它会直接影响车辆的使用寿命，并间接影响车辆的安全保障。对此，我们特别整理了保养卡车的七大注意事项，与卡车司机一起分享：

将车开到一个相对平坦的地方，停稳后检查机油是否在油尺刻度的最上限，同时一定要注意发动机底部不要漏油。

启动前要检查水箱中的水是否加满。为避免发动机水温过高，最好使用防冻液，这样也可以清除水垢。别忘记加满玻璃清洁剂，万一路上遇到下雨，清洁玻璃是必不可少的。

看一看刹车油的油面是否在油罐的中高位置，油色应十分清澈，要是发黑，就应趁早更换。启动发动机，听喇叭声音是否正常。打开雨刷器，同时检查几个挡位速度是否正常。调整轮胎和备用胎的气压。检查灯光，从车外的大灯、示宽灯、雾灯、刹车灯、牌照灯到倒车灯等都应仔细检查。

（资料来源：中国联合物流网 http://www.lianhe56.com）

（3）仓储设备的检查

仓储设备检查是指对设备的运行情况、技术状态和工作稳定性等进行检查和校验。它是设备维修中的一个重要环节。

通过对设备的检查，可以全面掌握设备技术状态的变化和磨损情况，及时发现并消除设备的缺陷和隐患，找出设备管理中存在的问题，并对设备是否需要进行技术改造或更新提供可靠的技术资料和数据。

详细记录的点检表是设备技术状态和安全状况分析的原始记录，是设备维修和安全管理中最重要的原始资料。

【知识链接 3－6】

某公司货运汽车维修保养、定期安全检查制度

一、实行定人、定车、定保养制度，驾驶员应经常对车辆进行清洗、保养，保持车辆的干净、整洁，始终保持良好的运行状态。

二、驾驶员应在每天出车前或出车后，尤其是长途运输必须对车辆安全技术状况进行检查，带病车辆坚决禁止营运，经检查安全性能良好方能出行。

三、营运车辆每月 1～5 日必须到公司所指定修理厂进行安全检查，缺席一次罚款 50～100 元。安检前，必须保持车辆内处干净、整洁，漆皮完整，车牌、门徽、警语、资质证以及行车证件齐全，车证相符。

四、必须依法购置车辆保险，保证合法有效，不能脱期，弄虚作假。

五、必须配备灭火器、枕木、防滑链、铁锹、随车工具等安全用具。

（4）仓储设备的更新决策

对一台仓储设备来说，应不应该更新？应在什么时候更新？应该用什么样的设备来更新？这主要取决于更新的经济效果。适时更新设备，既能促进企业技术进步，加速经济增长，又能

节约资源，提高经济效益。下面分别介绍设备的两种不同更新类型的决策方法。

①设备原型更新的决策。设备原型更新问题可以通过分析设备的经济寿命进行更新决策，即在设备年平均费用最小时更新是最经济的。也就是说，设备原型更新问题也就是计算设备经济寿命问题。计算设备经济寿命的方法有低劣化数值法、面值法等。

②设备新型更新的最佳时机选择。当市场上出现同类功能的新型物流设备时，选择旧设备的合理使用年限的原则是：当旧设备再继续使用一年的年费用（即旧设备的年边际成本）超过新型设备的最小年费用时，就应该立即更新。

【案例分析 3－3】

某物流配送中心有旧叉车一台，若要现在出售，预计市场价格为40 000元，估计还可以继续使用 4 年。目前市场上出现的新型叉车的价格为100 000元。两种叉车的年经营费用及残值如表 3—2 所示，旧叉车的合理使用年限是多少呢？

表 3—2 **旧叉车与新型叉车的年经营费用及残值** 单位：元

使用年限	旧叉车			新型叉车		
	年经营费	残值	年总费用	年经营费	残值	年总费用
1	30 000	30 000	44 000	20 000	75 000	55 000
2	35 000	20 000	45 905	22 500	56 200	52 050
3	40 000	10 000	47 744	26 000	43 000	49 862
4	45 000	0	49 528	29 600	33 000	48 583
5				34 000	21 000	48 697
6				38 500	10 000	46 159
7				50 000	1 000	46 458

分析提示：从表 3—2 中旧叉车与新型叉车年费用可以看出，旧叉车使用 3 年时年费用超过了新型叉车的最小年费用，即47 744元>46 159元，因此，旧叉车的合理使用年限为 2 年，说明旧叉车只能再使用 2 年就应该更换为新型叉车。

【案例分析 3－4】

输送机的技术改造

某煤矿是于 20 世纪 80 年代初建成投产的矿井，原煤输送一直采用 DX4 型强力胶带机。随着原煤产量逐年提高，原煤运输环节的“瓶颈”问题逐渐凸显出来，为此，煤矿管理人员决定对输送机进行技术改造。他们采取加大功率、提高带速（改造驱动和控制单元）等方式对胶带机进行技术改造。

分析提示：改造内容包括：将原来 2×500kw 两机拖动改为 3×500kw 三机拖动，带速由 2.5m/s 提升至 3.15m/s；更换强力胶带，带强由2 000N/mm 提高到2 500N/mm；改造原电控系统。通过改造，该矿井在短短 10 天之内实现了运输能力大幅提升。

● 基本训练

□ 知识题

1.1 阅读理解

(1)仓储设施设备的使用和维修有哪些内容?

(2)仓库有哪些设备,有何作用?

(3)什么是保税仓库和自动立体化仓库?

(4)仓库布局考虑哪些因素? 如何布局?

(5)仓库有哪些类型?

1.2 知识应用

(1)判断题

①储存和保管功能是仓库的基本功能。 ( )

②仓库只能是平房建筑。 ( )

③重心法是一种选择仓库中心位置,从而使成本降低的方法。 ( )

④仓库没有调节货物运输能力的功能。 ( )

⑤叉车是指对成件托盘货物进行装卸、堆垛和短距离运输、重物搬运作业的各种轮式搬运车辆。 ( )

(2)选择题

①由货架、巷道式堆垛起重机、入(出)库工作台和自动运进(出)及操作控制系统组成的仓库是( )。

A. 自动化立体仓库　　B. 保税仓库

C. 普通仓库　　D. 危险品仓库

②由操作人员每天对设备进行的物理性保养是( )。

A. 一级保养　　B. 日常保养　　C. 二级保养　　D. 三级保养

③影响仓库平面布置的主要因素有( )。

A. 仓库的专业化程度　　B. 仓库规模

C. 职工素质　　D. 环境设施、地质地形条件

④以托盘单元货物的方式来设计并保管货物、一般采用叉车等装卸设备作业的货架是( )。

A. 抽屉式货架　　B. 横梁式货架　　C. 托盘货架　　D. 重力式货架

⑤按照规定路线,输送散状物料或成件物品的设备是( )。

A. 起重机　　B. 叉车　　C. 集装箱　　D. 输送机械

□ 技能题

(1)参观1～2家仓储企业,要求学生写一份参观报告。

实训目的:要求学生了解仓储企业生产经营流程,有哪些设备设施,如何使用。

实训要求:仔细观察,认真听讲解,结合所学知识。

(2)20世纪70年代,北京某汽车制造厂建造了一座高层货架仓库(即自动化仓库)作为中间仓库,存放装配汽车所需的各种零配件。此厂所需的零配件大多数是由其协作单位生产,然后运至自动化仓库。该厂是我国第一批发展自动化仓库的企业之一。该仓库结构分高库和整理室两部分。高库是采用固定式高层货架与巷道堆垛机结构,从整理室到高库之间设有辊式

输送机。当入库的货物包装规格不符合托盘或标准货箱时，还需要对货物的包装进行重新整理，这项工作就是在整理室进行。由于当时各种物品的包装没有标准化，因此，整理工作量相当大。货物的出入库是运用电脑控制与人工操作相结合的人机系统。这套设备在当时来讲是相当先进的。该库建在该厂的东南角，距离装配车间较远，因此，在仓库与装配车间之间需要进行二次运输，即将所需的零配件先出库，装车运输到装配车间，然后才能进行组装。自动化仓库建成后，这个先进设施在企业生产经营中所起的作用并不理想。因此，其利用率也逐年下降，最后不得不拆除。

①分析自动化仓库在该企业为什么没有发挥其应有的作用，是什么原因。

②我们从中得到哪些启示？

● 综合案例

安达物流公司设施与设备管理的改进

安达物流公司位于我国中部地区，是一家由传统的物资储运公司发展起来的物流公司。公司成立于 20 世纪 80 年代，主要以仓库库位出租为核心业务，此外还提供运输、装车、卸车、对货品进行贴标、换包装、简单加工（如分包、重新组合包装、简单装配等）等流通加工服务。

该公司目前在职员工约 40 名，包括 5 名管理人员、10 名左右的叉车工人和搬运工人，另外还有客户服务人员、仓库管理员、运输司机、勤杂人员（含门卫和设备检修人员）等约 20 多人。

公司仓库占地有 3 000 多平方米。仓库内部储存区有立体货架区、托盘货架区，还有地面堆垛区。仓库内部主要布局如图 3—22 所示。

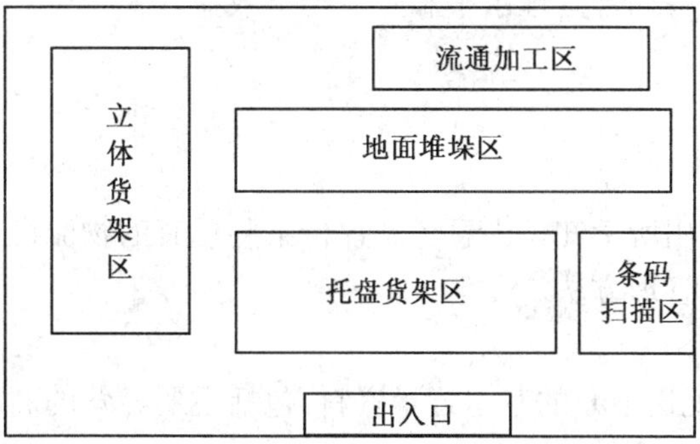

图 3—22　安达物流公司仓库内部布局

该仓库作业流程如图 3—23 所示。

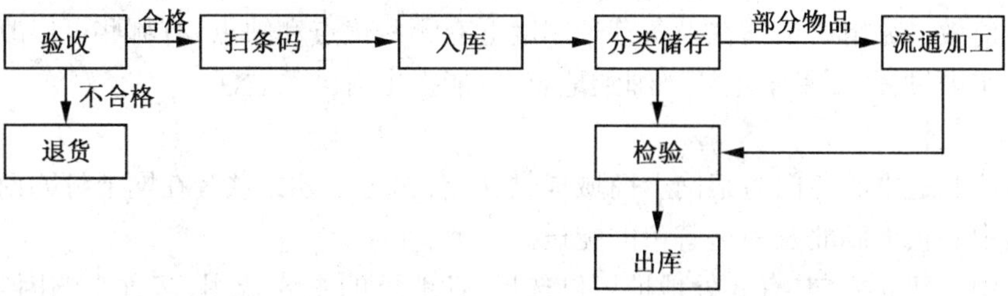

图 3—23　安达物流公司仓库作业流程

该仓库以托盘为主要储存和搬运单元。立体货架区用一台巷道式堆垛机存取物品，用叉车和地牛进行进出库搬运和库内搬运，少量采用手工搬运。车辆停靠的月台有十多个车位，适合于中小型厢式货车的快速装卸作业。公司自有运输车辆5辆。

公司的固定资产超过8 000万元，而每年的利润却不到500万元。仓库收入太低，员工工资较低，导致仓库区工作人员士气不佳。服务意识、服务品质有待提高。

随着我国现代物流的快速发展，该公司也希望向现代物流企业转变，希望大幅度扩大业务量，并提供更多增值服务，增加公司盈利，改善公司管理现状，提高士气。

在仓库设施与设备管理方面，该公司主要存在以下几个方面的问题：

①仓库内部布局不合理，导致搬运距离较长。库内作业流程混乱，存在重复搬运情况，大约有70%的无效搬运，这种过多的搬运次数易导致商品损坏，而且浪费时间。

②由于进出库的搬运设备的现代化程度低，只有几个半旧的叉车和地牛，部分作业仍处于人工作业的原始状态，工作效率低，花费时间长，且易损坏物品，成为扩大业务量的“瓶颈”。

③在设备管理方面，因循在传统计划经济体制下形成的就设备管设备的陈旧观念和消防式、跟着故障跑的被动检修方式，设备(包括货运车辆、叉车、堆垛机等)故障率高，技术状况下降，设备维修费大幅上升，严重制约了公司生存发展。仓库的立体货架区自购置安装后，一直都未充分利用，员工对设备使用技能不熟练，设备故障率高，导致储位空置率高。

问题：面对上述主要问题，该公司应该怎样改进呢？

分析提示：该公司有以下解决方法：首先，理清作业流程，使其简化、顺畅；其次，改善进出库的装卸作业，根据作业量和作业内容合理配置设备的种类、数量；再次，在设备管理方面，实现全员参与设备管理，全方位落实设备管理责任，全过程自主维修，从根本上解决设备管理存在的深层次问题，提高设备综合管理水平和企业经济效益。

● 综合实训

(1)实训目的

通过实训，使学生运用所学知识去思考和评价某些现有的物流设施的选址、内部布局是否合理，并熟悉物流设备的管理方法。

(2)实训要求

①先了解该仓库或配送中心的基本背景资料，包括主要经营的商品类型、规模、选址地点、历史情况等，为实地参观做准备。

②熟悉其平面布局，尽可能画出平面布局图。然后画出收货、验收、入库储存、拣选配货、送货和单据处理等作业流程。思考在该作业流程下，其平面布局是否合理。

③了解其设施设备的类型，并尽可能地认识各类物流设备，了解其设备管理制度，多向现场工作人员请教。分组讨论其在设备管理制度上有哪些优点和缺点，有哪些可以改进的地方。

④整个实训过程，要求学生认真细致地思考，能提出自己的看法。

(3)背景资料

捷迅物流配送中心专门为某网上商城提供仓储、配送服务。顾客在网上订购商品后，由捷迅物流配送中心负责湖北及周边省市的配送。

该配送中心建立之初，有3处地址可供选择，各地址的主要费用、多种影响因素的评价及其权重如表3—3所示。试用因素评分法选择最佳地址。

表 3—3　选址因素比较　金额单位:万元

地址	地价	运输费用	能源费用	交通条件	劳动力条件	公共设施状况	周边状况
A	5 000	150	180	一般	很好	很好	一般
B	3 000	200	210	很好	较好	很好	较好
C	1 000	180	250	较好	一般	一般	很好
权重	0.2	0.15	0.15	0.2	0.1	0.1	0.1

该配送中心作业时使用设备情况如下:

①商品入库。进货验收后,用手持终端扫描该商品的条码,并用 WMS(仓库管理系统)进行登记,同时发出是否能入库的指示。如果可以入库时,工作人员将货物堆放在空托盘上,并扫描该托盘的条码进行登记。

在入库登记处理后,工作人员用手动叉车或电动叉车将货物搬运至货架储存。货架有托盘货架和普通的层格式货架。

②商品拣选。拣选人员用手动叉车、手推车以及周转箱,根据订单进行拣选和配货。

③商品包装。拣选结束后,进行合适的包装,有两台半自动打包机负责打包。

④商品配送。包装完成后,分类送到等待运输的车辆上进行配送。

该公司在设备的使用中,很注重设备安全性能的检测和维修,实施了"以点检制度为核心的设备管理模式",希望将故障消灭在萌芽阶段。然而,由于实施点检的人员多是操作人员,对设备的技术不够熟悉,因而经常不能及时发现故障隐患。

该公司还实施了设备的日常管理制度,如在使用过程中建立设备的技术档案以及操作人员的交接班制度。然而,在设备发生故障后,通常会发生多个操作人员都不愿承担责任的情况,因不能及时找到责任人,导致修理拖延时间长,设备使用效率低。

为提高物流效率,2010 年该公司购买了一套自动分拣设备。然而,购买后发现由于规模、技术等原因不能有效使用,出现了手工分拣成本低于自动分拣成本的情况。因此,该设备被闲置起来。

请列出该配送中心所使用到的物流设备的类型,并针对该公司物流设备管理的现状,根据所学知识进行分析,并提出措施。

项 目 4

仓储作业流程及操作

知识目标

◎ 理解入库、出库管理的含义；
◎ 明确仓储业务流程；
◎ 了解货物的仓库管理；
◎ 掌握仓储作业流程及简单操作。

技能目标

◎ 能按照入库、出库的程序组织货物出入库；
◎ 能结合企业具体情况制定特殊货物保管的一些措施。

【引例】

某家具仓储管理成功案例

某公司是专业生产实木门、实木窗的制造商。公司实力雄厚，现已成为集进口、国产珍贵木材加工、成品加工、产品技术开发和销售为一体的现代化企业。

存在的问题：柜体包装发货错误；标准件库存不准；橱柜单套生产无法最大化产能。

实施管理的内容：建立标准件库存体系，下单后系统自动预扣标准件库存；利用先进发货系统，仓库人员通过 PDA 扫描包装标签，自动包装、发货、核对，无发错发漏情况；合并订单生产，最大限度地利用设备产能，增加接单量。

①板材仓库管理：提供喷码打印板材标签，板材出入库盘点，管理板材仓库。

在板材入库验收时，通过喷码打印机打印条码到每块板材上，作为跟踪板材使用情况的依据，每块板材的条码唯一。通过 PDA/扫描枪扫描每块板材条码，进行板材出入库业务操作，扫描的同时根据设定规则判断出入库是否容许，如是否符合指定订单使用条件。系统同时会记录生产板材对应领用的板材信息，作为跟踪板材情况的依据。板材仓库盘点时，提供板材仓库按品种、花色抽盘，月末整体盘点。盘点可通过 PDA 扫描板材条码或人工点数进行。

②原材料仓库管理：提供五金、胶等原材料仓库日常出入库业务，管理原材料仓库。对原材料仓库按照存放库位/库存量、管理单位进行日常管理。登记原材料的出入库业务，包括采购入库、委托入库、领用出库等业务。对于委外出入库，登记原材料的委外出入库业务，登记委外加工商和加工方法。原材料仓库盘点时，提供原材料仓库按品种、花色抽盘，月末整体盘点。

③半成品仓库管理：登记半成品的入库业务，登记半成品库存。半成品包装标签生成并打印后，半成品按照固定块数进行包装，在包装袋外贴上半成品包装标签。半成品标签根据半成品编号和生产流水号规则生成。领用半成品时，扫描半成品包装标签，输入领用数量，完成半成品领用业务。半成品仓库盘点时，提供半成品仓库按品种、花色抽盘，月末整体盘点。

④成品包装发货管理：首先，自动计算包装。系统根据预设好的包装规则（单包重量、尺寸规则、花色规格等混包规格）自动计算出订单对应的装箱单，并打印出对应的装箱单和装箱标签。其次，检查发货。仓库人员通过 PDA 扫描需要发货的装箱标签，系统将自动核对发货是否完整，未完整扫描包装标签，则不可以通过 PDA 发货确认，并提示剩余包装的板材状态和具体位置。再次，物流追踪。物流追踪系统提供订单物流货运登记，登记物流单号，并且自动更新订单状态。

该案例表明：该公司的系统使用了原材料仓库管理、半成品仓库管理、成品仓库管理、条码标签运用、数据采集、出入库管理、盘点管理、包装发货管理、PDA 发货核对、定义包装规则、自动计算包装清单、检查发货、物流追踪等仓库管理方法，这些方法对于企业仓库的成功管理非常重要。

仓储的基本作业过程可以分为三个阶段，即货物入库阶段、货物保管阶段和货物出库阶段，如图 4—1 所示。

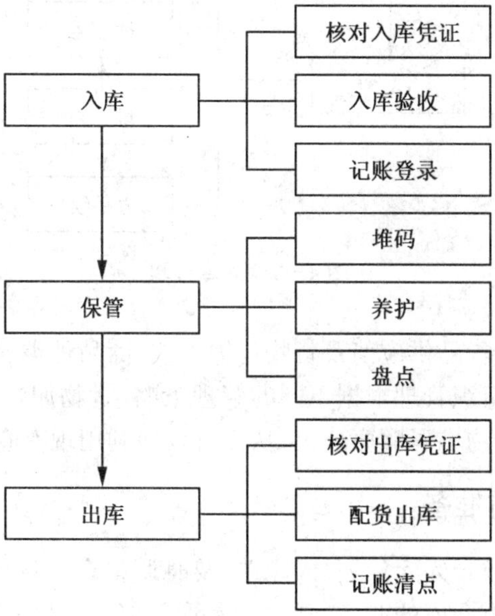

图 4—1 仓储运作流程

任务 4.1 货物入库业务作业

入库作业是指仓储部门按照存货方的要求合理组织人力、物力等资源，按照入库作业程序，认真履行入库作业各环节的职责，及时完成入库任务的工作过程。商品入库管理是根据商品入库凭证，在接受入库商品时所进行的卸货、查点、验收、办理入库手续等各项业务活动的计划和组织。图 4—2 展示了入库步骤。

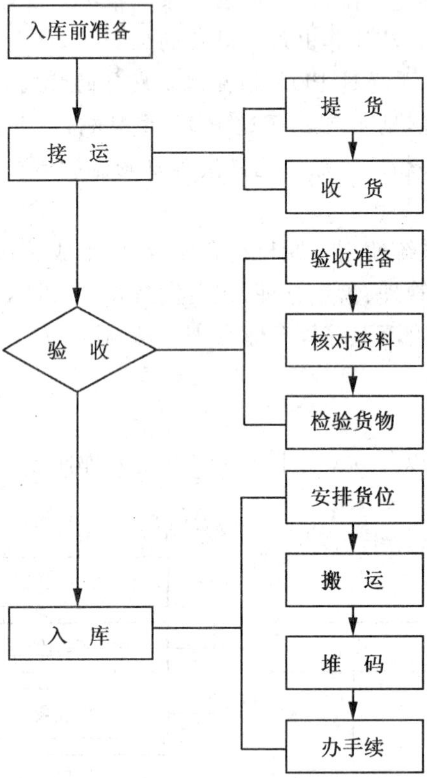

图 4—2 入库步骤

影响入库作业的因素：货品供应商及货物运输方式；商品种类、特性与数量；入库作业的组织管理情况。入库作业的组织管理根据不同的管理策略、货物属性、数量以及现有库存情况，自动设定货物堆码位置、货物堆码顺序建议，从而有效地利用现有仓库容量，提高作业效率。

4.1.1 货物入库前准备

仓库应根据仓储合同或者入库计划、入库单，及时调整仓库场地，以便货物能按时顺利入库。仓库的入库准备需要由仓库的业务部门、仓库管理部门、设备作业部门相互合作，共同努力。具体要做好以下工作：

①了解仓库库场情况。熟悉在货物入库期间、保管期间，仓库的库容、设备、人员的变动情况，以便对工作进行具体安排。必要时，对仓库进行清查、清理归位，以便腾出仓容。对于必须使用重型设备操作的货物，一定要事先准备好货位。

②熟悉入库货物。仓库业务、管理人员应认真核对入库物品的资料，必要时向存货人询问，掌握入库货物的规格、数量、包装状态、单件体积、到库确切时间、货物存期、货物的理化特性以及保管的要求等，据此精确和妥善进行库场安排、准备。

③制定仓储计划。仓库业务部门根据货物情况、仓库情况、设备情况，制定仓储计划，并将任务下达到各相应的作业单位、管理部门。

④妥善安排货位。根据入库货物的数量、性能、类别，结合仓库分区分类保管的具体要求，核算货位大小，妥善安排货位、验收场地，确定堆垛方法、苫垫方案等。

⑤做好货位准备。仓库理货人员要及时进行货位准备，对货位进行清洁，清除残留物，清理排水管道(沟)，必要时安排消毒铺地、除虫。详细检查照明、通风等设备，如发现损坏，要及时进行修理。

⑥验收准备。仓库理货人员根据货物情况和仓库管理制度，确定验收方法。准备验收所需的点数、调试、称量、开箱装箱、丈量、移动照明等用具和工具。

⑦装卸搬运工艺设定。根据货物、货位、人员、设备条件等情况，合理科学地制定卸车搬运工艺，确定工作顺序。

⑧文件单证准备。仓库理货人员将货物入库所需的各种票据凭证、单证、记录簿(如入库记录、理货检验单、料卡、残损单等)预填备妥，以备查用。由于货物不同、仓库不同、业务性质不同，入库准备工作也有很大差别，需要根据具体情况和仓库制度做好充分准备。

⑨准备苫垫材料、作业用具。在货物入库前，根据所确定的苫垫方案，准备相应的材料，并组织衬垫铺设作业。将作业所需的用具准备妥当，以便能及时使用。

4.1.2　货物接运

(1)货物接运的作用

货物接运是入库业务流程的第一道作业环节，也是仓库直接与外部发生的经济联系。它的主要任务是及时而准确地向交通运输部门提取入库货物，要求手续清楚、责任分明，为仓库验收工作创造有利条件。由于接运工作是仓库业务活动的开始，如果接收了损坏的或错误的商品，那将直接导致商品出库装运时出现差错。商品接运是商品入库和保管的前提，接运工作完成的质量直接影响商品验收和入库后的保管保养。因此，在接运由交通运输部门(包括铁路)转运的商品时，必须认真检查，分清责任，取得必要的证件，避免将一些在运输过程中或运输前就已经损坏的商品带入仓库，造成验收中责任难分和在保管工作中出现困难或造成损失。

做好商品接运业务管理的主要意义在于，防止把在运输过程中或运输之前已经发生的商品损害和各种差错带入仓库，减少或避免经济损失，为验收和保管、保养创造良好的条件。

(2)货物接运的方法

接运人员要了解交通运输部门及供货单位的准则和需求，并依据不一样的接运方法处置接运中的各种难题。常见的接运方法有以下几种：

①铁路专用线接运。铁路专用线接运是指铁路运输部门将货品直接运送到库房内部专用线，由仓储部门直接与铁路运输部门在库内交代货品的接运方法。库房接到车站的到货通知后，应断定卸车货位，准备好卸车所需的人员和设备；列车抵达后，要引导入位。

【知识链接 4－1】

铁路专用线接运注意事项

接到专用线到货通知后，应立即确定卸货货位，力求缩短场内搬运距离；组织好卸车所需要的机械、人员以及有关资料，做好卸车准备。

车皮到达后，引导对位，进行检查。看车皮封闭情况是否良好(即卡车、车窗、铅封、苫布等有无异状)；根据运单和有关资料核对到货品名、规格、标志和清点件数；检查包装是否有损坏或有无散包；检查是否有进水、受潮或其他损坏现象。在检查中如发现异常情况，应请铁路部门派员复查，做出普通或商务记录，记录内容应与实际情况相符，以便交涉。

卸车时要注意为商品验收和入库保管提供便利条件，分清车号、品名、规格，不混不乱；保证包装完好，不碰坏，不压伤，更不得自行打开包装。应根据商品的性质合理堆放，以免混淆。卸车后，在商品上应标明车号和卸车日期。

编制卸车记录，记明卸车货位规格、数量，连同有关证件和资料，尽快向保管员交代清楚，办好内部交接手续。

②车站、码头接货。车站、码头接货是指由公路或铁路运输部门将货品运送至车站，或由水路运输部门将货品运送至港口码头，库房自备运输工具，派车把货品从车站或码头接运到库房的方法。

③库内接货。库内接货是指供货单位直接将货品运送到库房，由保管员或查验员直接与送货人处理交代手续的接运方法。

④自提货。自提货是指库房提货员直接到供货单位提货的接运方法。选用该方法时，接运和入库查验往往一起进行，查验员应向提货员具体阐明有关技能查验事项，必要时查验员可伴随提货。

(3)仓库收货

货物到库后，仓库收货人员首先要检查货物入库凭证，然后根据入库凭证开列的收货单位和货物名称与送交的货物内容和标记进行核对。然后就可以与送货人员办理交接手续。如果在以上工序中无异常情况出现，收货人员在送货回单上盖章表示货物收讫。如发现有异常情况，必须在送货单上详细注明并由送货人员签字，或由送货人员出具差错、异常情况记录等书面材料，作为事后处理的依据。

4.1.3 商品验收入库

凡商品进入仓库储存，必须经过检查验收。只有验收后的商品，方可入库保管。货物入库验收是仓库把好“三关”(入库、保管、出库)的第一道关口，抓好货物入库质量关，能防止劣质商品流入流通领域，划清仓库与生产部门、运输部门以及供销部门的责任界限，也为货物在库场中的保管提供第一手资料。

(1)商品验收的基本要求

①及时。到库商品必须在规定的期限内完成验收入库工作。这是因为商品虽然到库，但未经过验收的商品没有入账，不算入库，不能供应给用料单位。只有及时验收，尽快提出检验报告，才能保证商品尽快入库入账，满足用料单位的需求，加快商品和资金的周转。

②准确。验收应以商品入库凭证为依据，准确地查验入库货物的实际数量和质量状况，并

通过书面材料准确地反映出来。做到货、账、卡相符，提高账货相符率，降低收货差错率，提高企业的经济效益。

③严格。仓库的各方都要严肃认真地对待商品验收工作。验收工作的好坏直接关系到国家和企业的利益，也关系到以后各项仓储业务的顺利开展。

④经济。商品在验收时，多数情况下，不但需要检验设备和验收人员，而且需要装卸搬运机具和设备以及相应工种工人配合。这就要求各工种密切协作，合理组织调配人员与设备，以节省作业费用。此外，在验收工作中，尽可能保护原包装，减少或避免破坏性试验，也是提高作业经济性的有效手段。

(2)商品的验收程序

商品验收包括验收准备、核对凭证、确定验收比例、实物检验、做出验收报告及验收中发现问题的处理。

①验收准备。验收准备是货物入库验收的第一道程序。仓库接到到货通知后，应根据商品的性质和批量提前做好验收的准备工作，包括以下内容：全面了解验收物资的性能、特点和数量，根据其需求确定存放地点、垛形和保管方法；准备堆码苫垫所需材料和装卸搬运机械、设备及人力，以便使验收后的货物能及时入库保管存放，减少货物停顿时间；若是危险品，则需要准备防护设施；准备相应的检验工具，并做好事前检查，以便保证验收数量的准确性和质量的可靠性；收集和熟悉验收凭证及有关资料；进口物资或上级业务主管部门指定需要检验质量者，应通知有关检验部门会同验收。

②核对凭证。核对凭证，就是将上述凭证加以整理后全面核对。入库通知单、订货合同要与供货单位提供的所有凭证逐一核对，相符后，才可以进入下一步的实物检验；如果发现有证件不齐或不符等情况，要与存货、供货单位及承运单位和有关业务部门及时联系解决。

入库商品须具备下列凭证：货主提供的入库通知单和订货合同副本，这是仓库接收商品的凭证；供货单位提供的验收凭证，包括材质证明书、装箱单、磅码单、发货明细表、说明书、保修卡及合格证等；承运单位提供的运输单证，包括提货通知单和登记货物残损情况的货运记录、普通记录以及公路运输交接单等，作为向责任方进行交涉的依据。

③检验货物。检验货物是仓储业务中的一个重要环节，包括检验数量、检验外观质量和检验包装三方面的内容，即复核货物数量是否与入库凭证相符，货物质量是否符合规定的要求，货物包装能否保证在储存和运输过程中的安全。

数量检验是保证物资数量准确不可缺少的措施，应在物资入库时一次进行完毕。一般在质量验收之前，由仓库保管职能机构组织进行。按商品性质和包装情况，数量检验分为三种形式，即计件、检斤、检尺求积。计件是对按件数供货或以件数为计量单位的商品，做数量验收时的清点件数。检斤是对按重量供货或以重量为计量单位的商品，做数量验收时的称重。检尺求积是对以体积为计量单位的商品，例如木材、竹材、沙石等，先检尺，后求体积所做的数量验收。凡是经过数量检验的商品，都应该填写磅码单。在做数量验收之前，还应根据商品来源、包装好坏或有关部门规定，确定对到库商品是采取抽验还是全验方式。

质量检验包括外观检验、包装检验、机械物理性能检验和化学成分检验四种形式。仓库一般只作外观检验和尺寸精度检验，后两种检验如果有必要，则由仓库技术管理职能机构取样，委托专门检验机构检验。

外观检验是指通过人的感觉器官检查商品外观质量的检查过程。主要检查货物的自然属性是否因物理及化学反应而造成负面的改变，如是否受潮、玷污、腐蚀、霉烂等；检查商品包装的牢固程度；检查商品有无损伤，例如撞击、变形、破碎等。对外观检验有严重缺陷的商品，要单独存放，防止混杂，等待处理。凡经过外观检验的商品，都应该填写“检验记录单”。

包装检验是检验物资包装的好坏、干潮。包装直接关系到物资的安全储存和运输，所以对物资的包装要进行严格验收。凡是产品合同对包装有具体规定的，要严格按规定验收，如箱板的厚度，打包铁腰的匝数，纸箱、麻包的质量等。对于包装的干潮程度，一般是用眼看、手摸等方法进行检查验收。

4.1.4 商品入库手续的办理

入库物品经过点数、查验之后，可以安排卸货、入库堆码，表示仓库接受物品。在卸货、搬运、堆垛作业完毕，与送货人办理交接手续，并建立仓库台账。

入库手续主要是指交货单位与库管员之间所办理的交接工作。其中包括：商品的检查核对，事故的分析、判定，双方认定，在交库单上签字。仓库一面给交货单位签发接收入库凭证，并将凭证交给会计、统计入账、登记；一面安排仓位，提出保管要求。入库交接手续是指仓库对收到的货物向送货人进行确认，表示已接受货物。

(1)交接手续

交接手续是指仓库对收到的物品向送货人进行的确认，表示已接受物品。办理完交接手续，意味着划分清运输、送货部门和仓库的责任。完整的交接手续包括：

①接受物品。仓库通过理货、查验物品，将不良物品剔出、退回或者编制残损单证等，以明确责任，确定收到物品的确切数量、物品表面状态良好。

②接受文件。接受送货人送交的物品资料、运输的货运记录、普通记录等，以及随货的在运输单证上注明的相应文件，如图纸、准运证等。

③签署单证。仓库与送货人或承运人共同在送货人交来的送货单、交接清单(见表4—1)上签字。各方签署后，留存相应单证。仓库提供相应的入库、查验、理货、残损单证、事故报告由送货人或承运人签署。

表4—1 **到接货交接单**

收货人	发站	发货人	品名	标记	单位	件数	重量	号车	运单号	货位	合同号
备注											

送货人： 接收人： 经办人：

(2)登账

物品入库后，仓库应建立详细反映物品仓储的明细账，登记物品入库、出库、结存的详细情况，用以记录库存物品动态和入出库过程。登账的主要内容有：物品名称、规格、数量、件数、累计数或结存数、存货人或提货人、批次、金额，注明货位号或运输工具、接(发)货经办人。

(3)立卡

物品入库或上架后，将物品名称、规格、数量或出入状态等内容填在料卡上，称为立卡。料卡又称为货卡、货牌，插放在货架上物品下方的货架支架上或摆放在货垛正面明显位置。

任务 4.2　货物储存作业

4.2.1　储位管理

【案例分析 4－1】

安利(中国)物流中心的分区管理

安利(中国)物流中心按照产品类型,将库仓区分为几种类型,分别存放不同的产品。干货仓库区存放家居护理和个人护理系列产品,以及印刷和音像制品;恒温仓库区专门存放营养保健食品和美容化妆品;危险品库区专门存放压缩气体及含酒精成分的货品。安利(中国)物流中心是如何进行仓储库位管理的?

分析提示:分类存放对企业的库存管理非常重要,使用频率很高。

(1)储位管理的含义及对象

储位管理就是利用储位使商品处于"被保管状态"并且能够明确显示所储存的位置,同时当商品的位置发生变化时能够准确记录,使管理者能够随时掌握商品的数量、位置,以及去向。

储位管理的对象分为保管商品和非保管商品两部分。

①保管商品。保管商品是指在仓库的储存区域中的保管商品,由于它对作业、储放搬运、拣货等方面有特殊要求,使得其在保管时会有很多种保管形态出现,例如托盘、箱、散货或其他方式,这些虽然在保管单位上有很大差异,但都必须用储位管理的方式加以管理。

②非保管商品。非保管商品包括包装材料、辅助材料和回收材料。包装材料就是一些标签、包装纸等包装材料。辅助材料就是一些托盘、箱、容器等搬运器具。回收材料就是经补货或拣货作业拆箱后剩下的空纸箱。

(2)储位管理的范围

货物进入仓库之后,应该如何科学、合理地摆放、规划和管理,这就构成了储位管理。仓库的全部作业都在保管区内进行。因此,保管区均属于储位管理的范围。按照仓库作业性质,保管区可分为预备储区、保管储区、动管储区和移动储区四个储区。

预备储区是商品进出仓库时的暂存区,预备进入下一个保管区域。虽然商品在此区域停留的时间不长,但是也不能在管理上疏忽大意,给下一个作业程序带来麻烦。在预备储区,不但要对商品进行必要的保管,还要将商品打上标识、分类,再根据要求归类,摆放整齐。

保管储区是仓库中最大、最主要的保管区域。商品在此区域保管时间最长,并且以比较大的存储单位进行保管,所以是整个仓库的管理重点。为了最大限度地增大储存容量,要考虑合理运用储存空间,提高使用效率。

动管储区是在拣货作业时所使用的区域。此区域的商品大多在短时期即将被拣取出货,其商品在储位上流动频率很高,所以称为动管储区。由于这个区域的功能在于提供拣货的需求,为了缩短拣货时间及距离,降低拣错率,就必须在拣取时能很方便迅速地找到商品所在位置,因而储存的标示与位置指示就非常重要,而要让拣货顺利进行及拣错率降低,就得依赖一些拣货设备来完成,例如,电脑辅助拣货系统 CAPS、自动拣货系统等,动管储区的管理方法就是这些位置指示及拣货设备的应用。

移动储区是在进行配送作业时配送车货物放置的区域。货物在配送车上的放置位置一般应依据“先达后装”的原则，使货物到达目的地时能够顺利卸货，不至于因顺序混淆而造成“该卸的货物卸不掉，不该卸的货物挡在外侧”的局面。

(3)储位管理的基本原则

储位管理与其他管理一样，其管理方法必须遵循一定的原则，基本原则有以下三个：

①储位标识明确。先将储存区域详细划分，并加以编号，让每一种预备存储的商品都有位置可以存放。此位置必须是很明确的，而且经过储位编码的，不可以是边界含糊不清的位置，例如走道、楼上、角落或某商品旁等。

②商品定位有效。依据商品保管方式的不同，应该为每种商品确定合适的储存单位、储存策略、分配规则，以及其他储存商品要考虑的因素，把货品有效的配置在先前所规划的储位上。例如，冷藏的商品就该放冷藏库，流通速度快的商品就该放置在靠近出口处，香皂不应该和食品放在一起，等等。

③变动更新及时。当商品被有效地配置在规划好的储位上之后，接下来的工作就是储位的维护，也就是说，商品不管是因拣货取出，或是商品被淘汰，或是受其他作业的影响，而使得商品的位置或数量发生了改变，都必须及时把变动情形加以记录，以使记录与实物数量能够完全吻合，如此才能进行管理。

【知识链接 4－2】

储位编码的方法

区段方式是指把保管区域分割为几个区段，再对每个区段编码。这种编码方式是以区段为单位，每个号码所代表的储区较大，因此，适用于单元化装载的存货，以及大量或保管周期短的存货。在 ABC 分类中的 B、C 类存货很适合这种编码方式。

存货类别方式是把一些相关存货经过集合后，区分为几个存货大类，再对每类存货进行编码。这种编码方式适用于按存货类别保管或品牌差距大的存货，如服饰类、五金类等。

地址式利用保管区域中的现成参考单位，例如建筑物第几栋、区段、排、行、层、格等，依照其相关顺序来进行编码，就像地址的几段、几巷、几弄、几号一样。这种编码方式所标注代表的区域通常以一个储位为限，具有相对顺序性，使用起来简明方便，所以是目前仓库中使用最多的编码方式。然而，受其储位体积所限，只适合一些量少或单价高的货物储存使用，例如 ABC 分类中的 A 类货物。

坐标式是指利用空间概念来编排储位的方式。这种编排方式对每个储位定位切割细小、在管理上比较复杂，对于流通率很小、需要长时间存放的货物，即一些生命周期较长的货物比较适用。

4.2.2 商品堆码与苫垫

(1)商品堆码

商品堆码(stacking/overstow)是指将物品整齐、规则地摆放成货垛的作业。

①商品堆码的原则。

商品堆码的原则主要是：尽量利用库位空间，较多采取立体储存的方式；仓库通道与堆垛之间保持适当的宽度和距离，提高物品装卸的效率；根据物品的不同收发批量、包装外形、性质和盘点方法的要求，利用不同的堆码工具，采取不同的堆码形式，其中，危险品和非危险品、性质相互抵触的物品应该区分开来，不得混淆；不要轻易地改变物品存贮的位置，大多应按照先进先出的原则；在库位不紧张的情况下，尽量避免物品堆码的覆盖和拥挤。

②商品堆码操作要求。

● 安全。堆码的操作工人必须严格遵守安全操作规程；使用各种装卸搬运设备，严禁超载，同时还须防止建筑物超过安全负荷量。码垛必须不偏不斜，不歪不倒，牢固坚实，以免倒塌伤人、摔坏商品。

● 合理。不同商品的性质、规格、尺寸不相同，应采用各种不同的垛形；不同品种、产地、等级、单价的商品，须分别堆码，以便收发、保管。货垛的高度要适度，不压坏底层的商品和地坪，与屋顶、照明灯保持一定距离；货垛的间距，走道的宽度，货垛与墙面、梁柱的距离等都要合理、适度。垛距一般为 0.5～0.8 米，主要通道宽度为 2.5～3 米。

● 方便。货垛行数、层数力求成整数，便于清点、收发作业。若过秤商品不成整数时，应分层表明重量。

● 整齐。货垛应按一定的规格、尺寸叠放，排列整齐、规范。商品包装标志应一律朝外，便于查找。

● 节约。堆垛时应注意节省空间位置，适当、合理安排货位的使用，提高仓容利用率。

③货物堆码的方法。

货物堆码的方法主要有三种：货架堆码法、散堆法和垛堆法。

● 货架堆码法是指把物资堆放在货架上的方法，适用于标准化的物资，带包装、密度较小的物资，以及不带外包装的各种零星小物资。

● 散堆法是指散装堆放货物的方法，适用于没有包装的或不需要包装的大宗物资，如煤炭、砂石、小块生铁等。

● 垛堆法是指把物资堆码成一定垛形的方法，适用于有包装或裸装但尺寸较整齐划一的大件物资，如钢材的型钢、钢板等。

④垛堆法的主要形式。

● 重叠式是指逐件逐层向上重叠堆码物资的方法。钢板、箱装物资等质地坚硬、占地面积较大，可采用这种垛形。在重叠堆码中厚钢板时，可以逢十略加交错，既便于清点数字，也利于叉车出库。这是机械作业的主要形式。

● 仰伏相间式是指将材料一层仰放，一层伏放，仰伏相间而相扣的码垛方法。这种形式适用于钢轨、工字钢、槽钢、角钢等物资的堆码。在露天码此垛形，应一头稍高，以利排水。

● 压缝式是指将垛底层排列成正方形、长方形或环行，然后起脊压缝向上码垛的方法。这种形式适用于卷板、钢带、卷筒纸、卧放的桶装物资等。

● 纵横交错式是指将长短一致、宽度排列能和长度相等的物资，纵横交错堆码成方形垛的方法。这种形式适用于铜线锭、管材、型材、狭长的箱装物资等。

● 宝塔式是指在 4 件物体中心上放物堆码，逐层缩小的方法。这种形式适用于铁合金等桶装物资竖码。

● 栽柱式是指在货垛的两旁各插上 2～3 根木柱或钢棒，然后将材料铺平在柱中，每层或隔几层在两侧对应的柱子上用铁丝拉紧，以防倒塌的方法。这种形式适用于长条形的金属材料，如少量的圆钢、钢管、有色管棒材等。

● 衬垫式是指在每层或每隔几层之间夹进衬垫物(如木板),利用衬垫物使货垛的横截面积平整,物资互相牵制,加强货垛稳定性的方法,如橡胶垛。

另外,还有行列式、鱼鳞式、串联式等物资垛堆形式。一个货垛的形式可能是多样的,如箱装薄板在下几层是重叠式的,最上一层可能是压缝式的。因为这样可以使货垛稳固,也可以充分利用地坪负荷。再如捆装铝锭,每捆是仰伏相间的,货垛是重叠的。有些货垛形式因不适应机械化作业基本被淘汰,如鱼鳞式。有些货垛形式使用得也较少了,如衬垫式(用于木材较多)、纵横交错式(不适应叉车作业)等,货垛的形式趋于简单。图4—3是几种主要的堆垛。各种货垛的特点如表4—2所示。

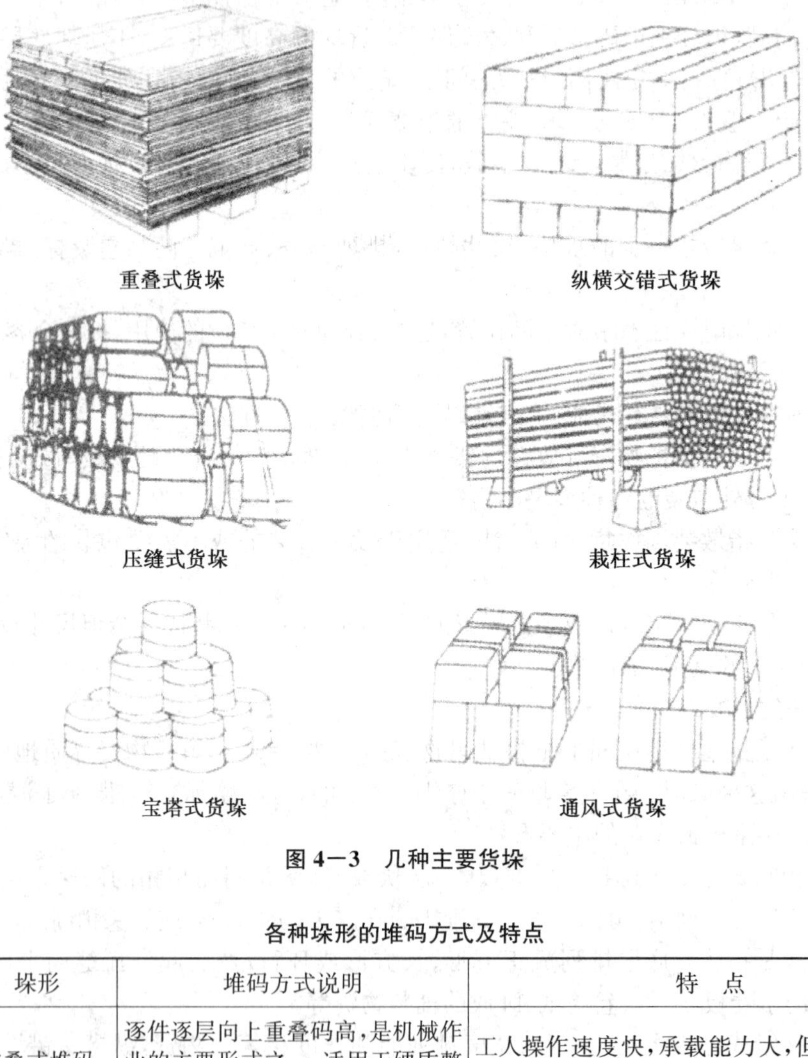

图4—3 几种主要货垛

表4—2 各种垛形的堆码方式及特点

序号	垛形	堆码方式说明	特 点
1	重叠式堆码	逐件逐层向上重叠码高,是机械作业的主要形式之一,适用于硬质整齐的物资包装。	工人操作速度快,承载能力大,但容易发生塌垛。货物量小时稳定性好,装卸操作省力。
2	压缝式堆码	将垛底的底层排列成正方形或长方形,上层起压缝堆码,每件物品压住下层的两件货物。	能较大限度地节省空间,方便操作。适用于卷板、钢带、卷筒纸、卧放的桶装物资等。稳定性能好。

续表

序号	垛形	堆码方式说明	特　点
3	纵横交错式堆码	相邻两层货物的摆放旋转 90°，一层呈横向放置，另一层呈纵向放置，纵横交错堆码。	有咬合效果，但是稳定性的强度不高。适合自动装盘操作。这种方法较为稳定，但操作不便。
4	正反交错式堆码	同一层中不同列的货物以 90°垂直码放，相邻两层的货物码放形式是另一层旋转 180°的形式。	不同层间咬合强度较高，稳定性高，但操作麻烦，且包装体之间相互挤压，下部容易压坏。
5	旋转交错式堆码	第一层相邻的两个包装体互为 90°，两层间码放又相差 180°，这样相邻两层之间互相咬合交叉。	货体的稳定性较高，不易塌垛，但码放的难度较大，且中间形成空穴，降低托盘的利用效率。
6	仰俯相间式堆码	钢轨等物品，一层仰放，一层伏放，两层相扣，使货架稳定。露天存放要一头稍高，便于排水。	适用于钢轨、工字钢、槽钢、角钢等物资的堆码。稳定强度不好。
7	五五化堆码	以五为基本计数单位，堆码成各种总数为五的倍数的货垛。	把大小不一、形状各异、无规则的物资变成比较有规则的各种定型定量的货垛。便于清点，收发快，适用于按件计数的物资。美观整洁，过目知数，有利于物资的保管、养护、盘点和发放，减少差错，提高收发货效率。但会多占货位，多耗费劳动力。

(2)商品苫垫

①苫盖。

苫盖是指采用专用苫盖材料对货垛进行遮盖，以减少自然环境中的阳光、雨、雪、风、露、霜、尘、潮气等对物品的侵蚀、损害，并使物品由于自身理化性质所造成的自然损耗尽可能减少，保护物品在储存期间的质量。特别是露天存放的物品在码垛以后，一般都应进行妥善的苫盖，以避免物品受损。需要苫盖的物品，在堆垛时应根据物品的特性、堆存期的长短、存放货场的条件，注意选择苫盖材料和堆码的垛型。

通常使用的苫盖材料有：塑料布、席子、油毡纸、苫布等，也可以利用一些商品的旧包装材料改制成苫盖材料。

苫盖方法主要包括垛形苫盖法、鱼鳞苫盖法、隔离苫盖法、活动棚架苫盖法。

②商品垫垛。

垫垛就是在商品堆垛前，根据货垛的形状、底面积大小、商品保管养护的需要、负载重量等要求，预先铺好货垛物的作业。

垫垛的目的是为了使堆垛的商品免受地坪潮气的侵蚀，使垛底通风透气，提高储存商品的保管养护质量。垫垛是仓储保管作业中不可缺少的一个环节。

垫垛材料通常采用枕木、石墩、水泥墩、木板、防潮纸等，根据不同的储存条件、不同的商品要求，应采用不同的垫垛材料。

常用的垫垛方法主要有码架式、垫木式、防潮纸式。

4.2.3　盘点作业

(1)盘点作业的目的

仓库盘点作业是指对在库的物品进行账目和数量上的清点作业。仓库盘点作业的主要目的在于：

①核查实际库存数量。盘点可以查清实际库存数量，并通过盈亏调整使库存账面数量与实际库存数量一致。

②计算企业资产的损益。库存物品总金额直接反映企业流动资产的使用情况，库存量过高，流动资金的正常运转将受到威胁，因此，为了能准确地计算出企业实际损益，必须进行盘点。

③发现物品管理中存在的问题。通过盘点查明盈亏的原因，发现作业与管理中存在的问题，并通过解决问题来改善作业流程和作业方式，提高人员素质和企业的管理水平。

(2)仓库盘点作业的内容

①查数量。通过点数计数查明物品在库的实际数量，核对库存账面资料与实际库存数量是否一致。

②查质量。检查在库物品质量有无变化，有无超过有效期或保质期，有无长期积压等现象，必要时还必须对物品进行技术检验。

③查保管条件。检查保管条件是否与各种物品的保管要求相符合。

(3)仓库盘点作业的方法

①账面盘点法。通常对在库的"次要"物品采用账面盘点的方法进行盘点。对"次要"物品，一般一个月或一个季度进行一次账面盘点。

②实物盘点法。通常对在库的"重要"物品采用实物盘点的方法进行盘点。对"重要"物品，在每天或每周至少进行一次实物盘点。

③账物盘点。通常对在库的"一般"物品采用账物盘点的方法进行盘点。如对相对"重要"物品，每天或每周至少对实物清点一次；而对相对"次要"物品，则采用账面盘点，一般一个月或一个季度进行一次实物盘点。

(4)仓库盘点作业的步骤

一般情况下，盘点可以按以下步骤进行：

①盘点前的准备工作。事先对盘点中可能出现的问题、易出现的差错进行周密的研究和准备是相当重要的。准备工作主要包括以下内容：确定盘点的程序和具体方法，配合财务会计做好准备，设计盘点用的各种表格，准备盘点使用的基本器具。

②确定盘点时间。每一次盘点都要耗费大量的人力、物力和财力。因此，应根据实际情况确定盘点的时间。如可按ABC分类法将货物科学地分为A、B、C不同的等级，分别制定相应的盘点周期。重要的A类物品每天或每周盘点一次，一般的B类物品每两周或三周盘点一次，C类物品可以一个月甚至更长的时间盘点一次。

③确定盘点方法。因盘点场合、要求不同，盘点的方法也有差异。为适应可能产生的不同状况，盘点方法的决定必须明确，以利盘点时不致混淆。一般采用两种盘点方法，即动态盘点法和循环盘点法。动态盘点法有利于及时发现差错和及时处理。循环盘点法能保证日常业务照常进行，按时按序每天盘点一部分。

④确定并培训盘点人员。盘点前一日最好对盘点人员进行必要的指导，如盘点要求、盘点常犯错误及异常情况的处理办法等。盘点、复盘、间盘人员必须经过训练。盘点人员按职责分为填表人、盘点人、核对人和抽查人。

⑤清理储存场所。清理工作主要包括以下内容：对尚未办理入库手续的商品，应予以标明不在盘点之列；对已办理出库手续的商品，要提前通知有关部门，运到相应的配送区域；账卡、

单据、资料均应整理后统一结清；整理商品堆垛、货架等，使其整齐有序以便于清点记数；检查计量器具，使其误差符合规定要求。

⑥开始盘点。在盘点过程中一定要仔细认真，由于盘点工作涉及大量的数字，如果因一时大意看错数字，在核对时就会出现差异，从而导致重新盘点。在盘点过程中，还要注意因自然原因导致某些商品挥发、吸湿而重量有增有减。

⑦盘点的盈亏处理。查清差异原因后，为了通过盘点使账面数与实物数保持一致，需要对盘点盈亏和报废品一并进行调整。

任务 4.3　货物保管作业

4.3.1　仓储货物的质量管理

仓储质量管理包括：制定产品的质量标准、达到质量标准的具体方案，组织力量实施质量的保证方案；在实际操作过程中严格开展控制和监督、约束，做好人员之间、部门之间、企业内外的协调和信息沟通，及时对质量标准进行调整和优化等。

（1）仓储质量管理的目标

仓储质量管理必须满足两方面要求：一方面是满足供应商的要求，仓储的结果必须保证供应商的产品能保质保量地转移给用户；另一方面是满足用户的要求，即按用户要求完成商品的送交任务。

仓储质量管理的目的，就是在“向用户提供满足要求的质量服务”和“以最经济的手段来提供”两者之间找到一条优化的途径，同时满足这两个要求。为此，必须全面了解生产者、消费者、流通者等各方面所提出的要求，从中分析出真正合理的、各方面都能接受的要求，作为管理的具体目标。从这个意义上来讲，仓储质量管理也可以理解为“用经济的办法，向用户提供满足其要求的仓储质量的方法体系”。

（2）仓储质量管理的基本原则

①全面管理。仓储全面质量管理是在全面质量管理思想的指导下，以仓储质量为中心，通过一定的组织体系和科学管理方法达到最优的质量、最低的消耗和最佳的服务。

②预防为主。仓储质量管理必须明确“事前管理”的重要性，唯有“事前管理”才是避免事故发生、减少次品的切实可行的出发点，即在上一道工作环节就要为下一道工作环节着想，估计后续工作可能出现的问题，通过事先检查、事先要求、事先防范做到事先控制、以防为主来保证仓储质量。

③细节入手。虽说质量管理是一项系统的工作，需要从全局进行规划，但仓储的质量管理主要是通过对众多细节的控制与协调达到总体目标的，所以，要重视对细节的管理，通过一系列小改革解决小问题，不断进行质量改进的良性循环，逐步提高整体质量，如此，可以大幅度降低质量管理的成本。

（3）仓储质量指标

质量指标是用于反映质量现状的数据、用于判定质量水平的标准，是制定质量改进措施的依据。仓储质量指标有：

①库存量：表示统计期内的平均存货数量。它反映了仓库平均库存水平和库容利用程度，

反映了仓库有效利用的情况。

月平均库存量=(月初库存量+月末库存量)/2

年平均库存量=各月平均库存量之和

②平均验收时间:表示仓库对入库的货物验收所花费的时间(单位是天/批)。

平均验收时间=期内各批验收天数之和/同期验收批次数

③收发正确率:表示仓库在某一段时期正确收发货物的程度。从反面看,则表示了收发误差程度。

物资收发正确率=(期内吞吐量-发生收发差错的货物总量)/同期吞吐量×100%

④完好率:表示在统计期内货物发生丢失、损坏、变质等质量事故的整体程度。

完好率=(期内平均库存量-期内丢失、损坏、变质的物质总量)/同期平均库存量×100%

4.3.2 商品养护技术和方法

(1)商品质量变化的原因

商品养护是指商品在储存过程中所进行的保养和维护。从广义上说,商品从离开生产领域而未进入消费领域之前这段时间的保养与维护工作,都称为商品养护。

商品只能在一定的时间内、一定的条件下保持其质量的稳定性。商品经过一定的时间会发生质量变化,这种情况在运输和储存中都会出现。不同的商品,其质量变化的快慢程度也不同。商品本身及其储运条件决定了商品质量的变化程度,同时也决定了商品流通的时间界限。商品越容易发生质变,对储运条件的要求就越严格,空间流通就越狭窄,销售市场就越带有地方性。因此,越易发生变质的商品,对它的流动时间限制就越大,就越需要商品养护。

要做好商品养护工作,首先必须研究商品储存期间导致其质量变化的两个因素:第一个因素是商品本身的自然属性,即商品的结构、成分和性质,这是内因;第二个因素是商品的储存环境,包括空气的温度、湿度及氧气、阳光、微生物等,这是外因。

【知识链接 4-3】

库存啤酒的质量控制措施

首先,啤酒入库验收时外包装要求完好无损,封口严密,商标清晰;啤酒的色泽清亮,不能有沉淀物;内瓶壁无附着物;抽样检查具有正常的酒花香气,无酸、霉等异味。其次,鲜啤酒适宜储存温度为0~15℃,熟啤酒适宜储存温度为5~25℃,高级啤酒适宜储存温度为10~25℃,库房相对湿度要求在80%以下。再次,瓶装酒堆码高度为5~7层,不同出厂日期的啤酒不能混合堆码,严禁倒置。最后,严禁阳光曝晒,冬季还应采取相应的防冻措施。

(2)商品养护技术和方法

①防霉腐方法。

- 低温防霉腐:包括冷却法和冷冻法。冷却法又称冷藏法,是使贮存温度控制在0~10℃的低温防霉腐方法。例如,蔬菜、糕点等就采用此方法防霉腐。然而,在一定的低温下,低温性霉腐微生物仍然适于繁殖,因此,采用冷却法的食品贮存期不宜过长。冷冻法是使贮存温度一般控制在-18℃的低温防霉腐方法。先将食品进行深冷速冻处理,使食品深层温度达到-10℃左右时,再移至-18℃温度下贮存。这时,所有霉腐微生物都停止繁殖,长时间的冷冻还能造成部分微生物死亡。因此，采用冷冻法适宜长期贮存生鲜动物食品。

● 干燥防霉腐：通过脱水干燥，使商品的水分含量在安全贮存水分之下，以抵制霉腐微生物的生命活动而达到商品防霉腐的目的。按照脱水手段的不同，分为自然干燥法和人工干燥法。自然干燥法是利用阳光、风等自然因素，对商品进行日晒、风吹、阴凉而使商品脱水的干燥方法。此法简单易行，成本低廉，常用于粮食、食品等商品的贮存。人工干燥法是利用热风、直火、远红外线、微波、真空等手段使商品干燥的方法，此法需要一定的设备、技术和较大的能量消耗，成本较高，主要用于某些食品的贮存。

● 缺氧气调防霉腐：根据好氧微生物需氧代谢的特性，通过调节密封环境中气体的组成成分来抵制霉腐微生物的生理活动、酶的活性和减弱鲜活食品的呼吸强度，以达到食品防霉变、防腐烂和保鲜的目的。按照设备条件的不同，缺氧气调防霉腐分为自发气调法和机械气调法。自发气调法又称普通气调法，是利用鲜活食品本身的呼吸作用来降低塑料薄膜帐内氧的含量，增加二氧化碳浓度，起到气调的作用。机械气调法是在密封库或密封垛内，利用二氧化碳或氮气发生器等设备，填充二氧化碳或氮气、排出空气的气调方法，此法较先进，适用于粮食、水果等生鲜食品的贮存。气调常与低温结合使用，效果更好。

● 药剂防霉腐：利用化学药剂使霉腐微生物的细胞和新陈代谢活动受到抑制或破坏，从而达到抑制或杀灭微生物、防止商品霉腐的目的。选用药剂，应考虑低毒、高效、无副作用、价廉等原则，同时还应考虑对人体健康有无影响、对环境有无污染等因素。

● 辐射防霉腐。这种方法主要用于鲜活食品贮存，是利用同位素钴 60 与铯 137 放射出的穿透力很强的射线辐射状照射食品，以杀灭鲜活食品上的微生物，破坏酶的活性，抵制霉腐微生物的生理活动，从而达到防酶腐目的的一种贮存养护方法。但是，这种方法会使食品色泽变暗，有轻微异味等。

②防金属腐蚀方法。

● 涂油防腐蚀：在金属商品表面涂覆一层油脂薄膜的隔离防腐蚀方法。但由于防腐蚀油脂存在干裂、变质的问题，仍有发生金属腐蚀的危险，因此，是一种短期防腐蚀的方法。

● 密封防腐蚀：采用可剥性塑料将金属商品封存的一种隔离防腐蚀方法。这种方法可较长期地防止金属商品发生腐蚀。

● 气相缓蚀剂防腐蚀：在金属制品的封闭包装内使用具有挥发性的气相缓蚀剂，使缓蚀气体充满包装空间，以防止商品腐蚀。这是一种新方法，使用方便，不污染商品及其包装，特别适用于结构复杂的金属制品，可长期防止金属商品发生腐蚀。

③防治虫害方法。

● 利用化学药剂防治害虫的方法：包括熏蒸杀虫法、接触杀虫法、胃毒杀虫法。熏蒸杀虫法是利用熏蒸杀虫剂汽化后，通过害虫呼吸系统进入虫体，使害虫中毒死亡。接触杀虫法是利用杀虫剂接触虫体后，透过表皮进入体内，引起害虫中毒死亡。胃毒杀虫法是利用杀虫剂随食物进入虫体，通过胃肠吸收而使害虫中毒死亡。

● 物理杀虫法：利用各种物理因素，破坏害虫生理活动和机体结构，使其不能生存或繁殖。

● 生物学杀虫法：利用害虫的天敌和人工合成的昆虫激素类似物来控制和消灭害虫。

④防老化方法。

● 妥善包装：有利于与商品外界隔离，从而减弱空气中氧和温湿度对贮存商品的不良影响。

● 合理放置：库房应清洁、干燥、凉爽，门窗玻璃涂刷白色以防阳光直射；不与油类、腐蚀性商品或含水量大的商品同库存放；堆码不要过高、过重，并要注意通风。

● 管好温湿度：依据商品特性，认真调节库内温湿度，将其稳定地控制在商品要求的范围内。

【案例分析 4－2】

德国食品和农产品的保鲜

在德国，食品、农产品的保鲜非常讲究科学性和合理性。无论是肉类、鱼类，还是蔬菜、水果，从产地或加工厂到销售点，只要进入流通领域，这些食品就始终在一个符合产品保质要求的冷藏链的通道中运行。而且这些保鲜通道都是由电脑控制的全自动设备，如冷藏保鲜库全部采用风冷式，风机在电脑的控制下调节库温，使叶菜类在这种冷藏环境中能存放 2～5 天。对香蕉产品，则有一整套完全自动化的后熟系统，香蕉从非洲通过船舶和铁路运到批发市场时是半熟的，批发市场则要根据客户、零售商的订货需要进行后熟处理。在这套温控后熟设备中，除了温度控制外，还可使用气体催熟剂，使后熟时间控制在 3～7 天，具体时间完全掌握在批发商的手中。在瓜果蔬菜方面，只要是块类不易压坏的，均用小网袋包装，对易损坏产品，则用透气性良好的硬纸箱包装。叶菜类一般平行堆放在箱内，少量的产品则采用盒装，且包装盒都具有良好的透气性。对肉类则通过冷冻、真空和充气等包装形式保鲜。在肉类制品加工上，原料肉每 500 千克装一个大冷藏真空包装袋后再装入塑料周转箱内，到了超市或零售店后则改用切片真空包装或充气包装。

分析提示：德国食品和农产品的保鲜为我国农产品的保鲜提供了好的方法。

4.3.3 库房温湿度控制

(1)关于温湿度的概念

仓库必须提供适合于商品长期安全储存的温度界限，即“安全温度”。空气湿度的表示方法有绝对湿度、饱和湿度、相对湿度等。

绝对湿度(e)是指在单位体积的空气中实际所含水蒸气的量，可以按密度来计算，即按每立方米空气中实际所含水蒸气的重量来计算，用克/立方米表示。

饱和湿度(E)是指在一定湿度下单位体积中最大限度能容纳水蒸气的量，用克/立方米表示。空气的饱和温度随温度升高而增大，随温度降低而减小。

相对湿度表示空气中实际水蒸气量距离饱和状态的程度。用公式表示为：

相对湿度＝ 绝对湿度/同温度下的饱和湿度×100％

相对湿度大，空气就越潮湿，水分不易蒸发；反之，即易蒸发。

表 4－3 列示了几种商品的温湿度要求。

表 4－3　几种商品的温湿度要求

种　类	温度(℃)	相对湿度(％)	种　类	温度(℃)	相对湿度(％)
金属及制品	5～30	≤75	重质油、润滑油	5～35	≤75
碎末合金	0～30	≤75	轮胎	5～35	45～65

续表

种　类	温度(℃)	相对湿度(%)	种　类	温度(℃)	相对湿度(%)
塑料制品	5～30	50～70	布电线	0～30	45～60
压层纤维塑料	0～35	45～75	工具	10～25	50～60
树脂、油漆	0～30	≤75	仪表、电器	10～30	70
汽油、煤油、轻油	≤30	≤75	轴承、钢珠、滚针	5～35	60

露点是指空气中所含水蒸气因气温下降达到饱和状态而开始液化成水时的温度。

温湿度管理方法：在库内外适当地点设立"干湿球温度计"，一般可在每个库房内的中部悬挂一个，悬挂的高度离地面约1.5米，库外则应挂在"百叶箱"内。指定专人每天按时观察和记录，按月、季、年分析记录统计该时期内最高、最低和平均温湿度。当发现库内温湿度不符合要求时，应立即采取相应措施，以达到安全储存的目的。空气湿度太低，意味着空气太干燥，应减少仓库内空气流通，采用洒水、喷水雾灯方式增加湿度，或者对货物作加湿处理。空气湿度太高时，采用干燥通风、制冷去湿等措施除湿，有条件的可采用生石灰、木炭、硅胶等除湿。

(2)温湿度控制的方法

①密封。

密封的必要性：将商品严密封闭，减少外界因素对商品的不良影响，切断感染途径，达到安全储存的目的。

密封的要求：封前要检查商品含水量、温度、湿度，选择绝热防潮材料(沥青纸、塑料薄膜、芦席等)，确定密封时间。封后要加强管理。

密封的形式：整库密封、整垛密封、整柜密封、整件密封。

②通风。

通风就是利用库内外空气对流，达到调节库内温湿度的目的。

通风的作用：通风既能起到降温、降潮和升温的作用，又可排除库内的污浊空气，使库内空气适宜于储存商品的要求。

通风的方式：自然通风和机械通风。

夏天气温较高，天晴时可在凌晨和夜晚通风，雨天不能通风；库内湿度较高时，可用通风散潮，一般在上午通风，但要注意此时库外湿度要低于库内。机械通风是用鼓风机、风扇灯送风或排风，以达到加速空气流通，降温降潮的目的。

为了保证保管质量，除了温度、湿度、通风控制外，仓库还应根据货物的特性采取相应的保管措施。如对货物进行油漆，涂刷保护涂料，除锈、加固、封包、密封等，发现虫害及时杀虫，释放防霉药剂等。必要时采取转仓处理，将货物转入具有特殊保护条件的仓库，如冷藏。

4.3.4　特殊货物的仓库管理

(1)冷藏仓库管理

①冷库的定义和作用。

冷库(cold storage)是利用降温设施创造适宜的湿度和低温条件的仓库，又称冷藏库。冷库是加工、贮存产品的场所，能摆脱气候的影响，延长各种产品的贮存期限，以调节市场供应。

冷库可广泛应用于食品厂、乳品厂、制药厂、化工厂、果蔬仓库、禽蛋仓库、宾馆、酒店、超市、医院、血站、部队、试验室等。冷库主要用作对食品、乳制品、肉类、水产、禽类、果蔬、冷饮、花卉、绿植、茶叶、药品、化工原料、电子仪表仪器等的恒温贮藏。

②冷库工作人员的要求。

企业必须按有关规定配备受过专门教育和培训，具有冷藏、加工、制冷、电器、卫检等专业知识、生产经验和组织能力的各级管理人员和技术人员，有一定数量的技师、助理工程师、工程师、高级工程师负责冷库的生产、技术、管理、科研工作。

冷库的压缩机房操作人员必须具有初中以上文化程度，经过专业培训，获得合格证书，方能上岗操作。

负责冷库生产和管理的企业领导人应具有冷库管理的专业知识和实践经验。要定期组织专业技术人员和操作人员进行技术学习和经验交流，要对本规范的实施负全部责任。冷库的使用，应按设计要求，充分发挥冻结、冷藏能力，确保安全生产和产品质量，养护好冷库建筑结构。库房管理要设专门小组，责任落实到人，每一个库门、每一件设备工具，都要有人负责。

③冷库管理注意事项。

冷库是用隔热材料建成的，具有怕水、怕潮、怕热气、怕跑冷的特性，要把好冰、霜、水、门、灯五关，防止建筑结构冻融循环、冻酥、冻臌，保护地坪（楼板），防止冻臌和损坏。冷库必须合理利用仓容，不断总结、改进商品堆垛方法，安全、合理安排货位和堆垛高度，提高冷库利用率；堆垛要牢固、整齐，便于盘点、检查、进出库；库房要留有合理的走道，便于库内操作、车辆通过、设备检修，保证安全；商品进出库及库内操作，要防止运输工具和商品碰撞库门、电梯门、柱子、墙壁和制冷系统管道等工艺设备，在易受碰撞之处应加防护装置；库内电器线路要经常维护，防止漏电，出库房要随手关灯；冷库要加强商品保管和卫生工作，重视商品养护，严格执行《食品卫生法》，保证商品质量，减少干耗损失。

【案例分析 4－3】

连云港外贸冷库

连云港外贸冷库于 1973 年由外经贸部投资兴建，是我国外贸系统的大型冷藏库之一，由12 000吨的低温库（－18℃）和5 000吨的保鲜库（0℃）组成，配备双回路电源。另有3 000平方米的普通仓库、100 多吨运力的冷藏车队、年加工能力为1 500吨的冷冻品加工厂。其经营范围为物资储存，商品储存、加工，食用油及制品、副食品、饲料、建筑材料、金属材料的销售、代购、代销、公路运输服务等。冷库所处区位优越，在连云港港区内，门前公路东接港口，西接宁连、徐连、汾灌高速公路，距离连云港民航机场只有 50 千米，库内有铁路专用线与亚欧大陆桥东桥头堡相连，毗邻公路、铁路客运站，交通十分便捷。设备完善的主库和从日本引进的组装式冷库构成了一流的冷冻冷藏条件。保鲜库为国内外客户储存苹果、蒜头、洋葱等果品、蔬菜类保鲜食品。冷冻品加工厂设备完善，质保体系严格，采用恒温避光作业，拥有蔬菜、水产品两条加工生产线，可常年同时加工鲜、冻农副产品及水产品，其仓库在存放商品方面条件优越。

（资料来源：http://956481.czvv.com/）

分析提示：连云港外贸冷库的选址充分考虑了冷库的交通条件和周边环境，所处区位优越，与港口、高速公路、机场、铁路等都很近，交通十分便捷。冷库的地位和作用体现为：冷库是冷冻链货品的储存和中转地点；冷库是冷冻链的控制和信息收集地；冷库管理包含冷冻链管理的大部分技术；冷库成本是冷冻链成本的重要组成部分。

(2)危险品仓库管理

①危险品库的定义和类型。

危险品库是存储和保管易燃、易爆、有毒、有害物资等危险品的场所。危险品库根据隶属和使用性质分为甲、乙两类,甲类是商业仓储业、交通运输业、物资管理部门的危险品库,乙类为企业自用的危险品库。其中,甲类危险品库储量大、品种多,所以危险性大。危险品库根据规模又可分为三类:面积大于9 000平方米的为大型危险品库,面积在 550～9 000平方米的为中型危险品库,在 550 平方米以下的为小型危险品库。危险品库根据结构形式可分为地上危险品库、地下危险品库、半地下危险品库。

②危险品库的选址。

危险品库根据其具有危险性的特点,在选址时应依据政府的总体市政布局,选择合适的建设地点,一般选择较为空旷的地区,远离居民区、供水地、主要交通干线、农田、河流、湖泊等,处于当地长年主风向的下风位。如必须在市区内,大、中型的甲类仓库和大型乙类仓库与居民区和公共设施的间距应大于 150 米,与企业、铁路干线的间距大于 100 米,与公路距离大于 50 米。在库区,大型库房间距为 20～40 米,小型库房间距为 10～40 米。易燃商品应放置在地势低洼处,桶装易燃液体应放在库内。

③危险品库的管理。

危险品库应根据危险品的种类、特性,采用妥善的建筑结构,并取得相应的许可,同时设置相应的监测、通风、防晒、调温、防火、灭火、防爆、泄压、防毒、中和、防潮、防雷、防静电、防腐、防渗漏或隔离等安全设施和设备。

- 建立严格和完善的管理制度。为保证危险品仓储的安全,仓库需要依据危险品管理的法律和法规的规定,根据仓库的具体情况和所储存的危险品的特性,制定严格的危险品仓储管理制度、安全操作规程,并具体落实到责任人。仓库还要根据法律规定和管理部门的要求,履行登记、备案、报告的法律和行政义务。
- 严格出入库制度。危险品入库时,仓库管理人员要严格把关,认真核查品名、标志,检查包装,清点数目,细致地做好登记,重点危险品要实行双人收发制度。危险品出库时,仓库管理人员除要认真核对品名、标志、数目外,还要认真登记提货人,详细记录危险品的流向。
- 恰当选择货位和堆垛。危险品的储存方式、数量必须符合国家的有关规定,选择合适的存放位置,妥善安排相应的通风、遮阳、防水、防湿、温控条件,根据危险品的性质和包装合理确定堆放的垛形和垛的大小,要有合理的间距。消防器材和配电箱周围禁止堆货或放置其他物品。
- 确保保管和装卸作业安全。在保管和装卸作业过程中,要严格遵守有关规定和操作规程,合理选用装卸器具,对包装不符合作业要求的要妥善处理再行作业。保管人员要定期检查危险品品种、数量和相关设施,及时清扫库场,进行必要的消毒处理,严格限制闲杂人员进库。
- 要有周密的应急处理和废弃物处理措施。当危险品库遇到紧急情况时,要有措施安排和应急处理指挥人员,负责汇报情况、现场紧急处理、人员疏散、封锁现场、人员分工等。应急处理指挥人员要有相关的专业知识,熟练掌握操作技能。

仓库要定期组织员工开展应急情况演习,新员工上岗时要培训。

对于废弃的危险品及包装容器等,要有妥善的处置措施,如封存、销毁、中和、掩埋等无害化处理,不得遗留隐患。处置方案要到相关部门备案,并接受监督。剧毒危险品被盗、丢失、误用时,要立即向公安部门报告。

【案例分析 4－4】

深圳安贸危险品仓库事故

1993 年 8 月 5 日 13 时 15 分，深圳市安贸危险品储运公司清水河仓库 4 库因违章将过硫酸铵、硫化钠等化学危险品混储，引起化学反应而发生火灾爆炸事故。此事故发生是由于违反安全规定。首先，违反消防法规，丙类物品仓库当甲类仓库使用。1987 年 5 月，该公司以丙类杂品干货仓库使用性质向深圳市消防支队报请建筑消防审核。1989 年，该仓库部分库房存储危险品，违反了消防规范要求。其次，消防安全管理工作不落实。没有称职的防火安全干部；化学危险品进库没有进行安全检查和技术监督，账目不清，管理混乱；仓库搬运工和部分仓管员是外来临时工，上岗前未经必要的培训，发生火灾后不懂如何扑救。再次，拒绝消防监督提出的整改建议，对隐患久拖不改。最后，消防基础设施、技术装备与扑救大火不适应。深圳市是缺水城市，清水河地区更是缺水区，仓库区虽然有些消防栓，但因压力达不到国家消防技术标准规定，使灭火工作受到影响。

（资料来源：http://www.docin.com/p-96463146.html）

分析提示：该仓库不重视危险品的特殊管理，导致严重的后果。

【知识链接 4－4】

危险化学品储存装卸安全要求

一、储存基本要求

1. 危险品的露天存放应符合防火防爆要求。

2. 储存危险化学品的仓库必须配备具有专业知识的专业技术人员，其库房和场所应设专人管理，并配备可靠的个人防护用品。

3. 储存的化学品应有明显的标志。

4. 储存危险品的建筑物，区域内严禁烟火和使用明火。

5. 各类危险化学品不得与紧急物料混合储存，如易燃液体不得与氧化剂、助燃气体混合储存。

二、储存场所的要求

1. 储存有危险品的建筑物不得有地下室或其他地下建筑。

2. 储存场所内的电气系统均应符合国家有关安全规定，有易燃易爆危险品的储存场所应符合防爆安全规定。

3. 储存易燃爆炸危险品的建筑，必须安装避雷设施。

4. 储存场所必须安装通风设备，并注意设备的防护措施。

5. 储存危险品的建筑采暖应用水暖，其温度不应超过 60℃。

三、储存安排与储存量限制

1. 露天储存的平均单位面积储存量为 1～1.5 吨/平方米，其库房隔离储存 0.5 吨/平方米。

2. 库房储存与墙的距离为 0.3～0.5 米，垛距宽度为 0.3～0.5 米。

3. 受日光照射能发生化学反应引起燃烧、爆炸、分解、化合的危险品应采用避光、降温措施。

四、危险化学品的养护

1. 危险品入库时应严格检验货物质量、数量、包装情况,有无泄露等。如发现异常,应及时向上级管理人员汇报处置。

2. 在储存期内应定期检查,发现有品质变化、包装损坏渗漏,应及时处理。

3. 库房的温度、湿度应严格控制,经常检查,发现变化及时调整。

五、危险化学品、装卸安全管理

1. 进入危险化学品储存区的人员、机动车辆,必须采取防火措施。

2. 装卸、搬运危险化学品作业必须在装卸管理人员的现场指挥下进行,否则不得进行。装卸管理人员不得在装卸过程中脱岗。

3. 装卸危险品必须轻装、轻卸,严禁摔、碰、撞击、拖拉、倾斜和滚动。

4. 在修补、换装、清扫、装卸易燃易爆物料时,工具、装卸机具上的电气设备元件必须符合防火防爆要求和使用不会产生火花的铜制、合金制或其他防爆工具。

(3)粮食仓库管理

①国家粮库的分类。

粮食仓库主要包括仓房、货场(或晒场)和计量、输送、堆垛、清理、装卸、通风、干燥等设施,并配备有测量、取样、检查化验等仪器。

粮食仓库的设计应考虑粮种、贮藏量(仓容)和建筑费用等因素,在构造上主要应满足粮食安全贮藏和粮食仓库工艺操作所需的条件。选址和布局应考虑粮源丰富、交通方便、能源充足、地势高爽等因素。

根据承担的任务,国家粮库可分为下列四类:一是收纳粮库,设于粮食产区,主要接收国家向农业生产者征购的粮食。这类粮库一般以房式仓为主,仓位大小要配套,以适应接收多品种粮食的需要。二是中转粮库,设于交通枢纽地,主要接收从收纳库或港口调运来的粮食,作短期贮存后,即调给供应库或储备库。这类粮库以筒仓为主。三是供应粮库,设于大、中城市,工矿区或经济作物区等粮食消费地区,主要接收由收纳库或中转库调来的粮食,以供应粮食加工厂或就地加工为成品粮或饲料,分别供应给粮店销售。这类粮库以筒仓为主。四是储备粮库,即国家为了储备必要的粮食,以应付严重自然灾害等特殊情况而设置的粮库。这类粮库一般以具备防潮、隔热、密闭或通风条件均好的房式仓或地下仓为宜。

②粮食仓库防潮的要求及规范操作。

由于粮食仓库是用以储存粮食作物的专业仓储仓库,所以在设计及建设粮食仓库时,要保证粮食仓库通风干燥,提高粮食仓库防潮能力。

通常来说,最容易引起粮食受潮霉变的,也就是粮食仓库防潮重点关注的地方是仓库墙壁、墙根和地坪,所以粮食仓库的地址应该选择在地下水位较低、地基干燥、四周排水畅通的地方,仓内地坪一般要高于仓位。

另外,粮食仓库防潮要求对仓库墙壁、地坪和屋面铺设沥青、油毛毡或防水橡胶等防潮材料,做好整体的防渗、防潮处理。对于不同的粮食仓库,防潮要求不同。用于储存散粮的平房仓,地面和堆粮线以下墙身应做好防渗、防潮处理;用于中转的仓房,墙身可只做防潮处理。

③粮食仓库防火措施。

正确选择库址,合理布置库区;严防粮食自燃,随时监测粮仓的温度;库区内不得动用明火和采用碘钨灯、日光灯,严禁一切火种;下班或作业结束后,必须切断仓库内的电源;烘干粮食时，操作人员要严格按照烘干机的操作规程操作，发现异常现象要及时检修；库内应设消防水池，有足够的消防用水，并配备合适的消防器材。

【知识链接 4－5】

粮食的存储

民以食为天，粮食存储的可靠性、安全性关乎国计民生。科学保粮具有重要的经济和社会意义。合理的粮食贮藏、运输、分配，一定要能确保粮食的品质、数量和时效。众所周知，粮食特殊的货物属性，决定了粮食具有数量大、分散、不易统计管理、对环境要求苛刻等特性。针对这些管理上的难题，某储备粮直属库与英诺泰尔合作，结合现场信息化管理和 RFID 等新兴技术，成功上线实施了英诺泰尔粮库管理系统，对于如何科学管理粮库做了有益的探索。英诺泰尔粮库管理系统囊括了粮库库存管理、车辆运输称重系统、粮库环境温湿度监控系统等内容。

● 粮库库存管理。粮食在粮库内贮藏、移动、出入库。各环节下粮食以托盘为单位，精确到标准袋，不同属性库存彼此区分。由系统统一指派，分别执行操作，所有流转操作再实时汇报系统。配合各环节接合处的独立检查确认和定期计划性盘点，确保系统中始终是实时、准确的库存信息。

● 车辆运输称重系统。散运和整袋标准袋的粮食在出库阶段不仅由本单位车辆承运，还有其他专业运输车辆。原先的监管过程较为松散，容易出现统计运输数量与实际承运量不符甚至统计不清的情况。引入整套车辆运输称重管理系统后，粮食装车过程由库管人员与运输司机共同确认，运输信息直接通过现场移动终端上报系统。车辆在进出库区前后均要过磅称重，前后重量差记录入系统，并现场打印凭证，交由司机确认。这样能够理清运输过程中问题的责任划分。

● 粮库环境温湿度监控系统。粮库室内温湿度变化通过安装在粮库内各关键位置的温湿度传感器实时记录，通过与其连接的电子标签定期发送给无线读取设备，上传系统备案。当出现严重超标情况时，更会实时报警，提请管理人员处理。

通过这种全方位精细的终端信息化管理，粮食在库房中的贮存运输得到全程监控。管理人员可随时掌握库存以及库存质量信息，而流转信息的全程记录又为库存管理的人员调配和业务计划提供了准确依据。

④粮食仓储管理注意事项。

粮食仓储管理要做到与时俱进。粮食生产和流通的大形势在变，粮食仓储管理的对象在变，粮食仓储管理的方法在变，这些因素都要求粮食仓储管理的工作思路也要变。

● 遵守《粮食流通管理条例》及相关法律法规，做到学法、知法、懂法，再执法。《粮食流通管理条例》的实施为建立粮食仓储社会化服务体系提供了良好的外部环境，粮食行政管理机关应当积极主动地把原有的国有粮食企业仓储力量的较强优势组织起来，统一规划，指导建立粮食仓储业务社会化服务体系，为粮食经营者提供优质的专业化服务。此外，中国粮油学会粮油贮藏专业分会也应积极发挥在粮食仓储管理中的作用。

● 加强对粮食经营者的业务培训。考虑到粮食收购主体的多元化，应积极推广科学保粮、绿色保粮，降低粮食损失损耗，提高储粮品质，通过粮食仓储安全为粮食安全做贡献。

● 引导和制裁相结合，做好粮食仓储管理工作。在粮食仓储管理中，不仅要依据《粮食流通管理条例》明确法律责任，还要依据如反不正当竞争法、反垄断法及产品质量法、安全生产法等实施法律救济行为。粮食行政管理机关应开展对农民自留粮食保管的技术指导和服务，帮助农民掌握储粮技术。

(4)油品仓库管理

①油库的分类分区。

油库是用来接收储存和发放原油产品的企业或单位，是协调原油生产、原油加工、成品原油的供应及运输的纽带，是国家石油储备和供应基地，对保障国防和促进国民经济高速发展有重要意义。

油库按管理体制和业务性质可分为独立油库、企业附属油库，按储存方式可分为地面油库、隐藏油库、山洞油库、水封石洞油库、海上油库。

油库由储油区、装卸区（铁路、水运、公路装卸区）、辅助生产区、行政管理区构成。

②油库的设计。

油库设计首先应解决的问题：正确确定库容。油库容量在生产上起调节作用，保证市场与生产部门稳定供油。油库的库容为该油库所储各种油品设计容量之和。

油库的操作要求：每种油品至少选两个油罐；尽量选容积较大的油罐；油罐的规格尽量一致。

库址选择原则：认真贯彻国家有关节约成本建设的各项政策，正确处理选址中出现的各种矛盾；建库地点力求隐蔽；周围环境符合国家有关安全防火和环保规定；一二级石油库的库址不宜在地震基本烈度九度及以上地区。

油库工艺流程设计：即时合理布置和设计油库主要油品的流向和可能完成的作业，包括油品的装罐、卸罐、倒罐、灌装等。一个好的流程设计是以下三者的统一：满足生产，调度灵活，节约投资。

【知识链接 4－6】

易燃、易爆油品储存、出入库安全管理制度

第一条　为了加强危险化学品及其他物资仓库的安全管理，确保加油站职工的安全健康和仓库各类物品的储存安全，保证生产经营活动顺利进行，制定本制度。

第二条　本制度适用于本加油站的仓库管理。

第三条　职责：

(一)站长是仓库的安全管理责任人。具体负责本单位仓库的安全、维护、日常管理等工作。按照国家相关的安全管理规定，编制仓库人员的安全职责、安全管理制度、标准、作业规程，做好仓储和物资进出登记工作，并建立台账。

(二)站长负责加油站仓库的安全、物资管理检查工作。

(三)站长负责仓库区的安全保卫检查管理工作。

第四条　仓库基本要求：

(一)物资储存场所应根据物品性质，配备足够的、相适应的消防栓、事故水池、消防器材，并应装设消防通信和报警设备，化学品仓库应配备防护器材。

(二)建立健全岗位防火责任制度、火源、电源管理制度、值班巡回检查制度和各项操作制度，做好防火、防洪(汛)、防窃等工作。

(三)在仓库应设明显的防火等级标志,通道、出入口和通向消防设施的道路应保持畅通。

第五条 仓库安全规定:

(一)必须严格执行物品入库验收制度,核对、检验进库物品的规格、质量、数量。无产地、名牌、检验合格证的物品不得入库。危险化学品必须挂贴《危险化学品安全标签》。

(二)易燃易爆物品的仓库(堆垛),要采取杜绝火种的安全措施和设立安全警示牌。

(三)物品的发放,应严格履行手续,认真核实。危险化学物品的发放,应严格控制,应经常检查核准。库存物资要建立明细台账,日清日结。

(四)危险物品的储存要严格执行危险物品的配装规定,对不可配装的危险物品必须严格隔离。

(五)储存易燃和可燃物品的仓库、堆垛附近,不准进行试验、分装、封焊、维修、动火等作业,如因特殊需要,应由站长批准,采取安全措施后才能进行。作业结束后,要彻底清除残余火种。

(六)应根据所保管的危险物品的性质,配备必要的防护用品、器具。

(七)自燃物品、易燃物品堆垛,应当布置在温度较低、通风良好的场所,并应设通风降温装置。

(八)甲、乙类物品的包装容器应当牢固、密封,发现破裂、残缺、变形和物品变质、分解等情况时,应当及时进行处理。

(九)库房内不准设办公室、休息室、住人。每日应进行安全检查,然后关闭门窗,切断电源,方可离开。

【知识链接 4-7】

油品在仓储和配送中的注意事项

根据易燃、易爆、化工危险品本身的物理、化学性能及其所需的不同保管条件,区别对待,分别储存,对贮存仓库(或容器)的结构、面积(容积)、设施和地点要有特殊要求,对保管条件、环境、人员和防护措施要有具体规定。在装卸运输时,必须穿戴好劳保用品,使用专用的包装和容器具,避免遇水、受潮、阳光曝晒、撞击、震动及倾倒,注意轻装轻卸,隔绝热源、火源和氧化剂等。失火时,要根据不同物资特点,使用专用消防器材救火,灭火人员需戴防毒面具。

任务 4.4 货物出库作业

4.4.1 出库的基本要求

出库作业是仓库根据业务部门或存货单位开出的商品出库凭证(提货单、调拨单),按其所列商品名称、规格、型号、数量等项目,组织商品出库一系列工作的总称。商品出库是商品储存阶段的终止,也是仓库作业的最后一个环节,它使仓库工作直接与运输单位和商品使用单位发生联系。因此,做好出库工作对改善仓库经营管理、降低作业成本、提高服务质量具有重要作用。商品出库要求所发放的商品必须准确、及时、保质保量地发给收货单位,包装必须完整、牢固,标记正确清楚,符合交通运输部门及使用单位的要求,防止出现差错。

(1)货物出库的依据

商品出库依据货主开的“商品调拨通知单”进行。不论在何种情况下，仓库都不得擅自动用、变相动用或外借货主的库存商品。“商品调拨通知单”的格式不尽相同，不论采用何种形式，都必须是符合财务制度要求的有法律效力的凭证。应避免凭信誉或无正式手续的发货。

(2)商品出库的要求

商品出库要求做到“三不三核五检查”。“三不”，即未接单据不翻账，未经审核不备货，未经复核不出库；“三核”，即在发货时，要核实凭证、核对账卡、核对实物；“五检查”，即对单据和实物要进行品名检查、规格检查、包装检查、件数检查、重量检查。

(3)商品出库形式

①送货。仓库根据货主单位的“商品调拨通知单”，把商品交由运输部门或提供配送服务送达收货单位。

②自提。由收货人或其代理持“商品调拨通知单”直接到库提取，仓库凭单发货。自提具有“提单到库，随到随发”的特点。

③过户。过户是一种就地划拨的形式，商品虽未出库，但是所有权已从原库存货户转移到新存货户。仓库必须根据原存货单位开出的正式过户凭证，才予办理过户手续。

④取样。货主单位出于对商品质量检验、样品陈列等需要，到仓库提取货样。仓库根据正式取样凭证才予发给样品，并做好账务记载。

⑤转仓。货主单位为了业务方便或改变储存条件，需要将某批库存商品自甲库转移到乙库。仓库也必须根据货主单位开出的正式转仓单，才予办理转仓手续。

4.4.2　商品出库业务流程

(1)出库前的准备工作

出库前的准备工作可分为两个方面：一方面是计划工作，即根据货主提出的出库计划或出库请求，预先做好物品出库的各项安排，包括货位、机械设备、工具和工作人员，提高人、财、物的利用率；另一方面是要做好出库物品的包装和标志标记。发往异地的货物，需经过长途运输，包装必须符合运输部门的规定，如捆扎包装、容器包装等，成套机械、器材发往异地，事先必须做好货物的清理、装箱和编号工作。在包装上挂签(贴签)、书写编号和发运标记(去向)，以免错发和混发。

(2)出库程序

根据商品在库内的流向或出库单的流转而构成各业务环节的衔接，商品出库业务的流程如图4—4。出库程序包括核单备货—复核—包装—点交—登账—清理等过程。出库必须遵循“先进先出，推陈储新”的原则，使仓储活动的管理实现良性循环。

核单备货 → 复　核 → 包　装 → 点　交 → 登　账 → 清　理

图4—4　商品出库业务流程

不论是哪一种出库方式，都应按以下程序做好管理工作：

①核单备货。如属自提物品，首先要审核提货凭证的合法性和真实性，其次要核对品名、型号、规格、单价、数量、收货单位、有效期等。

出库物品应附有质量证明书或副本、磅码单、装箱单等，机电设备、电子产品等物品，其说明书及合格证应随货同付。备料时应本着“先进先出，推陈储新”的原则，易霉易坏的先出，接近失效期的先出。

在备货过程中，凡计重货物，一般以入库验收时标明的重量为准，不再重新计重。需分割或拆捆的，应根据情况进行。

②复核。为了保证出库物品不出差错，备货后应进行复核。出库的复核形式主要有专职复核、交叉复核和环环复核三种。除此之外，在发货作业的各道环节上，都贯穿着复核工作。例如，理货员核对单货，守护员（门卫）凭票放行，账务员（保管会计）核对账单（票）等。这些分散的复核形式，起到分头把关的作用，都十分有助于提高仓库发货业务的工作质量。

复核的内容包括：品名、型号、规格、数量是否同出库单一致；配套是否齐全；技术证件是否齐全；外观质量和包装是否完好。只有加强出库的复核工作，才能防止错发、漏发和重发等事故的发生。

③包装。出库物品的包装必须完整、牢固，标记必须正确清楚，如有破损、潮湿、捆扎松散等不能保障运输中安全的，应加固整理。破包破箱不得出库。各类包装容器上若有水渍、油迹、污损，也都不能出库。

出库物品如需托运，包装必须符合运输部门的要求，选用适宜的包装材料，其重量和尺寸应便于装卸和搬运，以保证货物在途安全。

包装是仓库生产过程的一个组成部分。包装时，严禁互相影响或性能互相抵触的物品混合包装。包装后，要写明收货单位、到站、发货号、本批总件数、发货单位等。

④点交。出库物品经过复核和包装后，需要托运和送货的，应由仓库保管机构移交调运机构；属于用户自提的，则由保管机构按出库凭证向提货人当面交清。

⑤登账。点交后，保管员应在出库单上填写实发数、发货日期等内容，并签名；然后将出库单连同有关证件资料及时交给货主，以便货主办理货款结算。

⑥现场和档案的清理。经过出库的一系列工作程序之后，实物、账目和库存档案等都发生了变化，应及时清理，使保管工作重新趋于账、物、资金相符的状态。

任务 4.5　货物装卸与搬运

4.5.1　装卸、搬运的原则

装卸是指物品在指定地点以人力或机械装入运输设备或卸下。搬运是指在同一场所内，对物品进行水平移动为主的物流作业。装卸是改变“物”的存放、支撑状态的活动，主要是指物体上下方向的移动。而搬运是改变“物”的空间位置的活动，主要是指物体横向或斜向的移动。通常装卸搬运是结合在一起进行的。

【知识链接 4－8】

装卸活动是物流活动的重要环节

装卸活动是影响物流效率、决定物流技术经济效果的重要环节。据统计，在我国，火车货运以500千米为分界点。运距超过500千米，运输在途时间多于起止的装卸时间；运距低于500千米，装卸时间则超过实际运输时间。美国与日本之间的远洋船运，一个往返需25天，其中运输时间13天，装卸时间12天。根据我国对生产物流的统计，机械工厂每生产1吨成品，需进行252吨次的装卸搬运，其成本为加工成本的15.5%。

(1)尽量不进行装卸

装卸作业本身并不产生价值。但是，如果进行了不适当的装卸作业，就可能造成商品的破损，或使商品受到污染。因此，尽力排除无意义的作业，是理所当然的。尽量减少装卸次数，以及尽可能地缩短搬运距离等，所起的作用也是很大的。因为装卸作业不仅要花费人力和物力，增加费用，还会使流通速度放慢。如果多增加一次装卸，费用也就相应地增加一次，同时还增加了商品污损、破坏、丢失、消耗的机会。因此，装卸作业的经济原则就是“尽量不进行装卸”。

(2)注重装卸的连续性

装卸的连续性是指两处以上的装卸作业要配合好。进行装卸作业时，为了不使连续的各种作业中途停顿，而能协调地进行，整理其作业流程是很有必要的。因此，进行“流程分析”，对商品的流动进行分析，使经常相关的作业配合在一起，也是很必要的。如把商品装到汽车或铁路货车上，或把商品送往仓库进行保管时，应当考虑合理取卸，或方便出库。因此某一次的装卸作业，某一个装卸动作，有必要考虑下一步的装卸而有计划地进行。要使一系列装卸作业顺利地进行，作业动作的顺序、作业动作的组合或装卸机械的选择及运用是很重要的。

(3)减轻人力装卸

减轻人力装卸就是把人的体力劳动改为机械化劳动。在不得已的情况下，非依靠人力不可时，尽可能不要让搬运距离太远。关于“减轻人力装卸”问题，主要是在减轻体力劳动、缩短劳动时间、防止成本上升、劳动安全卫生等方面推进省力化、自动化。

(4)提高搬运的灵活性

在物流过程中，常须将暂时存放的物品再次搬运。从便于经常发生的搬运作业考虑，物品的堆放方法是很重要的，其便于移动的程度被称为“搬运灵活性”。衡量商品堆存形态的“搬运灵活性”，用灵活性指数表示。

(5)商品整理

商品整理就是把商品汇集成一定单位数量，然后再进行装卸，这样既可避免损坏、消耗、丢失，又容易查点数量，其中最大的优点在于扩大了装卸、搬运的单位，使机械装卸成为可能，以及提高了装卸、搬运的灵活性等。这种方式是把商品装在托盘、集装箱和搬运器具中原封不动地装卸、搬运，进行输送、保管。

(6)物流整体

在整个物流过程中，要从运输、储存、保管、包装与装卸的关系来考虑。装卸要适合运输、储存保管的规模，即装卸要起着支持并提高运输、储存保管能力和效率的作用，而不是起阻碍作用。对于商品的包装来说也是一样的，过去是以装卸为前提进行包装，要运进许多不必要的包装材料。而采用集合包装，不仅可以减少包装材料，同时也省去了许多徒劳的运输。

4.5.2　装卸、搬运合理化

装卸、搬运作业应采取一些合理化的措施。

(1)防止和消除无效作业

所谓无效作业，是指在装卸作业活动中超出必要的装卸、搬运量的作业。显然，防止和消除无效作业对提高装卸作业的经济效益具有重要作用。为了有效地防止和消除无效作业，可从以下几个方面入手：

①尽量减少装卸次数。要使装卸次数降低到最小，要避免没有物流效果的装卸作业。

②提高被装卸物料的纯度。物料的纯度是指物料中含有水分、杂质与物料本身使用无关的物质的多少。物料的纯度越高，则装卸作业的有效程度越高；反之，则无效作业会增多。

③包装要适宜。包装是物流中不可缺少的辅助作业手段。包装的轻型化、简单化、实用化会不同程度地减少作用于包装上的无效劳动。

④缩短搬运作业的距离。物料在装卸、搬运过程中，要实现水平和垂直两个方向的位移。选择最短的路线完成这一活动，就可避免超越这一最短路线以上的无效劳动。

(2)提高灵活性

所谓装卸、搬运的灵活性，是指在装卸作业中的物料进行装卸作业的难易程度。在堆放货物时，事先要考虑到物料装卸作业的方便性。装卸、搬运的灵活性，根据物料所处的状态，即物料装卸、搬运的难易程度，可分为不同的级别，如下所示：

0 级——物料杂乱地堆在地面上的状态。

1 级——物料装箱或经捆扎后的状态。

2 级——箱子或被捆扎后的物料，下面放有枕木或其他衬垫后，便于叉车或其他机械作业的状态。

3 级——物料被放于台车上或用起重机吊钩钩住，即刻移动的状态。

4 级——被装卸、搬运的物料，已经被起动、直接作业的状态。

从理论上讲，灵活性指数越高越好，但也必须考虑到实施的可能性。例如，物料在储存阶段中，灵活性指数为 4 的输送带和灵活性指数为 3 的车辆在一般的仓库中很少被采用，这是因为大批量的物料不可能存放在输送带和车辆上的缘故。

为了说明和分析物料搬运的灵活程度，通常采用平均灵活性指数的方法。这种方法是对某一物流过程中物料所具备的灵活性情况，累加后计算其平均值，用“δ”表示。δ 值的大小是确定改变搬运方式的信号。如：

当 $\delta<0.5$ 时，表示所分析的搬运系统半数以上处于灵活性指数为 0 的状态，即大部分处于散装情况，其改进方式是可采用料箱、推车等存放物料。

当 $0.5<\delta<1.3$ 时，则是大部分物料处于集装状态，其改进方式是可采用叉车和动力搬动车。

当 $1.3<\delta<2.3$ 时，表示装卸、搬运系统大多处于灵活性指数为 2 的状态，此时可采用单元化物料的连续装卸和运输。

当 $\delta>2.7$ 时，则说明大部分物料处于灵活性指数为 3 的状态，其改进方法是选用拖车、机车车头拖挂的装卸搬运方式。

关于装卸、搬运的灵活性分析，除了上述指数分析法外，还可采用灵活性分析图法。分析图法是将某一物流过程通过图示来表示出装卸、搬运灵活性程度，并具有明确的直观性能，使人一看就清，薄弱环节容易被发现和改进。运用灵活性分析图法通常分三步进行：

第一步，绘制装卸搬运图。

第二步，按搬运作业顺序作出物资灵活性指数变化图，并计算灵活性指数。

第三步，对装卸搬运作业的缺点进行分析改进，作出改进设计图，计算改进后的灵活性指数。

(3)实现省力化

装卸、搬运使物料发生垂直和水平位移,必须通过做功才能实现,要尽力实现装卸作业的省力化。

在装卸作业中,应尽可能消除重力的不利影响。在有条件的情况下,利用重力进行装卸,可减轻劳动强度和能量的消耗。将设有动力的小型运输带(板)斜放在货车、卡车或站台上进行装卸,使物料在倾斜的输送带(板)上移动,这种装卸就是靠重力的水平分力完成的。在搬运作业中,不用手搬,而是把物资放在一台车上,由器具承担物体的重量,人们只要克服滚动阻力,使物料水平移动,这无疑是十分省力的。

利用重力式移动货架也是一种利用重力进行省力化装卸的方式。重力式货架的每层格均有一定的倾斜度,利用货箱或托盘,物料可自已沿着倾斜的货架层板滑到输送机械上。物料滑动的阻力越小越好,所以通常货架表面均处理得十分光滑,或者在货架层上装有滚轮,也有在承重物资的货箱或托盘下装上滚轮,这样将滑动摩擦变为滚动摩擦,物料移动时所受到的阻力会更小。

(4)提高机械化

物资装卸、搬运设备运用组织是以完成装卸、搬运任务为目的,并以提高装卸、搬运设备的生产率,提高装卸、搬运质量和降低装卸、搬运作业成本为中心的技术组织活动。它包括下列内容:

①确定装卸、搬运任务量。根据物流计划、经济合同、装卸和搬运作业不均衡程度、装卸次数、装卸车时限等,来确定作业现场年度、季度、月、旬、日平均装卸和搬运任务量。装卸搬运任务量有事先确定的因素,也有临时变动的可能。因此,要合理地运用装卸、搬运设备,就必须把计划任务量与实际装卸、搬运作业量两者之间的差距缩小到最低水平。同时,装卸、搬运作业组织工作还要把装卸、搬运作业的物资对象的品种、数量、规格、质量指标以及搬运距离尽可能地作出详细的规划。

②根据装卸、搬运任务和装卸、搬运设备的生产率,确定装卸、搬运设备需用的台数和技术特征。

③根据装卸和搬运任务、装卸和搬运设备生产率和需用台数,编制装卸和搬运作业进度计划。它通常包括:装卸和搬运设备的作业时间表、作业顺序、负荷情况等详细内容。

④下达装卸、搬运进度计划,安排劳动力和作业班次。

⑤统计和分析装卸、搬运作业成果,评价装卸、搬运作业的经济效益。

随着生产力的发展,装卸、搬运的机械化程度必将不断提高。装卸、搬运的机械化能把工人从繁重的体力劳动中解放出来。尤其对于危险品的装卸作业,机械化能保证人和货物的安全,这也是装卸、搬运机械化程度不断得以提高的动力。

(5)推广组合化

在装卸、搬运作业过程中,应根据物料的不同种类、性质、形状、重量来确定不同的装卸、搬运作业方式。处理物料装卸、搬运有三种方式:普通包装的物料逐个进行装卸,称作“分块处理”;将颗粒状物资不加小包装而原样装卸,称作“散装处理”;将物料以托盘、集装箱、集装袋为单位进行组合后进行装卸,称作“集装处理”。对于包装的物料,尽可能进行“集装处理”,实现单元化装卸、搬运,可以充分利用机械进行操作。组合化装卸、搬运具有很多优点:

①装卸单位大,作业效率高,可大量节约装卸作业时间。

②能提高物料装卸、搬运的灵活性。

③操作单元大小一致，易于实现标准化。

④不用手去触及各种物料，可达到保护物料的效果。

(6)合理规划

合理规划装卸、搬运作业过程是指对整个装卸、搬运作业的连续性进行合理的安排，以减少运距和装卸次数。

装卸搬运作业现场的平面布置是直接关系到装卸、搬运距离的关键因素，装卸、搬运机械要与货场长度、货位面积等互相协调。要有足够的场地集结货物，并满足装卸、搬运机械工作面的要求。场内的道路布置要为装卸、搬运创造良好的条件，有利于加速货位的周转。使装卸、搬运距离达到最小的平面布置是缩短装卸、搬运距离的最理想的方法。

提高装卸、搬运作业的连续性应做到：作业现场装卸、搬运机械合理衔接；不同的装卸、搬运作业在相互联结使用时，力求使它们的装卸、搬运速率相等或接近；充分发挥装卸、搬运调度人员的作用，一旦发生装卸、搬运作业障碍或停滞状态，立即采取有力的措施补救。

4.5.3 装卸、搬运的工艺设计

(1)装卸、搬运工艺设计的步骤

①分析整理资料。初步设计时，应根据设计任务书及搜集的有关资料，进行分析整理，包括分析整理已落实的货运任务设计资料，做出设计货运量及设计操作过程的汇总表；分析整理设计船型、车型、货物特性及运输生产组织要求，作为装卸、搬运工艺设计的重要依据等。

②确定装卸、搬运工艺流程。根据货运任务、特点以及船型、车型等确定装卸、搬运工艺流程，选择装卸、搬运机械设备的类型，确定装卸、搬运作业线中主机的生产效率和数量。

③计算确定装卸、搬运规模。计算所需车辆数、库场面积、装卸和搬运机械数、装卸和搬运人员、机械驾驶人数、铁路装卸和搬运线的最小有效长度等。

④计算有关技术经济指标。计算机械设备投资费、劳动生产率、车船停留时间、装卸和搬运机械化程度、装机总容量、单位装卸和搬运成本等。

⑤进行方案比选。在进行装卸和搬运工艺设计时，应事先做出两个以上的方案进行比较，择优推荐。比较内容既有定性比较也有定量比较。定性比较主要是使用条件比较，其项目见表 4—4；定量比较即主要技术经济指标比较。

表 4—4 使用条件比较表

序号	使用条件	方案		
		Ⅰ	Ⅱ	Ⅲ
1	技术的先进性与可能性			
2	工艺流程的合理性			
3	人员的劳动条件和劳动强度			
4	对作业的适应性			
5	设备安装、保修、使用的难易程度			
6	工程上马的快慢			
7	预留发展的余地等			

⑥编制设计文件。其内容一般应包括概述、货运量的分配、装卸和搬运工艺、主要建设规模、方案比选及推荐意见。

(2)几种典型的装卸、搬运工艺流程

完整的装卸、搬运工艺除装卸、搬运工艺过程、流程外,还应包括具体的装卸和搬运操作方法、作业技术标准以及生产组织三部分内容。物流过程中的装卸、搬运工艺过程通常是指将货物从某种运输工具转移到库、场等的作业过程和范围。它由一个或一个以上的操作过程组成。常见的货物装卸、搬运工艺过程有车(火车或汽车)→库(场)→车(汽车或火车)→库(场)→船等。

装卸搬运工艺流程是指各作业工序的连续。如在"车→库"这一工艺过程中的工艺流程如图 4—5 所示。

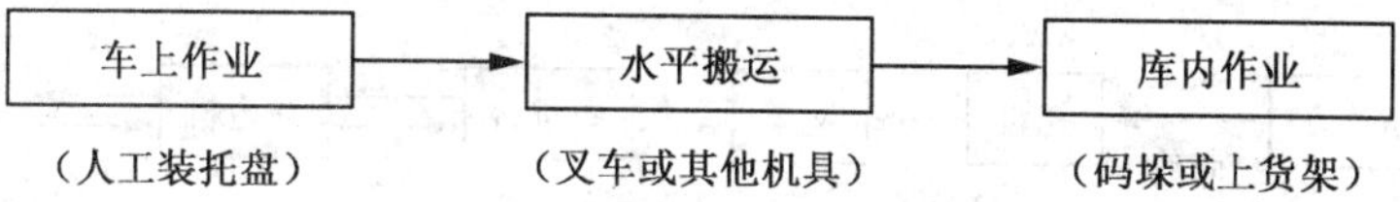

图 4—5 车→库工艺流程

以下介绍几种典型的工艺流程:

①平库或楼库底层。

● 平板车、堆垛机系统。载货汽车将货物运至货场,入库后由人工卸到平板车上,再推进库房,使用升降堆垛机提升到一定高度后用人工堆码,如图 4—6 所示。

图 4—6 平板车、堆垛机工艺流程

其特点是:人工、无动力、半动力机具结合作业,主要靠人工搬、推、堆,是目前一般仓库常见的作业流程;通道一般为 1.2 米,仓库间的面积利用率高;堆垛机提升后人工堆垛,有一定的劳动强度。

● 库内叉车托盘化系统。货物由载货汽车入库,小件货物用人工码放在托盘上,较重货物用小型吊车码放在托盘上,然后叉车入库作业,如图 4—7 所示。

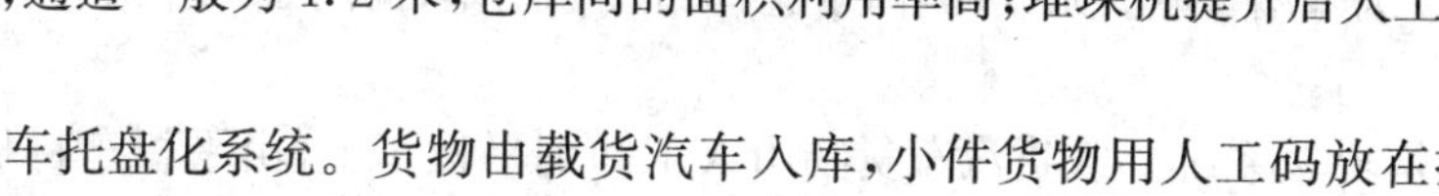

图 4—7 库内叉车托盘工艺流程

其特点是:机械化作业,大大减轻了劳动强度;使用叉车、托盘,加快了装卸搬运速度;减少了货物的装卸搬运环节,降低了货损,提高了货物的保管质量。

● 厂、库"一条龙"系统。工厂生产的成品置于托盘上,进成品库。出厂时,由叉车将货物连托盘装上载货汽车,运到仓库,再用叉车将货物连托盘一起卸入仓库堆垛。发货时,由叉车从货垛把货物取出装车,如图 4—8 所示。

图 4—8 厂、库“一条龙”工艺流程

其特点是:效率高;减少环节,原来产品出厂要由人工搬上载货汽车,到库后还需人工卸到托盘上,现在由叉车作业减少两道环节,做到货物不下地;减少货损;只有在厂、库协作条件较好时才能使用这一方式。

● 巷道机、货架作业。送货时,载货汽车将货物运到仓库,由人工将其码放到托盘上,叉车再将托盘送到载货台,由巷道机送入货架。发货时,由巷道机将货物取出,送到载货台,再由叉车将货物装上载货汽车,如图 4—9 所示。

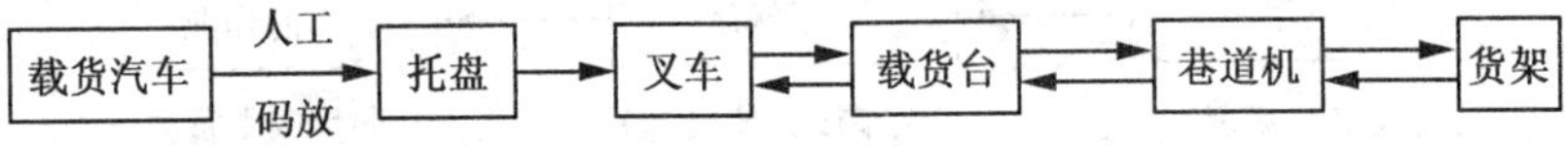

图 4—9 巷道机、货架工艺流程

其特点是:提高了空间利用率,增加了货物储存量,普通仓库高度一般为 5 米左右,实际堆放低于 5 米(如人工堆垛高度 2 米左右,叉车堆垛 3～4 米),而巷道机货架仓库高度可提高至 6～8 米;货物可实现先进先出;工效高;便于管理、计数。

● 桥式起重机系统。卡车直接进入仓库通道,由桥式起重机将货物吊起直接卸至货位,一般适用于质重、体大的货物,如五金商品、钢材、夹板纸等,如图 4—10 所示。

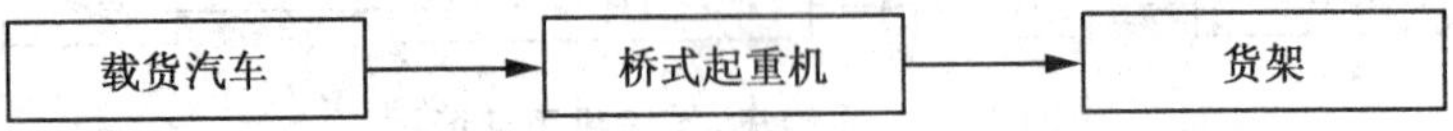

图 4—10 桥式起重机工艺流程

其特点是:工序简单,一次完成;提高了仓库面积利用率;提高了工作效率。

②楼库。

● 平板车、堆垛机系统。载货汽车货物由人工卸到平板车上,由平板车将货物送入电梯,垂直运输到楼层,再由平板车推入仓库间,用堆垛机将货物提升到所需高度,最后由人工堆垛码放整齐,如图 4—11 所示。

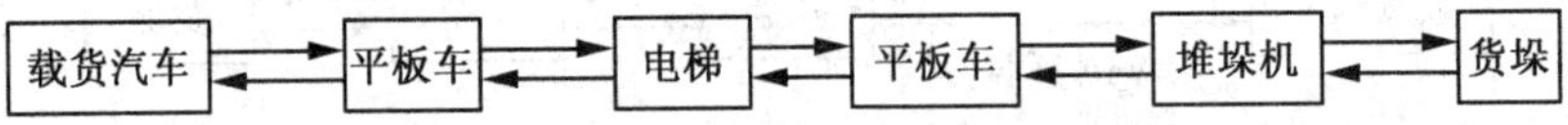

图 4—11 平板车、堆垛机工艺流程

这种方式适用于楼板承载力较小的楼层库,存放较轻的轻泡货,零星存放。

● 叉车、托盘系统。货物入库,人工卸至托盘,叉车将托盘货物铲入电梯内,垂直运输到楼层,再由楼层上的叉车将货物运至仓库间堆垛。这种方式适用于楼板承载能力较大的楼层库,存放较轻而批量大的货物,如图 4—12 所示。

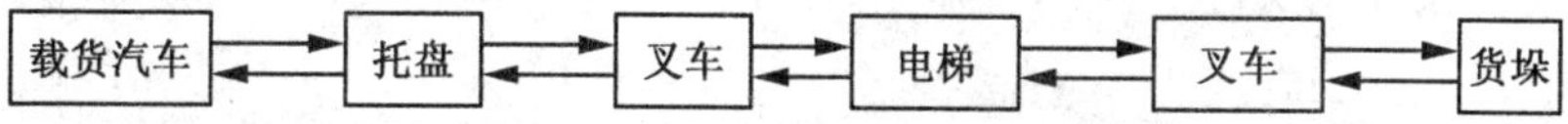

图 4－12　叉车、托盘工艺流程

任务 4.6　仓库货物的安全管理

仓库安全管理就是物品在仓储环节对仓库建筑要求、照明要求、物品摆放要求、消防要求、收发要求、事故应急救援要求等综合性管理措施。

4.6.1　仓库治安保卫管理

仓库治安保卫管理的原则是：预防为主、严格管理、确保重点、保障安全和主管负责制。

具体内容包括：执行国家治安保卫规章制度，防盗、防抢、防破坏、防骗以及防火，维持仓库内秩序，防止意外事故等仓库治安灾难事故，协调与外部的治安保卫关系，保证库内人员生命安全与物质安全，等等。

(1)建立治安保卫管理制度

治安保卫管理制度包括：安全防火责任制度；安全设施设备保管使用制度；门卫值班制度；人员、车辆进出库管理制度；保卫人员值班巡查制度。

(2)搞好仓库大门和要害部门的守卫工作

具体内容包括：开关大门；限制无关人员接近，接待办事人员应审核并登记；检查入库人员、车辆是否符合防火条件；指挥车辆安全行停，登记入库车辆，检查出库车辆，收留放行条件；查问和登记出库人员随身携带的物品；安排专职守卫看守危险品仓、贵重品仓、特殊品仓。

(3)做好治安检查工作

具体内容包括：实行定期检查与不定期检查相结合；班组每日检查、部门每周检查、仓库每月检查。

(4)加强巡逻检查工作

具体内容包括：配置保安员及保卫器械、强力手电筒；不定时、不定线、经常性巡视；查问可疑人员，关闭门窗、电源，检查有无异常现象、过夜的车辆。

(5)配备和使用防盗设施

防盗设施包括：围墙、大门、防盗门、门锁、窗；保安员的警械；视频监控设备、自动报警设备。

(6)制定治安应急预案

应急预案包括确定应急人员的职责，规定发生事件时的信息发布和传递方法。这些应急方案要在平时经常进行演习。

4.6.2　仓储物安全管理

(1)建立安全管理制度

制定科学合理的各种安全制度、操作规程和安全责任制度，并通过严格的监督，确保管理制度得以有效和充分地执行。

【知识链接4－9】

仓管员岗位职责

1. 按时上下班，到岗后巡视仓库，检查是否有可疑现象，发现情况及时向上级汇报，下班时应检查门窗是否锁好，所有开关是否关好。

2. 认真做好仓库的安全、整理工作，经常打扫仓库，整理堆放货物，及时检查火灾隐患。

3. 检查防盗、防虫蛀、防鼠咬、防霉变等安全措施和卫生措施是否落实，保证库存物资完好无损。

4. 负责学校物资的收、发、存工作，收货时，对进仓货物必须严格根据已审批的请购单按质、按量验收，并根据发票记录的名称、规格、型号、单位、数量、价格、金额打印入库单或直拨单，并在货物上标明进货日期。属不符合质量要求的，坚决退货，严格把好质量关。

5. 验收后的物资，必须按类别固定位置堆放，做到整齐、美观。

6. 食堂仓管员负责鲜活餐料验收监督，严格把好质量、数量关，对不够斤两的物资一定不能验收，要起到监督作用。

7. 发货时，一定要严格审核领用手续是否齐全，并要严格验证审批人的签名式样，对于手续欠妥者，一律拒发。

8. 物品出库或入仓要及时打印出库单或入库单，随时查核，做到入单及时。月结货物验收合格，应及时将单据交予供应商，做到当日单据当日清理。

9. 做好月底仓库盘点工作，及时结出月末库存数报财务主管，做好各种单据报表的归档管理工作。

10. 严禁私自借用仓库物品，严禁向送货商购买物资。

11. 严格遵守各项规章制度，服从上级工作分工；库区的安全管理可以划分成几个环节，即仓储技术区、库房、货物保管、货物收发、货物装卸与搬运、货物运输、技术检查、修理和废弃物的处理等。

(2)仓库消防安全管理

仓库的消防安全管理工作包括消防规划、消防管理组织、岗位消防责任、消防工作计划、消防设备配置和管理、消防检查和监督、消防日常管理、消防应急、消防演习等。

①消防基础知识。

产生燃烧的条件：可燃物质、助燃物质和火源。

可燃物质包括火柴、草料、棉花、纸张、油品等；助燃物质一般是指空气中的氧和氧化剂；而火源是指能引起可燃物质燃烧的热能源，如明火、电器或摩擦冲击产生的火花、静电产生的火花、雷电产生的火花、化学反应(包括商品本身的自燃、遇水燃烧和与性能相抵触的物质接触起火)等。

仓储常见火灾隐患：直接火源和间接火源。

直接火源包括明火、电火花和雷电。明火是指生产、生活用的炉火、灯火、焊接火，以及火柴、打火机的火焰、未灭的香烟头等。电火花是指电气设备产生的火花，能引起可燃物质起火。雷电是指瞬间的高压放电，能引起任何可燃物质的燃烧。

间接火源包括加热引燃起火和商品本身自燃起火。加热引燃起火如棉布、纸张靠近灯泡，木板、木器靠近火炉烟道被烤焦起火等。商品本身自燃起火是指在既无明火又无外来热源的条件下，商品本身自行发热，燃烧起火。

②防火责任制。

仓库消防坚持"谁主管、谁负责"的原则。防火责任制具体包括以下内容：

● 成立防火灭火安全委员会(领导小组)，全面负责仓库的消防安全工作。

● 建立以岗位责任制为中心的三级防火责任制，把防火安全工作具体落实到各级组织和责任人。

● 建立健全各工种的安全操作制度和安全操作规程。特别是各种用电设备的安全作业规程，经常进行消防安全教育，坚持做到职工考核合格持证上岗的制度。

● 定期开展防火灭火的消防安全检查，消除各种火灾隐患，落实各项消防措施，及时处理各类事故。

● 配备适量的消防设备和火灾报警装置。根据仓库的规模、性质、特点，配备一定数量的防火灭火设备及火灾报警器，按防火灭火的要求，分别布置在明显和便于使用的地点，并定期进行维护和保养，使之始终保持完好状态。

● 遵守"建筑设计防火规范"。库存物资和设备的消防操作必须符合防火防爆要求，电气设备应始终符合规范的要求，明火作业须经安保部门批准，发生火警或爆炸应立即报警。

(3)仓库的其他安全管理

①防台风。

对于台风，应做好以下几方面的预备措施：

● 积极防范。台风并不是年年都在一个地区登陆，防台工作是一项防患未然、有备无患的工作。企业要对员工特别是领导干部进行"防台"宣传和教育，使其始终保持警惕，不能麻痹。

● 全员参与。台风对仓库可能造成的损害不仅包括仓储物资，还包括仓库建筑、设备、设施、场地、树木，以及物料备料、办公设施等一切财产和生命安全，还会造成环境污染危害。防台抗台工作是所有员工的工作，需要全员参与。

● 不断改善仓库条件。为了使防台抗台取得胜利，需要有较好的硬件设施和条件，提高仓库设施设备的抗风、防雨、排水防水浸的能力；减少使用简易建筑，及时拆除危房危建和及时维修加固老旧建筑、围墙；提高仓库、货场的排水能力，注意协调仓库外围避免对排水的阻碍；购置和妥善维修水泵等排水设备，备置堵水物料；牢固设置仓库、场地的绑扎固定绳桩。

②防汛。

洪水和雨水虽然是一种自然现象，但时常会对货物的安全仓储带来不利影响，所以应认真做好仓库防汛工作。

● 建立组织。汛期到来之前，要成立临时性的短期工作机构，在仓库领导者的领导下，具体组织防汛工作。

● 积极防范。平时要加强宣传教育，提高职工对自然灾害的认识；在汛期职工轮流守库，职能机构定员驻库值班，领导现场坐镇，以便在必要时，统一指挥，积极组织抢救。

● 加强联系。仓库防汛组织要主动争取上级主管部门的领导，并与气象电台联系了解汛情动态，预见汛情发展，克服盲目性，增强主动性。

除此之外，还要注意对陈旧仓库改造排水设施，提高货位，新建仓库应考虑历年汛情的影响,使库场设施能抵御雨汛的影响。

③防雷。

仓储企业应在每年雷雨季节来临之前,对防雷措施进行全面检查。

④防震。

为了搞好仓库防震,首先,在仓库建筑上,要以储存物资的价值大小为依据,审视建筑物的结构、质量状况,从保存物资的实际需要出发,合理使用物力、财力,进行相应的加固。新建的仓库,特别是多层建筑、现代化立体仓库,更要结合当地地质结构类型,预见地震的可能性,在投资上予以考虑,做到有所准备。其次,在情报信息上,要密切注视毗邻地区及地震部门的预测和预报资料。再次,在组织抢救上,要做充分的准备。当接到有关部门地震预报时,要建立必要的值班制度和相应的组织机构。进入临震时,仓库领导要通盘考虑,全面安排,合理分工,各负其责,做好宣传教育工作,动员职工全力以赴,做好防震工作。

⑤防静电。

爆炸物和油品应采取防静电措施。静电的安全应由掌握有关技术的专人管理,并配备必要的检测仪器,发现问题及时采取措施。所有防静电设施都应保持干净,防止化学腐蚀、油垢玷污和机械碰撞损坏。每年应对防静电设施进行1～2次的全面检查,测试应当在干燥的气候条件下进行。

【案例分析4－5】

一起化学品仓库特大火灾爆炸事故

1993年,深圳市某化学危险品仓库发生特大爆炸事故,爆炸引起大火,一个小时后,着火区又发生了第二次猛烈爆炸,造成更大范围的破坏和火灾。爆炸发生后,深圳市政府立即组织数千名消防、公安、武警、解放军指战员及医务人员参加了抢险救灾工作,由于决策正确、指挥果断,加上多方面的全力支持,第二天凌晨5时,终于扑灭了历时16个小时的大火。据深圳市初步统计,在这次事故中共有15人死亡,截至当年8月12日仍有101人住院治疗,其中重伤员25人。事故造成的直接经济损失超过2亿元。

据查,出事单位是某公司下属的储运公司与深圳市危险品服务中心联营的危险品储运联合公司。爆炸地点是仓库区第六平仓,其中6个仓(2～7号仓)被彻底摧毁,现场留下两个深7米的大爆坑,其余的1号仓和8号仓遭到严重破坏。事故原因:干杂仓库被违章改作化学危险品仓库使用,火险隐患没有整改,平仓混装严重。

(资料来源:http://www.esafety.cn/case/66862.html)

分析提示:干杂仓库被违章改作化学危险品仓库及仓内化学危险品存放严重违章是造成这起特大爆炸火灾事故的主要原因。仓库内混存氧化剂与还原剂,发生接触,发热燃烧,是该特大爆炸火灾事故的直接原因。可见,仓库安全管理是何等重要。

● 基本训练

□ 知识题

1.1 阅读理解

(1)装卸、搬运合理化有哪些措施?

(2)入库业务和出库业务的流程是怎样的?

(3)如何控制仓库的温湿度？

(4)危险品的管理应注意些什么？

(5)堆垛的方法主要有哪些？

1.2　知识应用

(1)判断题

①装卸搬运使物料发生垂直和水平位移，必须通过做功才能实现，要尽力实现装卸作业的省力化。(　　)

②商品验收包括核对凭证、确定验收比例、实物检验、做出验收报告及处理验收中发现的问题。(　　)

③外观检验不准确，所以在货物检验中不予采纳。(　　)

④物品入库或上架后，将物品名称、规格、数量或出入状态等内容填在料卡上，称为立卡。(　　)

⑤仓库必须根据货主单位开出的正式转仓单，才予办理转仓手续。(　　)

(2)选择题

①存储和保管储存易燃、易爆、有毒、有害物资等危险品的场所是(　　)。

A. 危险品仓库　B. 冷藏仓库　C. 粮食仓库　D. 普通仓库

②在商品出库时，如属自提物品，首先要审核提货凭证的合法性和真实性，其次要核对品名、型号、规格、单价、数量、收货单位、有效期等，这一管理工作称为(　　)。

A. 复核　B. 包装　C. 核单备货　D. 点交

③仓储的基本作业过程的三个阶段是(　　)。

A. 货物入库阶段　B. 货物保管阶段　C. 理货阶段　D. 货物出库阶段

④货物堆码的方法主要有(　　)。

A. 货架堆码法　B. 散堆法　C. 垛堆法　D. 货箱存放

⑤在单位体积的空气中实际所含水蒸气的量可以按密度来计算，即按每立方米空气中实际所含水蒸气的重量来计算，用克/立方米表示，这指的是(　　)。

A. 绝对湿度　B. 饱和湿度　C. 相对湿度　D. 露点

□ **技能题**

(1)参观 1～2 家仓储企业，要求学生写一份参观报告。报告内容包括仓储的经营模式、经营内容、企业性质、仓储类型等情况。

实训目的：要求学生了解仓储企业生产经营状况。

实训要求：仔细观察，认真听讲解，结合所学知识。

(2)2015 年 12 月 26 日，某仓库收到一份送货单(如表 4－5 所示)，验收时发现螺栓少了 5 件。请签单，并编制相应的入库单、进销存卡、出库单和物资库存日报表(见表 4－6 至表 4－9)。

表 4—5 **送货单** NO. 0312789

单位： 日期：2015 年 12 月 26 日

品　名	规格	单位	数　量	单　价	金　额	备　注
螺帽	20mm	个	100	1.00	100.00	
螺栓	20mm	个	100	2.00	200.00	
漏电保护器	3 型	个	20	10.00	200.00	

收货单位：(盖章) 制单：陈胜 送货单位：(盖章)

经手人： 经手人：王红

表 4—6 **入库单** NO.

送货单位： 入库日期： 年 月 日 入货仓库：

会计： 仓库收货人： 制单：

表 4—7 **进销存卡**

物资名称： 规格： 单位： 单价：

年		送货提货单位	入　库	出　库	库　存	经手人
月	日					

表 4—8 **出库单** NO.

提货单位： 出库日期： 年 月 日 出货仓库：

主管审批： 仓库收货人： 制单：

表4—9 物资库存日报表

日期： 年 月 日

物资编号	品名	规格	昨日结存	今日入库	今日出库	今日结存	安全存量	备 注

制表人：

(3)国花公司2015年到库物资共2 000吨，出库1 500吨，年初库存物资500吨，全年错发错收20吨，丢失2吨，损耗5吨，赔偿10 000元，另因消防不合格被罚款5 000元。全年营业收入300 000元。请计算国花公司的吞吐量、年平均库存量、物资收发差错率、物资完好率、业务赔偿率。

(4)某公司是一家配送中心，每年要处理900万种订货，为264家地区零售店配送。该公司进行了下列三项质量活动。一是经过慎重考虑后提出一系列改革，解决工场中存在的一些主要问题，其中包括工人们所建议的创建中央工具库，用以提高工作效率和保证工具容易获得。二是在每次装运送货前，进行质量控制和实际点数，如果存在差异，则进行100%的检查，并采用计算机系统进行协调，确保精确。三是应用激光扫描技术，以99.9%的精确性来跟踪230 000个存货单位。根据以上资料，你认为该公司应如何提高管理质量？

(5)在2005～2015年的10年中，某市共发生经济损失在1万元以上的仓库重大火灾24起，损失568万多元。分析这24起火灾的发生原因，自燃10宗，违章用火8宗，电器4宗，外来烟花和原因不明各1宗。其中18宗发生在节假日和夜间，大多无人值班。你认为仓库防火最重要的是防止哪些火灾，应如何进行预防。

● 综合案例

案例1 某外贸仓库作业基本环节

仓储管理工作的基本环节，就是商品的入库验收、在库管理、出库复核。我们把这三个环节叫作“三关”，做好这三个环节的工作叫作“把好三关”。

(1)入库验收

商品入库验收是仓储工作的起点，是分清仓库与货主或运输部门责任的界限，并为保管养护打下基础。

商品入库必须有存货单位的正式入库凭证(入库单或通知书)。没有凭证的商品不能入库。存货单位应提前将凭证送交仓库，以便安排仓位和必要的准备工作。

商品交接，要按入库凭证，验收商品的品名、规格、数量、包装、质量等方面。一般来说，品名、规格、数量、包装验收容易，质量验收比较麻烦。《外贸仓储管理制度》规定：商品的内在质量和包装内的数量验收，由存货单位负责，仓库要给予积极协助。如果仓库有条件进行质量验收，经存货单位正式委托后，要认真负责地做好质量验收，并做出验收记录。国务院批准的《仓储保管合同实施细则》规定：保管方的正常验收项目为：货物的品名、规格数量、外包装状况，以及无须开箱拆捆直观可见可辨的质量情况，包装内的货物品名、规格、数量以外包装或货物上的标记为准；外包装或货物上无标记的，以供货方提供的验收资料为准。散装货物按国家有关规定或合同规定验收。质量验收牵涉到责任和赔偿的问题。如由存货单位负责验收，则仓库没有多大责任，不负责赔偿；如由保管方负责，那么，按《仓储保管合同实施细则》规定，保管方未按合同或本细则规定的项目、方法和期限验收或验收不准确，由此造成的经济损失，由保管方负责。合同规定按比例抽验的货物，保管方仅对抽验的那一部分货物的验收准确性以及由此造成所代表的那一批货物的实际经济损失负责，合同另有规定者除外。因此，仓库在与存货单位签订合同时，一定要明确质量验收问题。

在货物、商品验收过程中，如果发现品种、规格不符，件数或重量溢短，包装破损、潮霉、污染和其他问题时，应按《外贸仓储管理制度》规定，详细做出书面记录，由仓库收货人员和承运单位有关人员共同签字，并及时报告主管领导和存货单位，以便研究处理。《仓储保管合同实施细则》是这样规定的：交接中发现问题，供货方在同一城镇的，保管方可以拒收；外埠或本埠港、站、机场或邮局到货，保管方应予接货，妥善暂存，并在有效的验收期内（国内到货不超过10 天，国外到货不超过 30 天）通知存货方和供货方处理；运输等有关方面应提供证明。暂存期间所发生的一切损失和费用由责任方负责。

(2)在库管理

这是仓储工作的第二个环节。商品验收入库以后，仓库就要对库存的商品承担起保管养护的责任。如果短少丢失，或者在合理储存期内由于保管不善，商品霉烂变质，仓库应负责赔偿。

在库管理要做好以下几项工作：

第一，必须记账登卡，做到账、货、卡相符。商品验收无误后，要及时记账、登卡、填写储存凭证，详细记明商品名称、等级、规格、批次、包装、件数、重量、运输工具及号码、单证号码、验收情况、存放地点、入库日期、存货单位等，做到账、卡齐全，账、货、卡相符。

第二，合理安排货位，商品分类存放。入库商品验收以后，仓库要根据商品的性能、特点和保管要求，安排适宜的储存场所，做到分区、分库、分类存放和管理。在同一仓间内存放的商品，必须性能互不抵触，养护措施一致，灭火方法相同。严禁互相抵触、污染、串味的商品，养护措施和灭火方法不同的商品存放在一起。贵重商品要指定专人保管，专库存放。普通仓库不能存放危险品、毒品和放射性商品。

第三，商品堆码要科学、标准，符合安全第一、进出方便、节约仓容的原则。仓间面积的利用要合理规划，干道、支道要画线，垛位标志要明显，要编顺序号。

关于商品在库保管期间的责任问题，《仓储保管合同实施细则》有两条具体规定。第一，保管方履行了合同规定的保管要求，由于不可抗力的原因、自然因素或货物（含包装）本身的性质所发生的损失，由存货方负责。第二，货物在储存保管和运输过程中的损耗、磅差标准，有国家或专业标准的，按国家或专业标准规定执行。无国家或专业标准规定的，按合同规定执行。货物发生盘盈、盘亏，均由保管方负责。

(3)出库复核

商品出库是仓储工作的最后环节，把好商品出库关，就可以杜绝差错事故的发生。

库品出库，首先，要根据存货单位的备货通知，及时认真地搞好备货工作，如发现一票入库商品没有全部到齐的，入库商品验收时发现有问题尚未处理的，商品质量有异状的，要立即与存货单位联系，双方取得一致意见以后才能出库，如发现包装破损，要及时修补或更换。第二，认真做好出库凭证和商品复核工作。做到手续完备，交接清楚，不错发、错运。第三，要分清仓库和承运单位的责任，办清交接手续。仓库要开出库商品清单或出门证，写明承运单位的名称，商品名称、数量、运输工具和编号，并会同承运人或司机签字。第四，商品出库以后，保管人员要在当日根据正式出库凭证销卡、销账，清点货垛结余数，与账、卡核对，做到账、货、卡相符，并将有关的凭证、单据交账务人员登账复核。

商品出库，必须先进先出、易坏先出，否则由此造成的实际损失由保管方负责。另外，根据《外运仓储管理制度》的规定，出库商品严禁口头提货、电话提货、白条提货。如果遇到紧急装车、装船情况，必须出库时，需经仓库领导批准才能发货，但要第二天补办正式手续。

问题：

(1)结合案例分析仓储业务的基本流程。

(2)商品出库的业务流程是怎样的？

(3)商品在库管理应注意些什么？

案例 2　某公司仓库商品保管业务流程

(1)概述

仓库是该公司供应体系的一个重要组成部分，是公司各种物资周转储备的重要环节，同时担负着货品管理的多项业务职能。仓管的主要任务是：保管好库存物品，做到数量准确，质量完好，确保安全，收发迅速，面向销售，服务周到。为规范仓库工作，确保工作有序进行，提高工作效率，特制定以下工作流程。

(2)货品入库

①货品入库，仓管员要亲自核对货号、尺码明细及数量与供应商发货单是否一致。核对无误，把入库日期、货号、数量、尺码明细以及成分、执行标准认真填写到货品入库本上，然后把货品入库本交给 ERP 管理员。

②ERP 管理员接到货品入库本，根据货品入库本上的明细首先录制、打印采购入库单，然后安排商标牌的打印。

③仓管员把打印好的商标牌对应货号、尺码明细准确无误地穿挂到货品上，拿一件货品出展厅，记录在展厅盘存表上。然后按货号、尺码整齐地摆放到货架上。

(3)货品出库

①货品出库，仓管员把货号、数量及明细报给 ERP 管理员，ERP 管理员应迅速、准确地录制转仓单。

②仓管员接到转仓单，应认真核对实物与转仓单有无出入。核对无误后发货出库。加盟商补货需得到财务部同意方可出库、发货。

③仓管员把货品送到各直营店后，双方进行核对，核对无误后，双方签字。仓管员把票据带回公司，交 ERP 管理员进行下账。

(4)货品调换

①货品调换，ERP 管理员接到调货信息，应迅速、准确地录制转仓单。

②仓管员接到转仓单，应立刻去出货店提取货品，双方认真核对转仓单与实物有无出入。核对无误后仓管员带货离店。

③仓管员把货品送到收货店后，双方认真核对转仓单与实物有无出入，核对无误后，收货

人签字。仓管员把票据带回公司，交 ERP 管理员进行下账。

(5)货品返库

①货品返库，仓管员把货号、数量及明细报给 ERP 管理员，ERP 管理员应准确地录制转仓单。

②仓管员接到转仓单，应立刻去返货店提取货品，双方应认真核对实物与转仓单有无出入。核对无误后接货入库(人为损坏的，需请示经理后再做返库)。

③仓管员把货品带回仓库，分类摆放整齐(如有问题，要单独放置以待解决)。仓管员把票据带回公司，交 ERP 管理员进行下账。

(6)日常工作流程

①每天上午，仓管员根据各店配货清单，对应货号、尺码明细、数量快速准确地配货，认真核对无误后发货出库。货品送到各店后，仓管员取回各店前日销售清单，迅速返回公司，不许在外逗留。

②仓管员要及时到物流公司接收采购订货，货物入库要认真核对货号、尺码及数量有无差错。核对无误后认真在入库本上填写货号及其他明细。ERP 管理员接到入库清单安排打印商标牌，商标牌穿挂完毕，拿一件出展厅，其余货品分类整齐地摆放到货架上。

③仓管员要随时应对各直营店(加盟店)的配货、调货以及公司活动的调换货品要求，快速、准确配货，认真核对实物与单据有无出入，核对无误后快速出货(发货)。加盟商补货需得到财务部同意方可出库、发货。

④仓管员每天要例行对仓库货品进行整理，保持货品干净，摆放整齐，条理清楚。保持备用品及仓库其他固定资产布局合理，以便于使用和管理。

⑤每周一由 ERP 管理员负责通知各加盟店传上周销售报表，进行下账。月底通知各加盟店传库存表。对各加盟店的库存及销售进行监控，与其协商及合理建议加盟商及时、合理调整库存。

⑥每周三 ERP 管理员负责统计各店货品的断码及库存情况，最迟周三晚上汇总出结果。周四仓管员配合 ERP 管理员对各店进行一次全面的货品调换，合理调整各店库存，减少因断码被动调货的次数。

⑦所有非正常出库货品，仓管员必须让当事人在仓库日志上打欠条并签名，防止在账货品下落不明。

⑧每晚值班人员负责打扫仓库及办公室卫生；负责各店当日销售情况的统计，以便次日配货。下班时必须关窗锁门、关闭电源。

问题：

(1)结合此案例分析仓储业务的流程。

(2)分析商品调换时的工作流程。

(3)试想你作为一名商品保管员，该如何做好自己的工作？

● 综合实训

(1)实训目的

通过仓管员实习了解企业仓储情况，更深入地掌握仓储管理的理论知识，理解仓储管理的意义。在此基础上，把所学的专业理论知识与实践紧密结合起来，从而有利于培养良好的职业道德，能结合实际综合运用所学知识，提出自己的观点和方法，提高分析问题与解决实际问题的能力。

(2)实训任务

①熟悉工作职责，熟悉产品。

②协助完成货品入仓、后勤发货包装等工作。

③处理发货账务。

(3)实训过程

①熟悉工作职责，熟悉产品。按照公司制定的工作流程依次进行工作，平时应定期对货物进行盘点，从工作中熟悉产品。

②拣货，熟悉产品。每天开始拣货之前，需要了解新入库的货物有哪些，是否摆放在属于自己编码的位置上面，确定不会有货物漏拣。

③包货，发货。在包货这个方面，要注意编码与实物是否一致，警惕拣货单存在错误编码的情况。在主要负责人完成货物检查后，由自己进行装袋，这是两个工序，所以说也是分开独立完成的，目的是为了保证出货正确。包货接下来就是打包交给第三方物流，也叫发货。需要注意看地址是否完整，收货人员的名字是否正确，还要看是发什么件(挂号信、EMS等)。

(4)实训要求

撰写顶岗实习报告。

项 目 5

现代仓储库存控制管理

知识目标

◎ 了解企业库存管理的重要性；

◎ 了解库存的类型、作用和成本；

◎ 掌握常用库存控制方法，并能灵活运用指导实践；

◎ 掌握如何运用各种库存模型，会求各种模型下的经济订货批量和库存总成本。

技能目标

◎ 确定订购批量；

◎ 根据企业运作实际采用合适的库存控制方法。

【引例】

武汉华夏通风设备厂的库存管理

武汉华夏通风设备厂是一家专业生产空调配件、防火排烟通风设备的厂家，全厂员工约500人、年产值有2 000多万元。2005年总经理换届后，新任总经理希望改善企业的物流，决定实行物流经理竞聘上岗。李瑞提出了保证生产、降低库存量500万元、资金周转率提高50%的年度工作目标，加上拥有多年良好的管理经验而赢得了公司领导和员工的青睐，最终竞选上了物流经理这个岗位。

李瑞进入物流部门后，首先深入材料仓库、工具库、采购部等下属部门了解库存管理的情况，经过一个多月的了解，他掌握到如下情况：

①仓库中有多种物料是多年积压下来的。由于企业产品的不断更新换代，某些产品淘汰了，而未使用完的原材料至今仍积压在库中，以后可能也不会使用。工具库也存在相同问题，某些用不上的设备、工具仍积压在库中。

②5台总价值50多万元的设备长期积压在库中。物流部门曾有人提议卖掉，却遭人闲话："你与买主有什么关系"等等，之后无人提及此事。今年要以1万元/台出售时，无人问津。

③对工件所需材料，工艺和生产各环节累加加工余量过大。如每年生产部门订货要400mm 厚的钢材，工艺部门为了保证质量增加到 460 mm 厚，而物流部门为了保证生产，采购了 500mm 厚的钢材。

④由于材料库、工具库中的库存品种总共有上千种之多，仓库管理员不仅要负责发货，还要手工完成库存记录，物料库存记录难免有误。生产部门不能及时准确地掌握库存信息。

⑤缺料情况时有发生。有些物料直到缺货，才发现需要采购；有时重要的材料缺货，对生产影响严重；各采购小组重复采购时有发生。各种物料的采购时间、采购数量大部分都是凭经验，没有可靠的决策依据。

⑥各采购小组工作人员工作热情不高，只是应付。对“杂而散，用量少，跑断腿，无成效”的材料，采购小组采取一次采购足量的办法采购。如某特种不锈钢，年需求量为 4 吨，采购员遇到货后一次性买了 15 吨，但次年厂里需求量降为 2 吨，没用完的材料就积压下来了。

该厂在 2004 年库存量已达1 000万元，资金周转率一年也仅一次。虽然库存量很高，然而缺货仍时有发生，不良的库存管理已经严重影响公司的生产和运作。

该案例表明：库存管理对企业非常重要，不良的库存管理会给企业生产带来很大阻力。本案例中该企业的库存管理存在很多不合理的地方。例如，呆料的长期积压，不仅占用企业宝贵的流动资金，占用库房，还需要花费保管成本。缺乏合理的库存控制方法和采购方法，在什么时候采购、采购多少这些问题上凭经验操作，必然会导致采购的盲目性，造成缺货，影响生产，或增加库存成本。本章将讨论如何管理企业的库存。

任务 5.1　库存概述

5.1.1　库存的概念、类型及作用

(1)库存的概念

库存是制造业和服务业都经常遇到的问题，库存管理是生产运作管理的一个主要内容。究竟什么是库存？库存的作用是什么？什么是库存控制系统？对库存管理有什么要求？库存问题有哪些基本模型？这些模型又如何应用？这些都是本章将要回答的问题。

在制造企业中，为了保证生产的正常进行，必须在各个生产阶段之间设置必要的物资储备，这些物资就是库存。它一般包括储备的原材料、辅助材料、燃料以及备用设备、零件、工具等，存放着等待加工的在制品、半成品，等待销售的成品。在服务业中等待销售的商品、用于服务的耗用品等都是库存。

(2)库存的类型

①库存按功能可以分为以下五种类型：

● 经常性库存，是指企业为满足日常生产的需要而持有的库存。这种库存随着生产的进行，不断减少，当库存降到一定水平时，就要进行订货来补充库存。

● 季节性库存，是指为了满足特定季节的特殊需求（如夏季对空调的需求）而建立的库存。对于季节性强的商品，商店必须在高需求季节到来之前准备充足的存货以满足需要。

● 投机性库存，是指为了避免因物价上涨造成损失或为了从商品价格上涨中获利而建立的库存。

● 促销库存，是指为了应对企业的促销活动，增加销售量而建立的库存。

● 安全库存，是指为了防止由于不确定因素（如大量突发性订货、交货期突然延长等）而准备的缓冲库存。它是在补充订货期间所维持的过量库存。安全库存能够减小订货提前期内的缺货风险。

②库存按是否需要多次补充可分为两种类型：

● 单周期库存，是指消耗完毕后，不需要重新补充的库存，即那些发生在比较短的时间内的物料需求。比如新年到来对挂历的需求、中秋节对月饼的需求。

● 多周期库存，是指每次库存消耗后需重新购买、补充的库存。大多数库存属于这种类型。

(3)库存的作用

几乎所有的公司都要保持一定的库存，库存的功能有很多，主要有以下几个：

①防止供应中断、交货误期。企业在向供应商订购原材料时，有许多原因都会导致原材料交货延误，常见的有：发运时间变化、供应商原材料紧张短缺而导致订单积压、供应商工厂或运输公司发生意外的工人罢工、订单丢失以及材料误送或送达的原料有缺陷等。

保持适当的原材料库存，可确保生产正常运行。

②费用分摊。原材料或在制品的库存，可利用批量采购分摊费用。采购过程中，进行大批量采购，可以使单位物品分摊订货、运输等费用，批量采购能使总的采购费用降低。

在生产过程中，在制品采取批量加工，每件物品可以分摊生产中的调整准备等费用，降低总的生产费用。

③防止生产中断。生产过程中，维持一定的在制品库存，可以防止生产中断。比如，当某道工序的加工设备发生故障时，如果工序间有在制品库存，后续工序就不会停工中断。

④便于顾客订货，适应产品需求的增加。适当的成品储备，顾客可以很快采购到所需物品，缩短顾客订货周期，提高了服务水平。另外，可以保证企业在市场需求突然增大时，具有一定的应变能力，以免丧失商机。

可见，维持适当数量的物资储备，对调节供需，保证生产经营活动正常而有效地进行，并获得良好的经济效益，都是完全必要的。

但过量的库存也会给企业带来很多不利的影响，主要有以下几点：

①库存会占用企业的流动资金、场地。

②保管成本会增加。保管成本又称储存成本，即物资在仓库内存放期间发生的各种费用。它包括存储费（仓库管理费用、搬运费用、管理人员工资等），物资存放过程中发生变质、损坏、丢失、陈旧、报废等的损失费用，保险金、税金，以及占用资金的利息支出、机会成本等。

③库存会掩盖企业生产经营中存在的问题。例如，设备故障造成停机，工作质量低造成废品或返修，计划不周造成生产脱节，生产脱节造成工期延误等，都可以动用各种库存，使企业中的问题被掩盖。表面上生产仍在平稳进行，实际上整个生产系统可能已是千疮百孔。

有日本企业曾提出“向零库存进军”的口号。压缩库存是各企业普遍需要重视的问题。一个将库存水平降到最低点的生产系统，无疑是一个高效率的系统，但它同时又是一个非常“脆弱”的系统。系统中任何一个环节出了问题，都可能造成系统整个停顿。因此，在一定的生产技术和经营管理水平下，还需要有库存，更需要加强库存管理，使库存数量始终保持在经济合理的水平上。

现代企业的库存管理，是对企业内部的原材料、辅助材料、外购件、在制品和产成品等物料进行管理，目的是在保证均衡生产和满足顾客需求的前提下，尽可能降低库存。

5.1.2　库存成本

企业如何控制库存的总成本呢？这需要对库存成本进行分析。总的来看，库存的成本包括以下几项：

(1)采购成本

采购成本是指采购物资过程中发生的各种费用，包括办理订购手续、物资运输与装卸、验收入库等费用，以及采购人员的差旅费等。总的采购成本随采购次数的增加而增加，随采购批量的增加而减少。

(2)保管成本

保管成本随库存储备的数量与时间的增加而增加。

(3)购置成本

购置成本是指购置物资所花费的成本。许多企业为了增加销售，当买方购买的物资数量较多时，采用差别定价策略，以较低的价格卖给顾客，即为用户提供批量折扣，对于大批订货给予折扣优惠是极为普遍的做法，买方可以通过增加每次订货的批量，获得较低的总的购置成本。

当供应商对大批量采购的物资给予优惠价格，则要考虑此项成本。如果物资的购置成本不受批量大小的影响，可不考虑这项成本。

(4)缺货成本

缺货成本是指由于不能满足用户需求而产生的成本。它主要来自两方面的费用：一是由于赶工处理这些误期任务而追加的生产与采购费用；二是由于丧失用户而对企业的销售与信誉所造成的损失，也包括误期的赔偿费用损失。显然，缺货成本随缺货量的增加而增加。

如何在给定的顾客服务水平下，使总的库存成本最低，就需要正确的库存决策。如应该什么时候进行订购或生产？订购量或生产量应该为多少？应采用什么类型的库存控制系统来维护预期的库存决策？

例如，一个企业要确定订购量或生产量，就需要考虑在不同批量下上述几项成本的变化关系，从而找到能使库存总成本最低的最适当的批量。库存控制系统正是通过控制订货点和订货量来满足外界需求并使总库存费用最低。

5.1.3　影响库存决策的因素

企业的生产在不断地消耗库存品，而企业又不断地购进物资，补充库存，所以企业的库存量总处于不断变化的状态中。如何在保证生产的前提下尽量减少库存积压，是库存控制的核心。

在生产需求一定的条件下，平均库存水平是由每次的订货量决定的。图5－1表明了订货批量、频率的变化对平均库存水平的影响。如果每次订货批量大，则订货次数相对减少，平均库存水平相对较高，如图5－1(a)所示，当每次订货批量是M时，平均库存水平为$M/2$。如果每次订货批量小，则订货次数相对较多，而平均库存水平相对较低，如图5－1(b)所示，当每次订货批量是$M/2$时，平均库存水平降低为$M/4$。

库存控制的目标是在企业现有资源的约束下，以最低的库存成本满足预期需求。库存控制的基本决策包括：确定相邻两次订货的间隔时间；确定每次订货的订货批量；确定每次订货

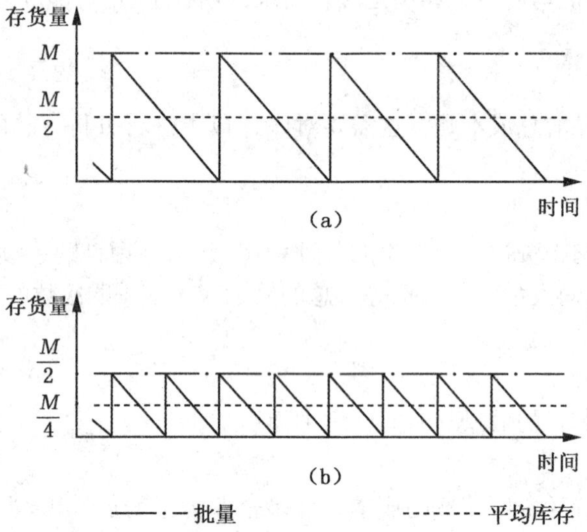

图 5-1　订货批量、频率的变化对平均库存量的影响

的提前期；满足用户需求的服务水平。

要做好上述的库存控制决策，需考虑以下方面的因素。

(1)需求特性

物品不同的需求特性对库存控制决策有着决定性的影响，具体表现为如下几种情况：

①需求是否确定。若物品的需求是确定和已知的，那么可只在有需求时准备库存，库存的数量根据计划确定；若需求是不确定的，则需要保持经常的储备量，以供应随时发生的需求。

②需求是否规律变化。如果需求的变动存在着规律性，则可以有计划地根据变动规律准备库存，如在旺季到来之前，准备较多的库存储备以备销售增长的需要。若需求变动没有一定规律，呈现为随机性变化，就需设置经常性库存，甚至准备一定的保险储备量来预防突然发生的需求。

③独立性需求或相关性需求。独立性需求一般是指对最终产品的需求。最终产品的需求是随机发生的，是企业所不能控制的，只能用预测的方法得到，无法精确地计算出来。相关性需求来自企业的内部，一般是指零部件的需求，零部件的需求与最终产品的需求具有相关性。根据产品的需求计划，零部件的需求可以直接推算得到。

例如，某汽车装配企业，市场对其汽车的需求量是独立性需求。汽车的生产数量，公司需要依赖市场调查和以往销售数据；而当汽车的需求计划确定以后，汽车轮胎、发动机、方向盘等部件的需求是可以推算出来的，这就属于相关性需求。再如，麦当劳店中番茄酱的需求量取决于汉堡和炸薯条的售出量，番茄酱的需求类型也为相关性需求。

本章讨论的库存物资主要是独立性需求的物资。相关性需求物资的库存管理方法将在下一章着重讨论。

④需求是否可替代。有些物资可以用其他物资替代使用，那么它们的库存储备量可以适当少一些，万一发生缺货可以使用替代物资来满足需求。对于没有替代材料的物资，则必须保持较多的库存才能保证预期的供应要求。

(2)订货/生产提前期

提前期是指从订购或下达生产指令开始，到物资入库的时间周期。这一时间对库存量有显著的影响。如果从订货至交货这段时间相对较长，则我们必须存储更多的货品，特别是关键的重要货品。同样如果一个零件的生产时间长，也需要存储更多的货品。

在库存控制中，都是根据库存储备将要消耗完的时间，提前一个提前期提出订货，以避免在订货到达之前发生缺货。在提前期内应储备多少存货也是控制库存的一项重要决策。

(3)物资单价

产品物资的价格越高，占用的库存资金数额也就越多，对这样的产品物资不能掉以轻心，可以增加采购次数缩减库存量。这也是库存控制的手段之一。

(4)保管费用与采购费用

采购费用与订货次数呈正比，因此若采购费用大，应考虑减少订货次数。有了库存就必须进行保管，也就需要保管费用，显然保管费用数额与库存量呈正相关关系，所以对于保管费用高的产品物资应该把库存控制在适当的水平上。

(5)服务水平

服务水平一般是由企业领导部门根据经营的目标和战略制定的。服务水平的高低影响到库存储备水平的选择。服务水平要求高，就需要有较多的储备来保证。服务水平的计量方式有若干种，如用户的百分比、订货数量的百分比等。最常用的是按满足订货次数的百分比来规定服务水平。

如果库存能满足全部用户的全部订货需要，则其服务水平为100%；若100次订货只能满足95次，则服务水平为95%，相应的缺货率为5%。

服务水平可用于决定再订货点(ROP)。再订货点是指在进行补充订货时现有的库存量。再订货点的确定是为了满足预先确定的服务水平。因此，在补充订货期间，对需求变化的了解一定要充分。当再订货点确定时，也同时确定了安全库存的水平。

5.1.4　库存合理化

库存合理化(inventory rationalization)是指以最经济的方法和手段从事库存活动，并发挥其作用的一种库存状态及其运行趋势。库存合理化的内容主要包括库存量合理、库存结构合理、库存时间合理以及库存空间合理四个方面。

(1)库存量合理的含义及控制方法

库存量合理是指以满足市场需要、保证销售、符合经济核算原则，使商品库存量满足销售量的需要。制定商品库存定额是使库存量合理的主要控制方法，包括：

①商品定额(库存商品的数量定额)，即在一定时期内对某种商品所规定的平均库存量。通常用于A类商品以及B、C类商品中不能缺货商品的库存控制。

②商品资金定额(库存商品的价值定额)，即在一定时期内对某种商品平均库存资金占用的规定。企业可以采用总额控制的方式对B、C类商品进行库存量控制。

(2)库存结构合理的含义及控制方法

库存结构合理是指库存商品总额中，各类商品所占的比例，同类商品中高、中、低档商品之间的比例，以及同种商品不同规格、不同花色之间库存量的比例都适应销售的需要。库存结构合理的控制方法主要包括三个方面：

①商品质量结构控制，即库存商品自身的质量(不良品、废品、质次价高商品、紧俏商品、适销商品、过季商品、积压商品)以及商品适应当地市场需求的品种结构情况。要保持高质量的库存商品，主要环节及措施有：把握市场行情，按需组织货源；根据供求变化适时适量采购；加

强商品入库验收，防止伪劣商品进入储存环节；对库存商品实行库存定额管理。

②商品层次结构确定。商品层次结构是指库存商品满足不同水平消费需求的结构状况。商品层次结构确定的主要任务是除了满足主要层次消费者需求外，兼顾其他层次消费者需求，编制“必备商品目录”，并确定各档次商品在全部商品中所占的比例。

③商品销售结构分析。通过销售结构（一定时期内各种商品销售额在全部销售额中所占的比例）分析，确定经营中的主要品种、次要品种和一般品种，从而有区别地加以管理。具体措施为：对于主要品种，按品种甚至规格指定库存定额，实行保本保利库存期管理；对于次要品种，分大类进行库存定额管理；对于一般品种，只控制总金额，实行一般管理。

(3)库存时间合理的含义及控制方法

库存时间合理是指所有库存商品的库存期（商品进入库存环节后停留的时间）适应供求变化。库存时间合理的控制可以通过对商品保本库存期（商品从购进到销售出去，不发生亏损的最长库存期限）和商品保利库存期（能够实现经营利润的最长库存期限）的控制来进行。

商品保本、保利期控制就是运用量本利分析和目标管理的原理，通过对商品保本、保利期的预测，对商品购、存、销全过程进行系统的价值管理的过程。

任务 5.2 常用库存控制方法的运用

常用的库存控制方法有三种：一是定量控制法，对库存量进行连续观测，看是否达到重新订货点来进行控制的；二是定期控制法，通过固定的时间周期检查库存量，达到控制库存的目的；三是 ABC 分类法，即以库存资金价值为基础进行分类，并按不同的类别进行库存控制。

5.2.1 定量控制法

【案例分析 5－1】

某超市销售矿泉水，当矿泉水库存量为 2 箱时就发出订货通知，每次订货量是 20 箱，订货 5 小时内能到店面。

分析提示：本例的控制库存方法就是定量控制法。订货点 R 为 2 箱；每次订货量 Q 为 20 箱；订货提前期 L 为 5 小时。

(1)定量控制法的原理

定量控制法也称连续检查控制法或订货点法。它是在连续不断地检查库存余量的变化，当库存余量下降到订货点 R 时，便提出订购，且订购量是固定的。经过一段订货时间 L，货物到达后补充库存。定量控制法的库存变化如图 5－2 所示。

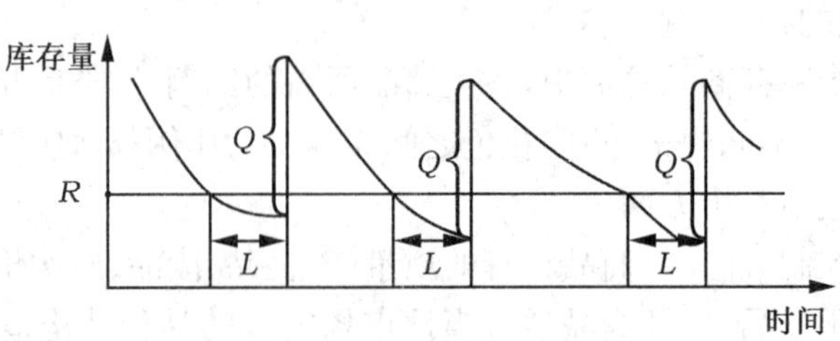

图 5－2 定量控制法的库存变化

图 5—2 中，R 为补充库存的重新订货点，Q 为每次订货量，L 为订货提前期。

定量控制法的特点是：

①每次的订货批量通常是固定的，批量大小的确定以考虑库存总成本最低为原则；

②每两次订货的时间间隔通常是变化的，其长短主要取决于需求的变化情况，需求大则时间间隔短，需求小则时间间隔长；

③订货提前期基本不变，订货提前期是由供应商的生产与运输能力等外界因素决定的，与物资的需求没有直接的联系，故通常被认为是一个常数。

定量控制法主要通过建立一些存储模型，以求解决库存降到什么水平订购、订购量应该多大，才能使总费用最低。

(2)订货量的确定

①经济订货批量(EOQ)。

【案例分析 5—2】

某制造企业全年耗用某项物资的需要量为100 000件，假定每年有 250 个工作日，该物资的单价为 1 元，每次采购费用为 25 元，订货提前期为 10 天，年保管费用率为 12.5%。该物资订购后一次性到货，企业生产均匀消耗，且不允许缺货。那么该物资经济订购批量、订货点和最小库存费用分别是多少呢？

【案例分析 5—3】

根据企业生产过程的实际，有时订货量很大，货物不可能一次性送到用户所在地，这时可采用连续进货。某企业连续进货时物资以1 000件/天的速率入库，同时每日消耗量 600 件，全年消耗量180 000件，每件价格 1 元，一次订购费 25 元，年保管费用率为 12.5%。那么，该物资经济订购批量、订货点和最小库存费用分别是多少呢？

分析提示：该物资订购过程如下：假定时间为 0 时，仓库内尚有物资为 Q，随着生产过程的进行，物资被均匀耗用，由于不允许缺货，所以当库存降至 R 时提出订购，订购量为 Q，从订购日 t_1 起，物资须经过 L 天才能到达企业。假定在 L 天库存物资恰好用完，同时，所订购的物资 Q 恰好到达企业，该过程如图 5—3 所示。

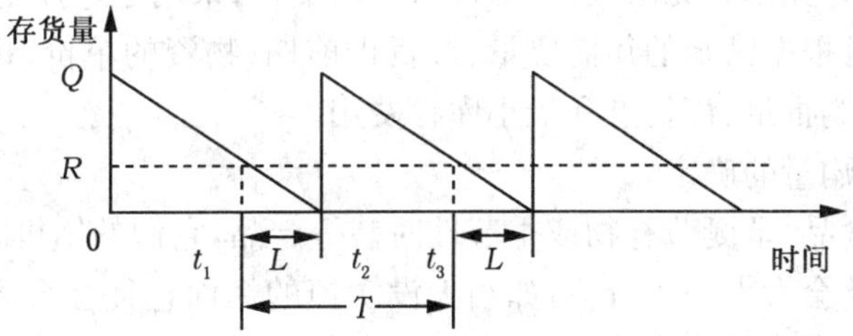

图 5—3　不允许缺货条件下的存储模型

图 5—3 中，R 为订购点，当仓库内存储水平降至 R，提出订购；L 为订货提前(天)，从开始提出订购到物资入库所经历的时间；Q 为订购量，是一个固定值；T 为订货周期(天)，相邻两次订货的时间间隔。

上述的订购过程中，发生了如下三种费用：

库存总费用 C_t =采购费用 C_0 +保管费用 C_h +购置成本 C_g（缺货费用 $C_q=0$）
所以有：

$$C_t=\frac{D}{Q}A_0+\frac{Q}{2}Pi+P\times D \tag{1}$$

式(1)中，$\frac{D}{Q}$是全年订货次数，$\frac{D}{Q}A_0$ 是全年订货费用，$\frac{Q}{2}$为平均库存量，$\frac{Q}{2}Pi$ 为全年的保管费用。为使 C_t 最小，求 C_t 的一阶导数并令其为零，可解出经济订购批量 Q^*，即：

$$\frac{dC_t}{dQ}=0 \Rightarrow -\frac{D}{Q^2}A_0+\frac{1}{2}Pi=0$$

得到：

$$Q^*=\sqrt{\frac{2DA_0}{Pi}} \tag{2}$$

将经济定购批量公式(2)代入式(1)，求得最小库存费用 C_t^*：

$$C_t^*=\sqrt{2DA_0Pi}+P\times D \tag{3}$$

订货点 R 的计算公式为：

$$R=B\times L$$

式中，B 为平均日需求量。

由此计算，得到案例分析 5－3 中该物资订货点的库存储备量 R、经济订购批量 Q^* 和最小库存费用 C_t^*：

$R=B\times L=(100\ 000/250)\times 10=400$(件)

$Q^*=\sqrt{\frac{2DA_0}{Pi}}=\sqrt{\frac{2\times 100\ 000\times 25}{1\times 12.5\%}}=6\ 325$ (件)

$C_t^*=\sqrt{2DA_0Pi}+P\times D=\sqrt{2\times 100\ 000\times 25\times 1\times 0.125}+1\times 100\ 000$

$=100\ 790$(元)

总的来说，经济订货批量(EOQ)模型适用于有如下假设条件的情况：外部对库存系统的需求率已知，需求率均匀且为常量；货物全年需要量确定；一次订货量无最大最小限制；采购、运输均无价格折扣；订货提前期已知，且为常量；订货费与订货批量无关；维持库存费与库存量成正比；不允许缺货；补充率为无限大，全部订货一次交付；采用定量控制法控制管理库存。

在这些前提下，可根据已知的年需要量、订货提前期、物资的单价、每次采购费用、年保管费用率等求得经济订购批量、订货点和最小库存费用。

②季节性产品订购量的确定。

对于报纸、新鲜食品、圣诞节礼物或季节性时装等产品，它们的销售时间性非常强，一旦过时，没卖出去的产品就会大大失去价值，如当天没卖掉的烤面包往往会降价出售、剩余的海鲜可能会被扔掉、过期杂志廉价出售给旧书店。处置剩余商品甚至还可能需要额外费用。

所以，考虑这类产品的库存时，一方面要避免缺货而持有较高的库存，另一方面需防止持有库存量大于需求量时部分产品未能及时销售而造成的损失。

计算这类产品的库存量，决策者必须优化缺货成本(销售损失)与产品过剩损失的关系，以达到期望销售利润最大。下面用一个例子说明这类问题的解法。

【案例分析 5-4】

按过去的记录，新年期间对某商店挂历的需求分布率如表 5—1 所示。

表 5—1 某商店挂历的需求分布率

需求 d	0 份	10 份	20 份	30 份	40 份	50 份
概率 $p(d)$	0.05	0.15	0.20	0.25	0.20	0.15

已知，每份挂历的进价(C)为 50 元，售价(P)为 80 元。若在 1 个月内卖不出去，则每份只能卖 30 元。该商店进多少挂历为好？

分析提示：要使该商店的期望利润最大，就要比较不同订货量下的期望利润，取期望利润最大的订货量作为最佳订货量。

设订货量为 Q 时的期望利润为 $E_p(Q)$，实际需求为 d。若 1 个月内卖出，每份挂历盈利 $C_u=80-50=30$(元)；若 1 个月内卖不出，每份挂历亏损 $C_o=30-50=-20$(元)。

当订货量 $Q\leqslant$实际需求 d 时，不会出现卖不出去的情况，利润为 C_uQ。

当订货量 $Q>$实际需求 d 时，有卖不出去的情况，会存在一部分挂历亏损，此时利润为 $C_ud+C_o(Q-d)$。

期望利润 $E_p(Q)$的计算公式为：

$$E_p(Q)=\sum_{Q>d}[C_ud+C_o(Q-d)]p(d)+\sum_{Q\leqslant d}C_uQp(d)$$

计算过程如表 5—2 所示。

表 5—2 不同订货量下的期望利润计算过程

订货量 Q	实际需求 d						期望利润 $E_p(Q)$
	0	10	20	30	40	50	
	$P(D=d)$						
	0.05	0.15	0.20	0.25	0.20	0.15	
0	0	0	0	0	0	0	0
10	−200	300	300	300	300	300	275
20	−400	100	600	600	600	600	475
30	−600	−100	400	900	900	900	575
40	−800	−300	200	700	1 200	1 200	550
50	−1 000	−500	0	500	1 000	1 500	425

当订货量 $Q=20$ 时，$E_p(20)=[(20-0)\times(30-50)\times0.05]+[(20-10)\times(30-50)\times0.15]+[10\times(80-50)\times0.15]+[20\times(80-50)\times(0.20+0.25+0.20+0.15)]=475$(元)。

当 Q 取其他值时，以此类推。

由表 5—2 可以得出，当订货量为 30 份时，期望利润最高，为 575 元。所以该商店挂历最佳订货量为 30 份。

5.2.2　定期控制法

【案例分析 5－5】

某超市销售矿泉水，每星期(如每个星期天早上 8 点)检查一次矿泉水的剩余箱数，检查以后就发出订货请求，如果预计下周销售量较好，可能一次订货 50 箱，如果预计销售不好，可能订货 10 箱。每次的订货需一天才能到店面。

分析提示：本案例使用的是定期控制法。每星期订货 1 次，即订货间隔周期 T 为 1 周，它是固定的，每次订货量 Q 是不固定的，订货提前期 L 为 1 天。

定期控制法也称周期检查控制法为或订货间隔期法。

(1)定期控制法的特点

定期控制法是一种定期盘点库存的控制方法，它的特点是：

①每两次订货的时间间隔是固定的，以固定的间隔周期 T 提出订货。

②每次订货批量是不确定的。管理人员按规定时间检查库存量，并对未来一段时间内的需求情况做出预测。若当前库存量较少，预计的需求量将增加时，则可以增加订货批量；反之，则可以减少订货批量。管理人员可据此确订货量，发出订单。

③订货提前期基本不变。

定期控制法的库存变化如图 5－4 所示。

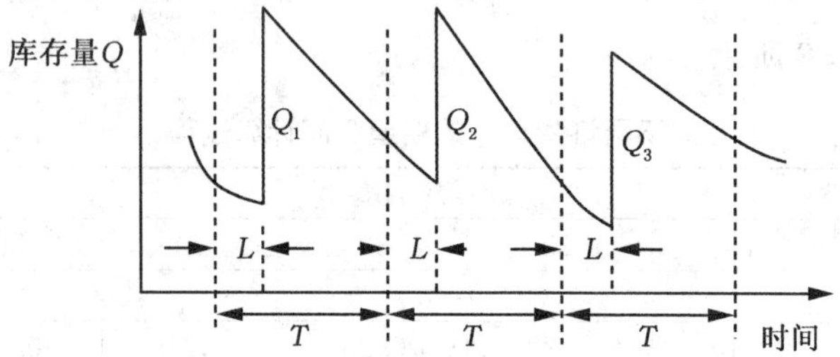

图 5－4　定期控制法的库存变化

图 5－4 中，T 为订货间隔周期，每次订货量分别为 Q_1、Q_2、Q_3，订货提前期为 L。

这种控制方式的优点是当物资出库后不需要对库存品种数量进行实地清点，可以省去许多库存检查工作，在规定订货的时候检查库存，简化了工作；缺点是在两次订货之间没有库存记账，有可能在此期间会出现缺货的现象。如果某时期需求量突然增大，也有可能发生缺货，所以一般适用于重要性较低的物资。

(2)订货间隔期和每次订购量的确定

定期控制法主要面对的关键问题是：确定订货间隔期和每次的订购量。

一般来说，其订货间隔周期 T 由存储物资性质而定。对存储费用高、缺货损失大的物资，T 可以定得短一点；反之可定得长一点。

每次订购量可由下式确定：

订购量＝平均日需用量×订货间隔周期＋保险储备量－现有库存量－已订货未交量

保险储备量＝保险储备天数×平均日需用量

保险储备天数可由以往统计资料中平均误期天数来定。

5.2.3　定量控制法和定期控制法的比较

运用定量控制法必须连续监控剩余库存量。它要求每次从库存中取出货物或者往库存中增添货物时，必须刷新记录以确认是否已达到再订购点。而在定期控制法，库存盘点只在规定的盘点期发生。

影响选择这两种系统的其他因素是：

①定期控制法平均库存较大，因为要预防在盘点期发生缺货情况；定量控制法没有盘点期。

②因为平均库存量较低，所以定量控制法有利于贵重或重要物资的库存。因为该模型对库存的监控更加密切，这样可以对潜在的缺货更快地做出反应。

③由于每一次补充库存或货物出库都要进行记录，维持定量控制法需要的时间更长。

两者的差别比较如表 5—3 所示。

表 5—3　定量控制法和定期控制法的比较

项　目	定量控制法	定期控制法
订货量	固定的 Q	变化的 q
何时订购	根据固定的订货点 R	根据固定的订货周期 T
库存记录及更新	与每次出库对应	与定期的库存盘点对应
库存水平	低(不设置安全库存)	高(设置安全库存)
适用产品	重要、价值高的 A 类	B 类、C 类

5.2.4　ABC 分类管理法

由于一般企业的库存物资种类很多，对全部物资进行管理是一项复杂而繁重的工作。管理者精力有限，因此，应该使用重点管理的原则，将管理重点放在重要的物资上。ABC 分类管理法便是物资重点管理法。

ABC 分类管理法把企业繁多的物资品种，按其重要程度、消耗数量、价值大小、资金占用等情况进行分类排队。把品种数量占库存物资总品种数的 20%左右，而其资金占库存物资总资金量 70%左右的一类物资定为 A 类物资。把品种数量占库存物资总品种数 50%以上，而资金占总资金量的 10%以下的一类物资定为 C 类物资。其余的物资都是 B 类。ABC 分类法示意图如图 5—5 所示。

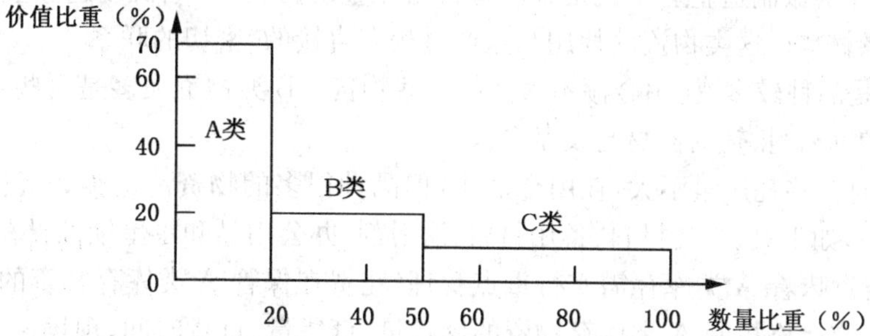

图 5—5　ABC 分类法示意图

下面通过一个例子来说明如何利用上述原理来划分企业的库存物资。

【知识链接 5－1】

一个仓库有库存物资 11 个品种，它们的年均资金占用量如表 5—4 所示。

表 5—4 各库存物资资金占用量

物资编号	年均资金占用量(元)	占用资金比例(%)
2	45 000	42.06
12	30 000	28.04
6	10 000	9.35
15	8 000	7.48
7	6 000	5.61
3	5 000	4.67
8	2 000	1.87
5	500	0.47
16	400	0.37
19	100	0.09
总 计	107 000	100.00

根据资金占用比例，得到分类结果如表 5—5 所示。

表 5—5 分类结果

物资类型	物资编号	年均资金占有量(元)	占用资金比例(%)
A	2,12	75 000	70.10
B	6,15,7	24 000	22.42
C	3,8,5,16,19	8 000	7.48
总 计		10 700	100.00

A 类物资是一些品种不多但耗用金额很大的物资，也可以包括一些虽然耗用金额不太大，但对企业来说是关键性的物资。A 类物资主要是原材料，例如，在纺织企业中就是原棉、化纤、原毛、丝麻等；在机械制造企业中就是金属材料与非金属材料；在电机制造企业中除金属材料外，还包括绝缘材料。这类物资的耗用与生产过程有直接的、密切的联系。

B 类物资是品种较多、耗用金额不太大的一些物资。B 类物资大多是一些主要材料、建筑材料、大型的辅助材料、辅助器材与设备等。

C 类物资是一些耗用量不大，耗用金额小，但品种很多的物资。这类物资性能复杂，规格繁多，用途不一，如工具、包装材料、备用材料、润滑剂、办公用品和零星辅助材料等。

ABC 分类意味着 A 类库存需实行重点管理，花费在保管 A 类库存物资的资金大大多于 C 类库存物资，应严格控制 A 类库存物资的储备量、订货量、订货时间，现场控制也应更严格，应该把它们存放在更安全的地方，并且为了保证它们的记录准确性，应对它们频繁地进行检查控制。对 A 类物资的预测应比其他类别的物资更为仔细精心。

B 类物资可以适当控制，并可适度地减少 B 类库存。C 类物资可以放宽控制，增加订货量，以加大两次订货间的时间间隔，减少订货次数。

在控制方式的选择方面，A 类物资适宜采用连续检查控制方式，C 类物资较多地应用周期检查控制方式。

需要注意的是，因为 ABC 分类法主要是以库存资金数量为基础进行分类的，没有反映库存品种对利润的贡献、供货的紧迫性等方面的指标。在某些情况下，因 C 类库存造成的缺货也可能是十分致命的。因此，在应用 ABC 分类法时应充分考虑。

● 基本训练

□ 知识题

1.1　阅读理解

(1)库存的含义是什么？库存有哪些类型？

(2)影响库存决策的因素有哪些？

(3)什么是库存合理化？包括哪些内容？

(4)库存控制有哪些方法？

(5)定量控制法和定期控制法有什么区别？

1.2　知识应用

(1)判断题

①转变公认的观念不是零库存管理的做法。（　　）

②库存量越多越好。（　　）

③库存量越大，库存成本越高。（　　）

④ABC 分类法主要是以库存资金数量为基础进行分类的。（　　）

⑤A 类库存物资需实行重点管理。（　　）

(2)选择题

①消耗完毕后，不需要重新补充的库存，即那些发生在比较短的时间内的物料需求的库存是（　　）。

A. 单周期库存　　B. 多周期库存　　C. 随机库存　　D. 经常性库存

②由于不能满足用户需求而产生的成本是（　　）。

A. 采购成本　　B. 保管成本　　C. 缺货成本　　D. 购置成本

③不属于定期盘点库存的控制方法的特点的是（　　）。

A. 每两次订货的时间间隔是固定的　　B. 每次订货批量是不确定的

C. 订货提前期基本不变　　D. 订货提前期会变

④通过对多种产品集中补货来降低库存成本的是（　　）。

A. 协同规划补货法　　B. 联合补货法

C. 定期盘点法　　D. 预测和补给补货法

⑤其资金占库存物资总资金量 70%左右的一类物资为（　　）。

A. A 类物资　　B. B 类物资　　C. C 类物资　　D. 以上都对

□ **技能题**

(1)参观某小型超市(最好是教学商店),深入了解所有文具类(或其他感兴趣的类型)商品的价格、销售量等,用ABC分类法对其进行分类,对超市(商店)的经营提出自己的看法。再选出几种常用物品,确定合适的库存控制方法。

实训目的:让学生学会运用ABC分类方法对物品分类,学会选用合适的库存控制方法。

实训要求:要求学生能深入调查,了解所调查的超市(商店)是如何控制库存的,依据所学给出自己的看法。ABC分类结果用表格的形式给出。能通过物品的价格、销售量等信息,选用合适的库存控制方法。

(2)参观两家不同类型的企业,比如一家制造企业和一家牛奶生产企业,了解不同类型企业原材料的库存控制方法,各选1~2种原材料,确定库存控制的各项参数。写一份实习报告。

实训目的:掌握不同类型物料库存的合理控制方法。

实训要求:要求能根据产品的需求特性、到货情况、采购情况,确定合理的库存控制方法,并确定订货点、每次订货量、订货提前期等参数。

(3)某企业年需要物资量为14 400件,该物资的单价为0.40元,存储费率为15%,每次的订货成本为20元,一年工作52周,订货提前期为1周。试求:

①经济订货批量是多少?

②一年应该订几次货?

③全年的库存总成本是多少?

④订货点的库存储备量为多少?

实训目的:掌握库存控制基本模型的应用。

实训要求:根据库存控制基本模型,求出物资经济订货批量、订货次数、订货点等参数。

(4)某企业年需求某种物资量为5 000件,购货价随订货批量增大而降低。批量在100件以下时,每件5元;批量小于1 000件时,每件4.5元;批量大于1 000件时,每件3.9元。试求企业每次订货多少件时,总成本最低。

实训目的:掌握有批量折扣时的库存控制方法。

实训要求:根据有批量折扣时的库存控制模型,求出合理的订货批量。

(5)民用航空公司的某一航班有座位100个,根据经验,在知道大约有100位顾客订票的情况下,实际未购票人数达到或超过3人的概率为0.1,达到或超过2人的概率为0.4,达到或超过1人的概率为0.2,全部购票的概率为0.1。每卖一张机票的纯利润为600元,接受订票但不能售出票的赔偿为1 000元,问售票处应该接受多少顾客的订票最为经济?

实训目的:掌握物品的库存控制方法。

实训要求:求出单周期物品的经济订货批量。

● 综合案例

案例1 神州摩托

神州摩托车自行车专营商店,是一家批发和零售各种型号摩托车、自行车及其零配件的商店,每年销售各种类型摩托车约7 000辆,自行车30 000辆,年销售额近5 000万元。过去几年产品畅销,商店效益好,但是管理比较粗放,主要靠经验管理。由于商店所在地离生产厂家距离较远,前几年铁路运输比较紧张,为避免缺货,神州商店经常保持较高的库存量。近两年来,经营同类业务的商店增加,市场竞争十分激烈。

神州商店摩托车经销部新聘任徐先生担任主管，他上任以后，就着手了解情况，寻求提高经济效益的途径。

摩托车、自行车采购的具体方式是，参加生产厂家每年一次的订货会议，签订下年度的订货合同，然后按期到生产厂办理提货手续，组织进货。

徐先生认为摩托车经营部应当按照库存控制理论，在保证市场供应的前提下，尽量降低库存，提高经济效益。

神州商店销售不同型号的摩托车，徐先生首先选择XH公司生产的产品为例。

（1）经济订购批量的计算

为计算XH公司供应的摩托车的经济批量，徐先生收集了如下数据：

①每年对XH公司生产的摩托车需用量为3 000辆，平均每辆价格为4 000元。

②采购成本。主要包括采购人员处理一笔采购业务的旅费、住勤费、通讯等费用。以往采购人员到XH公司出差，乘飞机住宾馆、坐出租车，一次采购平均16～24天、采购员各项支出平均为6 700元/人，每次订货去2名采购员，采购成本为6 700×2＝13 400（元/次）。

③每辆摩托车的年保存费用。

- 所占用资金的机会成本。每辆摩托车平均价格为4 000元，银行贷款利率年息为6%。

所占用资金的机会成本＝4 000×6%＝240（元/辆·年）

- 房屋成本（仓库房租及折旧、库房维修、库房房屋保险费用等平均每辆摩托车分担的成本）。商店租用一仓库，年租金52 000元。仓库最高库存量为700辆，最低时不足100辆，平均约为400辆，因此，每辆车年房屋成本可取为130元。
- 仓库设施折旧费和操作费。吊车、卡车折旧和操作费平均10元/辆·年。
- 存货的损坏、丢失、保险费用平均20元/辆·年。

以上各项合计，年保存费用为：

240＋130＋10＋20＝400（元/辆·年）

徐先生将以上数据代入经济订购批量计算公式，计算出经济订购批量，以及订购间隔、订购点库存、年库存成本等。

经济订购批量＝$\sqrt{(2\times 3\,000\times 13\,400)/400}\approx 448$（辆）

每年订购次数＝3 000/448≈7（次）

神州商店每周营业7天，除春节放假5天外，其他节假日都不停业。年营业日为360日，订购间隔可用下列公式算出：

订购间隔＝360/7＝52（天）

若采用定期订购方式，订购间隔为52天，即每隔52天订购一次。

若采用定量订购方式，则要计算出订购点量。

徐先生为计算订购点量，需要订货提前期的有关数据，他了解到订购提前期由如图5－6所示的几个部分组成。

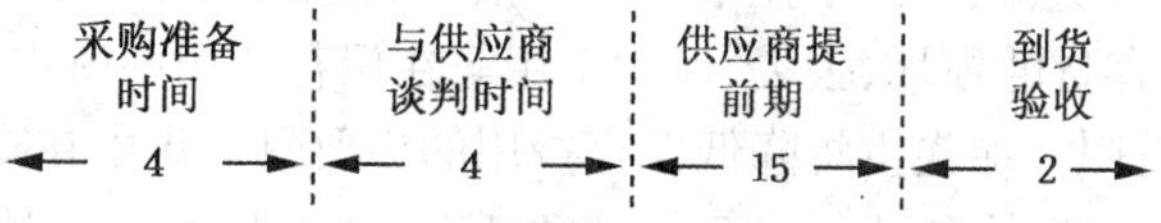

图5－6　订购提前期的组成

其中，采购准备工作时间，包括了解采购需求的时间和采购员旅途时间。供应商提前期是从与供应商谈判结束至摩托车到商店仓库所需的时间。由图 5－6 可算出，订购提前期为 25 天。

若安全库存为 40 辆，可用下式算出订购点量。

订购点量＝25×(3 000/360)＋40≈250(辆)

年库存成本等于年订购成本与年保存费用之和。

年库存成本＝7×13 400＋(448/2＋40)×400

＝199 400(元/年)

经过上面的数据收集、分析与计算，徐先生对库存各种费用的大体情况以及在哪些方面可以采取措施降低费用，有了一个初步的认识。

徐先生在仔细调查了商店 XH 摩托车的销售数据后发现，摩托车的销售量在一年之中并不是均衡的，它与季节有一定的关系。

摩托车 1 月份销售量较大，1 月份值新年与春节之际，许多单位发年终奖或双工资，形成购买高峰，在高峰过后，销量骤减。其余各月销售量有波动，但不是很大。

徐先生根据西尔弗—米尔启发式方法，根据销售量的分布，重新安排了订购时间及订购量。

由于全年订购次数改为 6 次，每次订购成本为13 400元，全年总订购成本为：

13 400×6＝80 400(元)

每辆摩托车年保存成本为 400 元，每月的保存成本应为 400/12，即 33.3 元，期末库存总计为1 580辆，总保存成本应为：

1 580×33.3＝52 614(元)

总库存成本为：

80 400＋52 614＝133 014(元)

这种算法忽略了订购提前期及安全库存。徐先生认为可按订购提前期为一个月考虑安排订购，订购提前期原为 25 天，现增加至 1 个月，增加的 5 天可视为安全库存。

(2)改进措施

①降低订购费用。

实行订购费用承包，每次出差去 XH 公司，承包开支为：

旅费	1 200元
住勤费	120 元/天×20 天＝2 400元
电话费	10 元/天×20 天＝200 元
合计	3 800元/人×2 人＝7 600元

并考虑是否可将每次由两名采购员去订购，改为每次一人。

②降低保存费用。

保存费用中资金的机会成本由摩托车价格和银行利息所决定，没有降低的余地。仓库设施的折旧费和操作费，存货的损坏、丢失、保险费用等在保存费用中所占比例很少，压缩这些费用可节省的开支十分有限。徐先生将降低保存费用的主要目标集中在降低仓库租金方面。

现在商店租用的仓库，最多可存放 700 辆摩托车，全年只有一个月摩托车的销售量达到 650 辆，其余月份最高销售量为 360 辆。徐先生提出两种设想：

- 上半年租用原有仓库面积，下半年按 150 辆摩托车需用面积租仓库，大约可节省 1 万元。

● 将 5 月份订购 600 辆，改为 5 月订购 240 辆，6 月订购 360 辆。这样，除 1、2 月份要租用较大仓库外，其余 10 个月可按 450 辆存放面积租仓库。这样仓库租用费大约可节省 1.6 万元。

徐先生作了初步估算，如果上述两项建议能实现，每年大约可再节约 6.8 万元库存费用。

（资料来源：申元月：《生产运作管理》，山东人民出版社 2005 年版）

问题：

（1）一般而言，保管成本与库存量成正比，那么，该怎样计算保管费用？

（2）徐先生的计算有没有不符合实际的地方？他建议的改进措施是否可行，为什么？

案例 2　沃尔玛的库存管理

沃尔玛是美国最大的连锁零售集团之一，从 20 世纪 80 年代起，沃尔玛从一个规模非常有限的区域性企业，快速成长为一个超级跨国集团，创造了一个令人称奇的经济奇迹。

沃尔玛的成功，与其精准的库存管理有着不可分割的密切联系。

首先，沃尔玛建立了实时监控销售的 POS 系统，该系统记录销售出的商品的价格和数量。在 20 世纪 90 年代初，沃尔玛购买了一颗专用卫星，用来传送公司的销售数据等信息，沃尔玛总部及配送中心任何时间都可以知道，每一个商店现在有多少存货，有多少货物正在运输过程当中，有多少货物存放在配送中心等；同时还可以了解某种货品上周卖了多少，去年卖了多少，并能够预测将来能卖多少。沃尔玛的供应商也可以利用这个系统直接了解自己昨天、今天、上周、上个月和去年的销售情况，并根据这些信息来安排组织生产，保证产品的市场供应，同时使库存降低到最低限度。

沃尔玛各分店所有货品每 11～13 个月彻底盘点一次，平时也有库存管理小组的盘点员随机对商品进行盘点，修正库存记录。

其次，沃尔玛建立了自己的运输网络，可以快速地将订到的货物送往遍布各地的沃尔玛大型超市，由于货源补充迅速，沃尔玛货场的库存量远远低于同业平均水平。

再次，沃尔玛对少量的销售不畅的库存物资，采用退货或者减价销售的方式快速消化库存，保证整个集团的物资库存处于一个很低的水平。沃尔玛的库存年周转 4.5 次，而其同行竞争者平均为 2.8 次，竞争优势可见一斑。

由于采用了上述的措施，沃尔玛的运营成本远远低于同等规模的其他连锁零售集团，因而，可以采用低价销售的方式吸引更多的顾客，销售额增长迅速。

（资料来源：http://wenku.baidu.com/view/1c7fd6bbfd0a79563c1e72b9.html）

问题：

（1）沃尔玛的运营成本为什么能远远低于同等规模的其他连锁零售集团？

（2）沃尔玛的库存管理的主导思想是什么？是怎么实现的？

● 综合实训

（1）实训目的

①提高学生学习兴趣。

②掌握多门相关学科知识的综合应用。

③掌握针对问题应用所学库存管理以及相关管理学科理论与方法进行分析，提出解决方

案的能力。提高学生解决库存实际问题的能力。

(2)实训内容

①了解公司背景。

某工厂生产200多种不同塑钢机械的固定部件。每种机型都需要不同的部件,而每个部件又需要不同的原材料。在厂房里有各种原材料——从铆钉到钢板。现在对原材料库存的管理出了问题:某些固定部件订购了足够生产一年的原材料,但其他部件却只订购了保证生产一周的原材料;在存储没用的原材料上浪费了大量的钱,却又因为处理到货迟了的订单而损失了大量的钱。现在需要解决的问题是:应当如何控制库存——对每一种部件应储备多少原材料,应该多长时间订购一次原材料,以及应该订购多少。每当公司客户的销售部接到某种塑钢机械订单时,订单就传到他们当地的装配厂,接着装配厂就向该公司发一份订单,订购装配这种机械所需的固定部件。不幸的是,由于公司这里经常发生原材料短缺,从公司收到订单到完成订单并发货到装配厂要一个月的时间。

②收集订单的详细资料,解决库存问题。

该公司三年前建立了数据库,这个库存系统非常复杂。将复杂的系统分解成简单的组成部分,对每一种固定部件独立地分析其库存控制。但是200多种部件,从何处开始呢?该公司是装配公司,当收到某种机械的订单时,它就会向工厂订购装配这种机械所需的固定部件。工厂也是在订单中的所有部件都完成后才向装配厂发货。一份订单的交货时间是由给定订单中完成所需时间最长的部件来决定的。从装配最常用的机械所需的生产时间最长的固定部件开始入手分析。

③通过数据分析库存问题。

寻找所需部件中生产时间最长的部件。进一步调查发现,在过去一年中,完成该部件从下订单算起平均需要一个月的时间。找出这家工厂的生产问题主要是因为什么导致库存管理一团糟。

④向库存改善部门索要完成分析所需的财务数据,主要收集成本信息资料。

⑤解决以下问题:

- 公司在某部件上应实行什么库存政策?
- 你是否认为对每一固定部件单独分析会导致错误的库存政策?为什么?

项目 6

供应链管理下的库存管理

知识目标

◎ 理解供应链管理的含义；

◎ 掌握供应链环境下库存管理策略；

◎ 了解供应链环境下库存管理的问题；

◎ 理解零库存、联合库存、供应商管理库存的含义。

技能目标

◎ 能用所学知识对供应链环境下库存管理状况进行分析；

◎ 能做一些简单的库存管理与控制的方案。

【引例】

供应链管理使宝洁的库存成本下降

宝洁的库存成本下降了，并预期今年会进一步下降 6 亿美元。不仅如此，宝洁在通往动态生产、规划和供应系统的道路上更进了一步，离成为具有适应性的企业的目标也越来越近了。如果说宝洁过去采取的是“批量”流程，生产周期很长并造成库存堆积，新的宝洁则更趋向于根据需求来生产。几年前，宝洁的经理人花三天时间拜访了好几家公司，接触研究人员和咨询顾问，寻求供应链管理中最近的创新。其中一家公司是生物集团(BiosGroup)，这是一家利用新科技解决复杂商业问题的咨询及软件开发公司。刘易斯(John Lewis)是当时宝洁的物流副总裁，他很欣赏生物集团的合伙创始人、理论生物学家考夫曼(Stuart Kauffman)所著的《宇宙为家》一书。在此书中，考夫曼研究了类混沌状态的生物领域中的“自组织”的潜在原则，并探讨了如何将这些原则应用在其他领域(从进化论的观点来说，自组织是指一个系统在遗传、变异和优胜劣汰机制的作用下，组织结构和运行模式不断地自我完善，从而不断提高其对于环境的适应能力的过程)。生物集团将供应链看作复杂的适应性系统，并在这方面进行了领先的探索，分析各种刺激源的影响，并提出战略手段提高企业的效率。急剧变化的环境要求宝洁公司的管理层变得更加敏捷、快速和高效，公司意识到，必须拥有更加具有适应性的供应链。而现有的做法无法缩短订货至发货的循环周期，削减不必要的安全存货，并且向快速流通配送(flow-through)的方向转变。传统的供应链管理方法无法降低库存，而生物集团则可能帮助宝洁做到这一点，为此宝洁要求生物集团将库存减少50%。

(资料来源：http://wenku.baidu.com/view/b3071a74a417866fb84a8e2e.html)

该案例表明：传统的管理导致库存成本难以下降，在供应链环境下库存控制的管理要采用新的方法，只有这样，才能减少库存成本，提高效率。

任务6.1　供应链管理下的库存管理概述

6.1.1　供应链管理的含义及内容

(1)供应链管理的含义

所谓供应链管理，就是为了满足顾客的需求，在从原材料到最终产品的过程中，为了获取有效的物资运输和储存，以及高质量的服务和有效的相关信息所做的计划、操作和控制。

供应链管理的范围包括从最初的原材料到最终产品到达顾客手中的全过程，管理对象是在此过程中所有与物资流动及信息流动有关的活动和相互之间的关系。因此，它是一种集成的管理思想和方法。供应链系统的功能是，将顾客所需的产品能够在正确的时间按正确的数量和正确的质量及状态送到正确的地点(即6R：right product，right time，right quantity，right quality，right status，right place)，并且使总成本最小。

(2)供应链管理的内容

供应链管理研究的内容主要涉及四个主要领域(如图6—1所示)：供应、生产作业、物流、需求，它以各种技术为支持，尤其以Internet/Intranet为依托，围绕供应、生产作业、物流(主要指制造过程)、满足顾客需求来实施的。供应链管理主要包括计划和合作控制从供应商到用户的物料(零部件和成品等)和信息。供应链管理的目标在于提高用户服务水平和降低总的交易成本，并且寻求两个目标之间的平衡(这两个目标往往有冲突)。

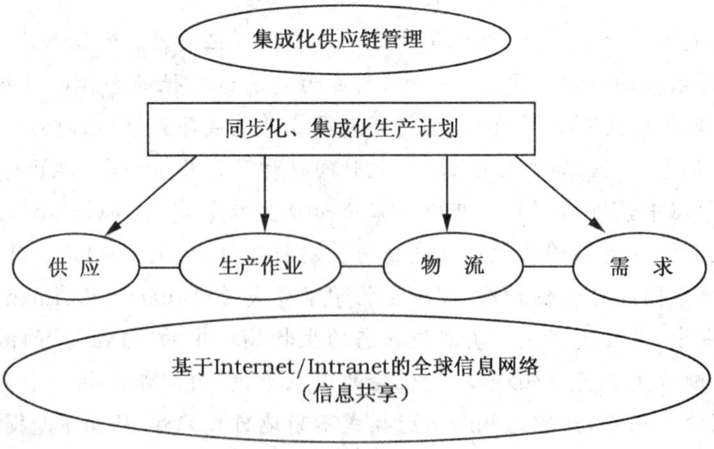

图6—1　供应链管理涉及的领域

(3)供应链管理的目标

供应链管理的理念是指在供应链管理的过程中,网络构成的相关方应坚持面向顾客理念,双赢和多赢理念,管理手段、技术现代化理念。供应链管理的目标是指根据市场需求的扩大,提供完整的产品组合;根据市场需求的多样化,缩短从生产到消费的周期;根据市场需求的不确定性,缩短供给市场及需求市场的距离;降低整体供应链的物流成本和费用,提高整体供应链的运作效率,增强整体供应链的竞争力。

6.1.2 供应链管理环境下的库存问题

供应链是围绕核心企业,通过对信息流、物流、资金流的控制,从采购原材料开始,制成中间产品以及最终产品,最后由销售网络把产品送到消费者手中的将供应商、制造商、分销商、零售商直到最终用户连成一个整体的功能网链结构模式。它是一个范围更广的企业结构模式,包含所有加盟的节点企业。这条链上的节点企业必须达到同步、协调运行,才有可能使链上的所有企业都能受益。这也就是供应链管理理论的核心所在。

库存控制是影响供应链管理成败的重要因素之一。它直接关系着供应链成本的高低和服务质量的好坏。在供应链管理环境下,库存控制不再仅仅是某个单独企业如何降低库存水平的问题,更需要企业有全局观念,促使供应链整体绩效达到最优。只有了解供应链管理环境下库存控制的特点及存在的问题,才能有针对性地提出解决问题的策略和方法。

(1)供应链环境下的库存控制的特点

供应链环境下的库存控制不是简单的需求预测和补给,而是通过库存控制获得用户服务与利润的优化。供应链环境下的库存控制模式的最高境界是实现供应链的无缝连接,消除供应链企业之间的高库存现象。供应链管理模式赋予库存控制以下四个方面的新特点:

①供应链管理能够暴露出企业库存控制过程中的潜在问题和危机,加强库存控制程度。

②供应链管理可以有效地降低社会库存量,减少库存控制成本。供应链的形成,要求对组成供应链的各个环节做出优化,建立良好的协作关系,这种关系有利于促进产品快速流通,降低社会库存量,避免库存浪费和资金占用。

③供应链管理有利于企业从“库存实物控制”向“库存信息控制”的转变,实现信息化库存控制的目标。

④供应链管理确保了企业库存控制的柔性和快速反应能力。在供应链管理环境下,企业库存得到了优化,整个供应链中多余、呆滞的库存降到了最低点,面对市场需求的变化,企业可以迅速做出反应,调整产品或是改变策略,有效地规避了企业的经营风险。

(2)供应链管理环境下库存控制存在的问题

供应链环境下的库存问题和传统的企业库存问题有许多不同之处,这些不同点体现出供应链管理思想对库存的影响。传统的企业库存管理侧重于优化单一的库存成本,从存储成本和订货成本出发确定经济订货量和订货点。从单一的库存角度看,这种库存管理方法有一定的适用性,但是从供应链整体的角度看,单一企业库存管理的方法显然是不够的。

虽然从宏观理论上说,供应链管理环境下的库存控制较之传统管理下的库存控制有诸多优势,但整个供应链毕竟是由多个单一企业所构成,在实际操作中,由于每个企业对供应链管理的理解存在差异,对自身企业获利程度存在担忧,甚至有些企业的独立目标与供应链的总体目标相悖等种种原因,导致在实际运用供应链管理环境下的库存控制理论和方法时,不免会暴露出许多现实问题。目前在实践中,主要存在以下几个方面的问题:

①没有供应链的整体观念。虽然供应链的整体绩效取决于各个供应链的节点绩效，但是各个部门都是各自独立的单元，都有各自独立的目标与使命。有些目标和供应链的整体目标是不相干的，更有可能是冲突的。因此，这种各行其道的“山头主义”行为必然导致供应链的整体效率低下。

【案例分析6－1】

库存的问题

美国北加利福尼亚的一家计算机制造商，其电路板组装作业采用每笔订货费作为其压倒一切的绩效评价指标，使该企业致力于减少订货成本。这种做法本身并没有不妥，但是它没有考虑这样做对整体供应链的其他制造商和分销商的影响，结果该企业维持过高的库存以保证大批量订货生产。

印第安纳的一家汽车制造配件厂却在大量压缩库存，因为它的绩效评价是由库存决定的。结果，它到组装厂与零配件分销中心的响应时间变得更长和波动不定。组装厂与分销中心为了满足顾客的服务要求，不得不维持较高的库存。

分析提示：这两个例子都反映了供应链库存的决定没有考虑整体的效能。一般的供应链系统都没有针对全局供应链的绩效评价指标，这是普遍存在的问题。有些企业采用库存周转率作为供应链库存管理的绩效评价指标，但是没有考虑对用户的反应时间与服务水平，用户满意应该成为供应链库存管理的一项重要指标。

②对用户服务的理解与定义不恰当。供应链管理的绩效好坏应该由用户来评价，或者以对用户的反应能力来评价。但是，对用户服务的理解与定义各不相同，导致对用户服务水平的差异。许多企业采用订货满足率来评估用户服务水平，这是一种比较好的用户服务考核指标。但是用户满足率本身并不保证运作问题。比如一家计算机工作站的制造商要满足一份包含多产品的订单要求，产品来自各供应商，用户要求一次性交货，制造商要等各个供应商的产品都到齐后才一次性装运给用户，这时，用总的用户满足率来评价制造商的用户服务水平是恰当的。但这种评价指标并不能帮助制造商发现供应商的交货迟早。

传统的订货满足率评价指标也不能评价订货的延迟水平。两家同样具有90%的订货满足率的供应链，在如何迅速补给余下的10%订货要求方面差别是很大的。其他的服务指标也常常被忽视了，如总订货周转时间、平均回头订货、平均延迟时间、提前或延迟交货时间等。

③交货状态数据不准确。当顾客下订单时，他们总是想知道什么时候能交货。在等待交货过程中，也可能会对订单交货状态进行修改，特别是当交货被延迟以后。我们并不否认一次性交货的重要性，但我们必须看到，许多企业并没有及时而准确地把推迟的订单交货的修改数据提供给用户，其结果当然是用户的不满。如一家计算机公司花了一周的时间通知用户交货日期，有一家公司30%的订单是在承诺交货日期之后交货的，40%的实际交货日期比承诺交货日期偏差10天之久，而且交货日期修改过几次。交货状态数据不及时、不准确的主要原因是信息传递系统的问题，这就是下面要谈的另外一个问题。

④信息传递系统效率低。在供应链中，各个供应链节点企业之间的需求预测、库存状态、生产计划等都是供应链管理的重要数据，这些数据分布在不同的供应链组织之间，要做到有效地快速响应用户需求，必须实时地传递，为此需要对供应链的信息系统模型做相应的改变，通

过系统集成的办法，使供应链中的库存数据能够实时、快速地传递。但是目前许多企业的信息系统并没有很好地集成起来，当供应商需要了解用户的需求信息时，常常得到的是延迟的信息和不准确的信息。由于延迟引起误差和影响库存量的精确度，短期生产计划的实施也会遇到困难。例如，企业为了制订一个生产计划，需要获得关于需求预测前库存状态、订货的运输能力、生产能力等信息，这些信息需要从供应链的不同节点企业数据库获得，数据调用的工作量很大。数据整理完后制订主生产计划，然后运用相关管理软件制订物料需求计划（MRP），这样一个过程一般需要很长时间。时间越长，预测误差越大，制造商对最新订货信息的有效反应能力也就越小，那么，生产出过时的产品和造成过高的库存也就不奇怪了。

⑤忽视不确定性对库存的影响。供应链运作中存在诸多的不确定因素，如订货提前期、货物运输状况、原材料的质量、生产过程的时间、运输时间、需求的变化等。为减少不确定性对供应链的影响，首先应了解不确定性的来源和影响程度。很多公司并没有认真研究和跟踪其不确定性的来源和影响，错误估计供应链中物料的流动时间（提前期），造成有的物品库存增加，而有的物品库存不足的现象。

任务 6.2　基于供应链的库存管理方式

长期以来，传统的供应链库存控制策略是各自为政，供应商、用户都保持一定的库存和分别实施自己的库存控制策略。这往往不可避免地造成了需求信息的扭曲，从而产生了“牛鞭效应”。为了消除“牛鞭效应”，不同性质的核心企业采取了许多先进的库存管理技术和方法。这些方法主要有：围绕处于供应链上游、实力较雄厚的制造商（或分销商）建立的供应商管理库存系统（VMI），围绕零售业以及连锁经营业中的地区分销中心（或在供应链上占据核心位置的大型企业）建立的联合库存管理系统（JMI），围绕大规模生产组装型制造商建立多级库存管理系统和可适用于围绕各类核心企业建立的协同规划、预测与补给系统（CPFR）。

6.2.1　供应商管理库存系统

（1）供应商管理库存的含义及特点

供应商管理库存（vendor managed inventory，VMI）是指供应商等上游企业基于其下游客户的生产经营、库存信息，对下游客户的库存进行管理与控制。供应商管理库存是为了适应供应链一体化而出现的一种全新的库存管理模式。VMI 是指由供应商监控用户库存水平，并周期性地执行包含订货数量、出货及相关作业的补货决策。VMI 作为供应链集成管理思想的一种新型库存管理模式，如图 6－2 所示。

VMI 的实施需要有先进的管理理念和管理技术作基础。它是优化供应链性能的主要途径，也是今后供应链管理中的重要研究方向之一。引入 VMI 可以更好地实现供应链成员之间的信息交流与合作，加强互信，提高供应链集成化运作的可行性。供应链中常见的“牛鞭效应”也可以通过实施 VMI 策略而得到有效降低。一些著名的零售公司如沃尔玛（Wal-Mart）、凯马特（Kmart）、迪拉百货（Dillard）以及杰西潘尼（JCPenney）等，以及很多网站如亚马逊网站往往通过 VMI 来管理自己的商品。实施 VMI 使得这些企业可以有效管理成千上万种商品，并能够与供应商保持非常良好的合作关系。VMI 是一种在用户和供应商之间的合作性策略，具体来说，是一种以用户和供应商双方都获得最低成本为目的，在一个共同的协议下由供应商管

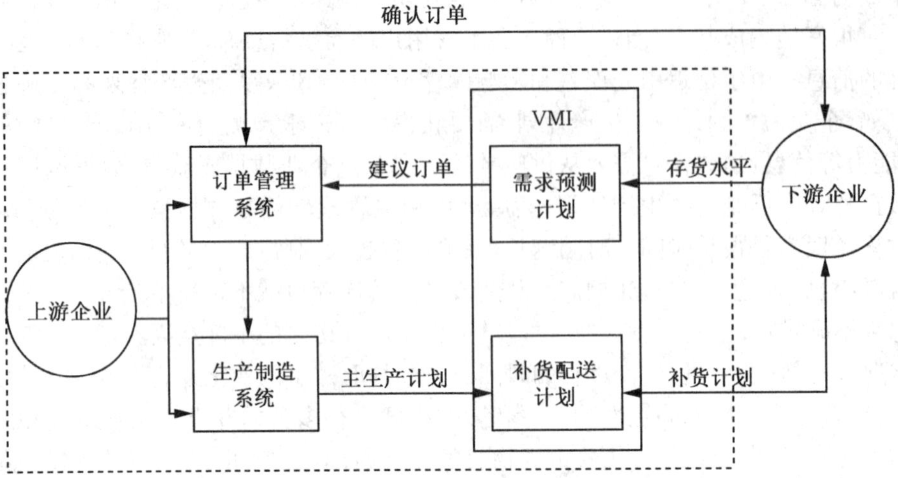

图 6－2　VMI 系统运作流程

理库存，并不断监督协议执行情况，修正协议内容，使库存管理得到持续改进的合作性策略。

同传统的库存控制方法相比，VMI 模式主要有以下几个特点：一是合作性。VMI 模式的成功实施，客观上需要供应链上各企业在相互信任的基础上密切合作。其中，信任是基础，合作是保证。二是互利性。VMI 模式主要考虑如何通过合作降低双方的库存成本，而不是如何就双方的成本负担进行分配的问题。三是互动性。VMI 模式要求各节点企业在合作时采取积极响应的态度，以快速的反应努力降低因信息不通畅所引起的库存费用过高的问题。四是协议性。VMI 模式的实施，要求企业在观念上达到目标一致，并明确各自的责任和义务。具体的合作事项都通过框架协议明确规定，以提高操作的可行性。

这种库存管理策略打破了传统的各自为政的库存管理模式，体现了供应链的集成化管理思想，适应市场变化的要求，是一种新的有代表性的库存管理思想。

(2)VMI 实施方法

首先，供应商和批发商一起确定供应商的订单业务处理过程所需要的信息和库存控制参数，然后建立一种订单的处理标准模式，如 EDI 标准报文，最后把订货、交货和票据处理各个业务功能集成在供应商一边。其实施步骤如下：

第一步，建立顾客情报信息系统。通过建立顾客的信息库，供应商能够掌握需求变化的有关情况，把由批发商(分销商)进行的需求预测与分析功能集成到供应商的系统中。

第二步，建立销售网络管理系统。供应商要很好地管理库存，必须建立起完善的销售网络管理系统，保证自己的产品需求信息和物流畅通。为此，必须做到：保证自己产品条码的可读性和唯一性；解决产品分类、编码的标准化问题；解决商品存储运输过程中的识别问题。

第三步，建立供应商与分销商(批发商)的合作框架协议。供应商和销售商(批发商)一起通过协商，确定处理订单的业务流程以及控制库存的有关参数(如再订货点、最低库存水平等)、库存信息的传递方式等。

第四步，组织机构的变革。过去一般由会计经理处理与用户有关的事情，引入 VMI 策略后，在订货部门产生了一个新的职能负责用户库存的控制、库存补给和服务水平。

一般来说，在以下的情况下适合实施 VMI 策略：零售商或批发商没有 IT 系统或基础设施来有效管理他们的库存；制造商实力雄厚并且比零售商市场信息量大；有较高的直接存储交货水平，因而制造商能够有效规划运输。

【案例分析 6－2】

宝洁公司与一个香港零售商的 VMI 项目实施

本案例通过宝洁公司与一个香港零售商的 VMI 项目实施来介绍 VMI 的实施过程和效果。该零售商有 10 个店铺和 1 个配送中心，项目实施前采用手工订单。VMI 技术采用宝洁公司的 KARS 软件＋EDI。

项目实施前，零售商的宝洁商品单品数 115；中心仓库库存 8 周；店铺库存 7 周；缺货率 5%。宝洁公司有关人员在详细分析零售商居高不下的库存及缺货率以后，选择实施 VMI 技术来解决宝洁产品的有效补货问题。项目在 2000 年 3 月正式启动，宝洁公司与零售客户投入双方的信息技术、后勤储运、采购业务部门，组建了多功能小组。在几个月的实施过程中，重新组合了订单、储运的流程，确定了标准的流程、清晰的角色与任务，安装了 VMI 系统，建立起电子数据交换的沟通渠道。

系统在 2000 年 7 月开始运行。3 个月后，业务指标明显改进，经济效益显著。零售商销售（宝洁产品）增加 40%；宝洁商品单品数 141（增加 26%）；中心仓库库存 4 周（降低 50%）；店铺库存 5.8 周（降低 17%）；缺货率 3%（降低 40%）。不仅如此，零售商的供应链管理走上了科学合理高效的轨道，各个环节在新的系统下有条不紊地工作，大大减轻了人员的劳动强度，提高了效率，降低了运作成本。

VMI 项目在实施中应注意如下几点：第一，双方有着良好的合作关系，相互信任，愿意一起改进供应链管理，提高效率，实现双赢；第二，双方高级管理层足够重视，落实有关的负责人员，为以后各部门紧密协作打下基础；第三，协商合理的库存水平和运输成本等指标、建议订单的计算公式；第四，信息技术、采购、后勤储运等多部门紧密协作；第五，每日单品销售量和库存数据准确性高（IRA＞98%）；第六，商店的补货是可以预测的，能够把偶然性的大宗购买的数据排除出去；第七，改进、优化和实施业务流程。这是项目中难度最大、耗时最多的一项。因为自动补货系统过程包括零售商的日常业务、管理的许多过程，而每一环节的数据准确率都会影响最终结果的准确性。业务流程的重组是双方各部门紧密协作、精确调研、反复优化的成果。

分析提示：由此案例我们可以知道，VMI 是供应链管理发展的一种必然趋势。VMI 可以满足下游企业降低成本和提高服务质量的需要，VMI 追求的本身就是双赢的局面，同时给处于供应链上游企业的供应商带来许多利益，下游企业的投资也相应减少，供应商在对自己的产品管理方面更有经验、更加专业。

6.2.2　联合库存管理系统

（1）联合库存管理系统（JMI）的含义

联合库存管理（JMI）是一种上游企业和下游企业权力责任平衡和风险共担的库存管理模式。它把供应链系统管理集成为上游和下游两个协调管理中心，库存连接的供需双方从供应链整体的观念出发，同时参与、共同制定库存计划，实现了供应链的同步化运作，从而部分消除了由于供应链环节之间的不确定性和需求信息扭曲现象导致的供应链的库存波动。JMI 的流程如图 6－3 所示。

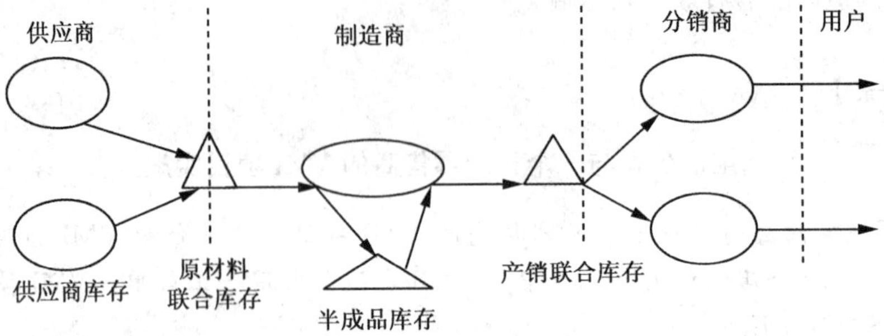

图 6－3 基于协调中心的 JMI 流程

(2)JMI 的两种模式

第一种模式是集中库存控制模式。各个供应商的零部件都直接存入核心企业的原材料库中,即变各个供应商的分散库存为核心企业的集中库存。在这种模式下,库存管理的重点在于核心企业根据生产的需要,保持合理的库存量,既能满足需要,又要使库存总成本最小。

第二种模式是无库存模式。供应商和核心企业都不设立库存,核心企业实行无库存的生产方式。此时,供应商直接向核心企业的生产线上进行连续小批量、多频率的补充货物,并与之实行同步生产、同步供货,从而实现"在需要的时候把所需要品种和数量的原材料送到需要的地点"的操作模式。

(3)联合库存管理的实施策略

①建立供需协调管理机制。为了发挥联合库存管理的作用,供需双方应从合作的精神出发,建立供需协调管理机制,明确各自的目标和责任,建立合作沟通的渠道,为供应链的联合库存管理提供有效的机制。

②发挥两种资源计划系统的作用。为了发挥联合库存管理的作用,在供应链库存管理中应充分利用目前比较成熟的两种资源管理系统:制造资源计划系统(MRP)和配销需求计划系统(DRP)。原材料库存协调管理中心采用 MRP,而在产品联合库存协调管理中心则应采用 DRP。

③建立快速响应系统。快速响应系统(QR)的目的在于减少供应链中从原材料到用户过程的时间和库存,最大限度地提高供应链的运作效率。

④发挥第三方物流系统的作用。第三方物流系统(TPL)也称为物流服务提供者(LSP),它为用户提供各种服务,如产品运输、订单选择、库存管理等。把库存管理的部分功能代理给第三方物流系统管理,可以使企业更加集中精力于自己的核心业务。第三方物流系统起到了联系供应商和用户的桥梁作用,为企业获得诸多好处,如减少成本,使企业集中于核心业务,获得更多的市场信息,改进服务质量,获得一流的物流咨询,快速进入国际市场。面向协调中心的第三方物流系统使供应与需求双方都取消了各自独立的库存,增加了供应链的敏捷性和协调性,并且能够大大改善供应链的用户服务水平和运作效率。

(4)应用第三方物流策略实施联合库存管理

第三方物流系统是供应链集成的一种手段,它为客户提供各种服务,如产品运输、订单选择、库存管理等。把库存管理的部分功能委托给第三方物流系统管理,可以使企业集中精力于自己的核心业务。第三方物流系统起到了供应商和客户之间联系的桥梁作用(如图 6－4 所示)。

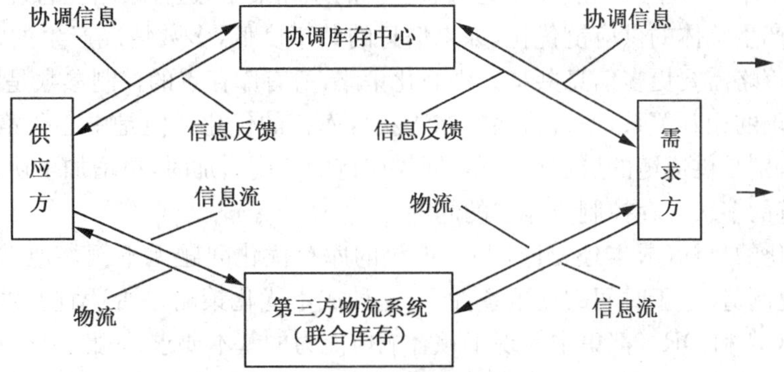

图 6—4　第三方物流管理库存图

协调库存中心的职能是负责供应链协调管理机制的建立。第三方物流企业的职能是：首先，负责从供方到需方的物流管理，尤其是联合仓库的管理；其次，与供应方、需求方交流互通信息；再次，就交易规则同协调库存中心进行谈判，并定期和协调库存中心之间进行行为的协调一致。交易规则的内容由协调库存中心负责拟订。

【案例分析 6－3】

库存管理：让消费者"伸手可及"

在库存管理上，宜家（IKEA）也从过去的错误经验中得到许多改善灵感。举例来说，宜家在 2011 年刚开始推动电子商务时，可让消费者看到库存数据，消费者看到某个喜欢的家具有库存，可能会花 2～3 小时开车到门市，希望现场就能把喜爱的家具买回家。不过，消费者却大失所望，因为这些家具并非摆放在消费者伸手可及的储位，而是放在比较高的补货式储位。根据宜家的安全政策，又禁止消费者直接操作店内堆高机将商品搬下来，因此往往消费者看到了商品库存，但是到店后又买不到。

为解决这个问题，宜家将库存数据修正为消费者"伸手可及"的库存，而不是店内的总库存，并且提供未来 4 天内预计的库存数量让消费者参考。消费者有了这些信息，可以规划自己方便的时间到宜家门市选购。

除此之外，宜家的信息系统在平常日（周一～周五）是每隔 90 分钟更新一次最新的库存状况；但是到了节假日，库存的更新频率提高到每 45 分钟一次，而且库存更新的数据来源不仅有各店的 POS 系统，还包括店内服务人员例行巡场时，如发现某个商品有破损或是瑕疵，立刻通过随身的手持系统进行库存扣除，以避免消费者买到瑕疵商品。

分析提示：该案例是让需求方参与库存管理的实例。

6.2.3　多级库存管理系统

（1）多级库存管理系统的含义

多级库存的优化与控制是在单级库存控制的基础上形成的。多级库存系统根据不同的配置方式，有串行系统、并行系统、纯组装系统、树形系统、无回路系统和一般系统。

多级库存控制的方法有两种：一种是非中心化（分布式）策略，另一种是中心化（集中式）策略。非中心化策略是各个库存点独立地采取各自的库存策略，这种策略在管理上比较简单，但是并不能保证产生整体的供应链优化，如果信息的共享度低，多数情况产生的是次优的结果，因此非中心化策略需要更多信息共享。中心化策略，所有库存点的控制参数是同时决定的，考虑了各个库存点的相互关系，通过协调的办法获得库存的优化。但是中心化策略在管理上协调的难度大，特别是供应链的层次比较多，即供应链的长度增加时，更增加了协调控制的难度。

(2)供应链的多级库存控制应考虑的问题

①库存优化的目标(成本还是时间)。传统的库存优化问题无不例外地进行库存成本优化，在强调敏捷制造、基于时间的竞争条件下，这种成本优化策略是否适宜？供应链管理的两个基本策略(ECR 和 QR)，都集中体现了顾客响应能力的基本要求，因此在实施供应链库存优化时要明确库存优化的目标是什么，成本还是时间？成本是库存控制中必须考虑的因素，但是，在现代市场竞争的环境下，仅优化成本这样一个参数显然是不够的，应该把时间(库存周转时间)的优化也作为库存优化的主要目标来考虑。

②库存优化的边界。供应链库存管理的边界，即供应链的范围。在库存优化中，一定要明确所优化的库存范围是什么。供应链的结构有各种各样的形式，有全局的供应链，包括供应商、制造商、分销商和零售商各个部门；有局部的供应链，分为上游供应链和下游供应链。在传统的所谓多级库存优化模型中，绝大多数库存优化模型是下游供应链，即关于制造商(产品供应商)—分销中心(批发商)—零售商的三级库存优化。很少有关于零部件供应商—制造商之间的库存优化模型，在上游供应链中，主要考虑的问题是关于供应商的选择问题。

③多级库存优化的效率问题。简单的多级库存优化并不能真正产生优化的效果，需要对供应链的组织、管理进行优化，否则，多级库存优化策略效率是低下的。

④库存控制策略。在单库存点的控制策略中，一般采用的是周期性检查与连续性检查策略，这些库存控制策略对于多级库存控制仍然适用。

(3)供应链环境下的库存补货

对于单一品种的补货，可以采用拉动式库存管理法进行库存控制，其基本思想就是采用连续检测的补货对策进行补货。连续检测的补货对策目前已被国内外广泛地研究和应用，再订货点法是其中的一项重要内容。基于连续库存检测的再订货点法具有较好的理论研究价值和很好的实践指导意义。其基本思想如图 6—5 所示。

图 6—5 中，ROP 为再订货点；Q 为订货批量；LT 为平均提前期；$DDLT$ 为提前期内需求；P 为提前期内的期望现货供应概率。

目前对于多品种的库存补货方法有以下几种：

①联合补货法。联合补货法是通过对多种产品集中补货来降低库存成本的。从传统角度看，它是一个多阶段或多产品补货问题。多阶段的联合补货问题主要解决上下游库存之间补货渠道协同问题，减少整个库存系统成本；多产品联合补货则是协同不同产品之间补货，降低库存成本，实现成本优化。联合补货对策在许多行业已经得到了广泛的应用。

②协同规划、预测和补给(CPFR)的补货法。随着供应链库存管理技术的发展，出现了一种新的管理方法——协同规划、预测和补给(CPFR)的补货法。CPFR 既是一种理念，又是一系列活动和流程。它是以提高消费者价值为共同目标，通过供应链上企业的相互协作，共享标准化的信息，制定有的放矢的计划，开展精确的市场预测、有效的库存管理，根据需求动态及时补货，以提高整个供应链的业绩和效率。通过整合供应链上需求和供应两方面的信息，由生产商、零售商等彼此分享，为供应链上各个企业降低库存成本、减少运营费用、创造更多的业务机

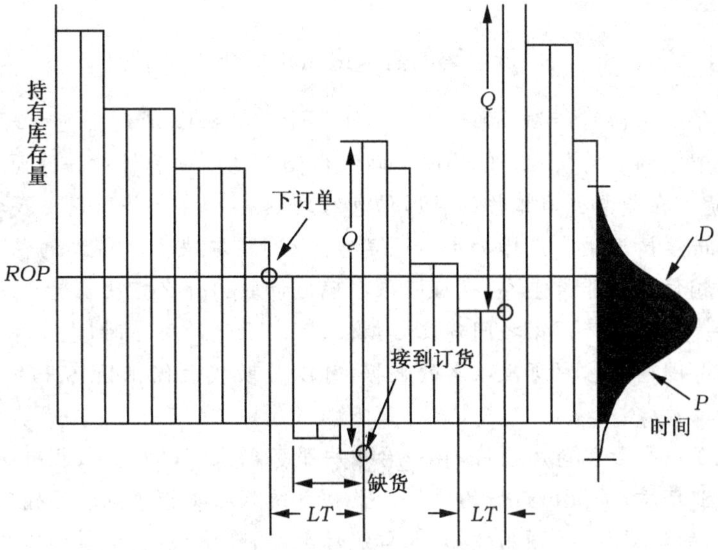

图 6-5　产品需求不确定下的再订货点库存

会、提高销售额、提升满足消费者的需求、形成多方共赢的环境等提供了一定的指导作用。

③定期盘点法。对于库存品的存货控制不需要做详细控制的商品，为了方便快捷、减少库存控制环节、简化程序，常常采用定期盘点法在同一时间对多种产品的库存水平进行核查。使用定期盘点法会导致库存水平略有上升，但持有成本的上升可能远远低于管理成本的降低、价格或采购成本的下降。因此，它是一种简单实用的库存控制方法，在众多大型企业中有广泛的应用。对于多品种的季节性商品，应该根据商品自身的特点，以及企业的资产配置、人员结构、组织机能、资金实力和环境等，选择以上几种方法之一或多种方法结合起来应用。

【知识链接 6－1】

JMI、VMI、CPFR 比较

JMI 这种方法以消费者为中心，着眼于计划和执行更详细的业务，供应链经常应用工作组(team work)技术进行关键问题处理，使其在了解对方运作的增强相互作用等方面得到改善，其结果有助于发展贸易伙伴的信任关系。JMI 在每个公司内增加了计划执行的集成，并在消费者服务水平、库存和成本管理方面取得了显著的效果，但 JMI 的建立和维护成本高。JMI 可以局部解决工商共享信息、协同工作的问题，但还不是针对全程供应链流通的应用集成。目前新的库存管理理论 CPFR 建立在 JMI 和 VMI 的最佳分级实践基础上，同时摒弃了 JMI 和 VMI 中的主要缺点，如没有一个适合所有贸易伙伴的业务过程、未实现供应链的集成等。CPFR 是一套由企业与交易伙伴通过分享预测相关信息来追求供应链协同合作的方法。通过这种方法，可以使双方的预测更为准确，并减少供应链上的库存问题，进而降低库存成本。CPFR 使得整个供应链上各方同时节约成本并提高服务水平。

【案例分析6－4】

沃尔玛的需求预测和CPFR

沃尔玛是很早采用协同计划、预测和补货(CPFR)的企业,通过全盘管理、网络化运营的方式来管理供应链中的贸易伙伴。CPFR帮助沃尔玛建立起一套针对每件商品的短期预测方法,用来指导订货。在美泰公司工作的首席信息官约瑟夫·埃克若斯说:"我之所以能够根据一个玩具的销售进度情况决定是增加生产还是停止生产,取决于我得到的信息。以日或者小时为单位获取的销售数据非常重要,我可以很准确地计算出什么东西在什么地方卖得最好,然后调整生产。当美泰和生产厂家之间建立起信任、互惠互利的关系时,整个系统的效能就发挥出来了。从全球范围内的客户那里收集的数据,可以帮助我最优化销售并为客户提供最好的价格。"

沃尔玛实施了一个数据仓库项目,在一台中央服务器上汇总历史数据并进行分析,从数据中更好地了解商业环境,并做出最好的决策。最初系统只收集销售点和运输的数据,之后数据仓库包括了65周的库存数据、预测数据、人口统计数据、降价数据、退货和市场数据,这些数据按照每件商品、每个商店和每一天进行归类。数据仓库中除了沃尔玛的运营数据以外,还包括竞争对手的数据。这些数据向沃尔玛的买家、中间商、物流提供商和预测相关人员以及3 500家合作伙伴开放。例如,当沃尔玛的竞争对手开设了一家杂货商店,沃尔玛会努力去分析其设立对自身销售的影响。预测过程从数据仓库开始。沃尔玛应用的数据挖掘软件是由NeoVista Software(被J&A软件集团收购)开发的,用于分析一年来的销售点销售数据,并向美国的商店提示购进各种商品的贸易伙伴。其目标就是节约几百万的库存成本,更好地处理季节性和每周的销售变化,针对顾客需求和市场变化制定商业计划。

预测过程是这样运转的,沃尔玛的买家提交一份初步的预测,这个数据会显示在华纳—兰伯特(Warner-Lambert)实施CPFR的服务器上(华纳—兰伯特是一家世界一流的制药公司,在2000年与辉瑞合并)。华纳—兰伯特的计划人员将意见和建议分享给沃尔玛的计划制定者。最后经协调统一的每件产品的预测结果用于华纳—兰伯特的生产和沃尔玛的仓库管理。沃尔玛和它的供应商使用同样的系统。数据挖掘软件发现一些有趣的事情。例如,每家商店的购买模式都不同,以及全年都保持较高库存的护齿产品和宠物食品的销售模式也十分不同。这一发现应用于沃尔玛的自动订货和供给系统。沃尔玛将7亿种商品进行组合分析,实现了将正确的商品、在正确的时间、以合适的价格运送到正确的商店,卖给顾客。沃尔玛不断提高预测的准确性,取得了零售行业内无法比拟的竞争优势。

分析提示:这种由相互协商确立的短期预测成为改进需求管理的动力,实现了对供给和库存水平的更好控制。CPFR项目的实施帮助沃尔玛和供应商节约了大量的库存维护成本,并促使沃尔玛逐步成为一个准时制系统。

6.2.4 零库存管理

(1)零库存管理的含义

零库存管理(zero inventory management 或 zero-stock management)并不是指以仓库储存形式的某种或某些物品的储存数量真正为零,而是通过实施特定的库存控制策略,实现库存量的最小化。因此,"零库存"管理的内涵是以仓库储存形式的某些物品数量为"零",即不保存经常性库存,它是在物资有充分社会储备保证的前提下,所采取的一种特殊供给方式。

实现零库存管理的目的是为了减少社会劳动占用量（主要表现为减少资金占用量）和提高物流运动的经济效益。如果把零库存仅仅看作仓库中存储物的数量减少或数量变化趋势而忽视其他物质要素的变化，那么，上述的目的则很难实现。因为在库存结构、库存布局不尽合理的状况下，即使某些企业的库存货物数量趋于零或等于零，不存在库存货物，但是，从全社会来看，由于仓储设施重复存在，用于设置仓库和维护仓库的资金占用量并没有减少。因此，从物流运动合理化的角度来研究，零库存管理应当包括以下两层含义：一是库存货物的数量趋于零或等于零；二是库存设施、设备的数量及库存劳动耗费同时趋于零或等于零。后一层含义上的零库存，实际上是社会库存结构的合理调整和库存集中化的表现。

（2）企业实行零库存管理的做法

零库存管理方式不仅在日本、美国广泛应用，其应用足迹也遍布欧洲、大洋洲等地。虽然零库存在美国、日本和欧洲等许多国家已经被普遍推广，但它充满了诱惑也充满了风险，零库存能否真正实现取决于各方面的具体条件和情况，包括供应商、技术、产品、客户和企业自身决策层的支持，因此，建议企业做好以下工作：

①转变员工观念，树立全员对减少库存的认识。企业在推行零库存管理前，应对全体员工广泛宣传教育，对于不同专业的员工进行针对性宣传。做到人人了解推行零库存管理的意义，形成推行零库存管理的良好氛围。

②合理选择供应商，与供应商建立合作伙伴关系。由于零库存要求供应商在需要的时间提供高质量的原材料，因此对于原料库存、供应商的距离远近及运输方式的选择是关键因素。同时注重与供应商建立长期的合作伙伴关系，分享信息，共同协作解决问题，保证对订货的及时供应。

③建立由销售定生产的观念。销售部门要致力于拓展销售市场，并保证销售渠道的稳定，而生产部门要有灵活的应变能力和以弹性的生产方式全力配合销售部门的工作，使企业能较均衡地进行生产，这对减少存货是有利的。

④严格奖惩制度。在零库存管理系统中，企业生产经营各环节、各生产工序的相互依存性空前增强。企业内部整个作业环节中的任何一个环节出现差错，都会使整条作业链出现紊乱甚至瘫痪。因而应严格奖惩制度，来保障生产经营活动顺利进行。

零库存实现的方式有许多，如目前企业实行的“零库存”管理有无库存储备，委托营业仓库存储和保管货物，协作分包方式，采用适时适量生产方式，按订单生产方式，实行合理配送方式。

【案例分析 6－5】

奥康的零库存管理

2004 年以前，奥康在外地加工生产的鞋子必须通过托运部统一托运到温州总部，经质检合格后方可分销到各个省级公司，再由省级公司向各个专卖店和销售网点进行销售。没有通过质检的鞋子需要重新退回生产厂家，修改合格以后再托运到温州总部。这样一来，既浪费人力、物力，又浪费了大量的时间，加上鞋子是季节性较强的产品，错过上市最佳时机，很可能导致这一季的鞋子积压。

经过不断探索与实践，奥康运用将别人的工厂变成自己仓库的方法来解决这一问题。在外地生产加工的鞋子，只需总部派出质检人员前往生产厂家进行质量检验，质量合格后生产厂家就可直接从当地向各营销点发货。这样,既节省大量人力、物力、财力,又可以大量减少库存甚至保持零库存。

分析提示:根据企业的现实情况,实时采用零库存管理,可以取得比较好的效果,特别是可以降低库存成本。

【案例分析6-6】

零距离、零库存——零运营资本

海尔认为,企业之间的竞争已经从过去直接的市场竞争转向客户的竞争。海尔CRM联网系统就是要实现端对端的零距离销售。海尔已经实施的ERP系统和正在实施的CRM系统,都是要拆除影响信息同步沟通和准确传递的阻隔。ERP是拆除企业内部各部门的"墙",CRM是拆除企业与客户之间的"墙",从而达到快速获取客户订单,快速满足用户需求。

传统管理下的企业根据生产计划进行采购,由于不知道市场在哪里,所以是为库存采购,企业里有许许多多"水库"。海尔现在实施信息化管理,通过三个JIT打通这些水库,把它变成一条流动的河,不断地流动。JIT采购就是按照计算机系统的采购计划,需要多少,采购多少。JIT送料指各种零部件暂时存放在海尔立体库,然后由计算机进行配套,把配置好的零部件直接送到生产线。海尔在全国建有物流中心系统,无论在全国什么地方,海尔都可以快速送货,实现JIT配送。

分析提示:库存不仅仅是资金占用的问题,最主要的是会形成很多的呆坏账。现在电子产品更新很快,一旦产品换代,原材料和产成品价格跌幅均较大,产成品积压的最后出路就只有降价,所以会形成现在市场上的价格战。不管企业说得多么好听,降价的压力就来自于库存。海尔用及时配送的时间来满足用户的要求,最终消灭库存的空间。

● 基本训练

□ 知识题

1.1 阅读理解

(1)什么是供应链管理?包括哪些内容?

(2)供应链库存存在哪些问题?

(3)什么是联合管理库存?

(4)企业实行零库存有哪些做法?

(5)什么是供应商管理库存?

1.2 知识应用

(1)判断题

①实现零库存管理的目的是为了减少社会劳动占用量(主要表现为减少资金占用量)和提高物流运动的经济效益。 ( )

②采用定量盘点法是在同一时间对多种产品的库存水平进行核查。 ( )

③VMI是指由供应商监控用户库存水平。 ( )

④供应链管理的理念是指在供应链管理的过程中,网络构成的相关方应坚持面向效益理念,双赢和多赢理念,管理手段、技术现代化理念。 ( )

⑤联合库存管理是一种上游企业和下游企业权力责任平衡和风险共担的库存管理模式。（ ）

(2)选择题

①通过对多种产品集中补货来降低库存成本的属于（ ）。

A. 联合补货 B. 定期盘查 C. 协同规划 D. 定量盘查

②根据不同的配置方式，有串行系统、并行系统、纯组装系统、树形系统、无回路系统和一般系统是（ ）。

A. 单级控制系统 B. 多级控制系统

C. 定期控制系统 D. 定量控制系统

③围绕处于供应链上游、实力较雄厚的制造商（或分销商）建立的供应商管理库存系统属于（ ）。

A. 零库存管理 B. 联合管理库存系统

C. 供应商管理库存 D. 多级库存管理系统

④企业实行零库存管理，建议企业做好的工作是（ ）。

A. 转变员工观念 B. 合理选择供应商

C. 建立由销售定生产的观念 D. 严格奖惩制度

⑤VMI 模式主要的特点是（ ）。

A. 合作性 B. 互利性 C. 互动性 D. 协议性

● 综合案例

案例 家乐福：从 VMI 中受益无穷

VMI 是快速反应系统的一种重要的物流运作模式，也是快速反应走向高级阶段的重要标志。VMI 的核心思想在于零售商放弃商品库存控制权，而由供应商掌握供应链上的商品库存动向，即由供应商依据零售商提供的每日商品销售资料和库存情况来集中管理库存，替零售商下订单或连续补货，从而实现对顾客需求变化的快速反应。VMI 不仅可以大幅改进快速反应系统的运作效率，即加快整个供应链面对市场的回应时间，较早地得知市场准确的销售信息；而且可以最大化地降低整个供应链的物流运作成本，即降低供应商与零售商因市场变化带来的不必要库存，达到挖潜增效、开源节流的目的。

正是看到了 VMI 的上述特殊功效，家乐福在引进快速反应系统后，一直努力寻找合适的战略伙伴以实施 VMI 计划。经过慎重挑选，家乐福最后选择了其供应商雀巢公司，就家乐福与雀巢公司的既有关系而言，双方只是单纯的买卖关系，唯一特殊的是，家乐福对雀巢来说是一个重要的零售商客户。在双方的业务往来中，家乐福具有十足的决定权，决定购买哪些产品与数量。

两家公司经协商，决定由雀巢建立整个 VMI 计划的机制，总目标是增加商品的供应效率，降低家乐福的库存天数，缩短订货前置时间，以及降低双方物流作业的成本率等，由于双方各自有独立的内部 ERP 系统，彼此并不相容，因此家乐福决定与雀巢以 EDI 连线方式来实施 VMI 计划。在 VMI 系统的经费投入上，家乐福主要负责 EDI 系统建设的花费，没有其他额外的投入；雀巢公司除了 EDI 建设外，还引进了一套 VMI 系统。经过近半年的 VMI 实际运作后，雀巢对家乐福配送中心产品的到货率由原来的 80%左右提升至 95%(超越了目标值)。家乐福配送中心对零售店铺产品到货率也由 70%提升至 90%左右，并仍在继续改善中；库存天数由原来的25天左右下降至15天以下，在订单修改方面也由60%～70%下降至10%以下，每日商品销售额则上升了20%左右。总体而言，VMI使家乐福受益无穷，极大地提升了其市场反应能力和市场竞争能力。

相对家乐福的受益而言，雀巢公司也受益匪浅。最大的收获便是在与家乐福的关系改善方面。过去雀巢与家乐福只是单向买卖关系，家乐福要什么就给它什么，甚至是尽可能地推销产品，彼此都忽略了真正的市场需求，导致好卖的商品经常缺货，而不畅销的商品却有很多存货。这次合作使双方愿意共同解决问题，从而有利于从根本上改进供应链的整体运作效率，并使雀巢容易掌握家乐福的销售资料和库存动态，以更好地进行市场需求预测和采取有效的库存补货计划。

问题：

(1)实施VMI的好处是什么？

(2)实施VMI的原则是什么？

● 综合实训

(1)实训目的

正确认识供应链环境下的库存管理，掌握供应链环境下的库存管理策略。

(2)背景资料

武汉中百物流配送有限公司是武汉中百集团股份有限公司下属子公司，它拥有自己的大型商品配送中心和农产品加工配送基地；有自己大型的仓储基地以及现代化的机械设备；运用先进的管理信息系统和智能化仓库技术，从而优化了企业的供应链，形成较为完善的物流配送体系。作为中百集团的另外两个子公司，中百仓储的生鲜品种卖场成功实现了“清洁环保绿色商场”的经营理念，向顾客保证“天天新鲜”的产品质量；中百便民超市则每天向各个社区的居民提供多品种的优质生鲜食品，已成为大多数武汉居民的“生活之友”。这一切都离不开武汉中百物流配送有限公司强大的后勤保障。

武汉中百物流配送有限公司下属东西湖吴家山常温配送中心、汉口生鲜配送中心、汉阳低温冷藏配送中心三大部门。在中百的生鲜物流运营中，订单处理和货品配送都有严格的时间限制。不同的货品具体送货时间各有差异，但供应商在规定时间之外送达的货品，配送中心是拒收的。为了进一步缩短货品在冷藏中心的停留时间，冷藏中心在选择供应商时更加注重其专业性，更加强调货品的质量，以简化检验程序，加快货品流动的速度。

中百物流公司建有自己的内部网，各门店及供应商的资料全部由该系统处理。中百物流公司与集团门店之间有一套订货管理系统，各门店通过内部网向公司订货。公司使用管理软件将接到的订单整合，形成采购单，然后向供应商下订单，订单内容包括采购部门、订货日期时间、指定收货地点、数量、供应商等。业务尚未联网的供应商，公司则将订单传真过去。供应商接单后，会及时向配送中心回馈商品信息，并按指定时间将货品送到配送中心。中心验货后，将到货信息输入电脑，形成配送单，经审核后打印出配送单，交给作业部门配货、送货。

中百物流公司运用微波通信技术，对三大百货商场的销售系统进行实时联网和统一管理，建立公司与中百仓储连锁经营信息系统；采用缆带和专线相结合的方式，广泛搭建各门店与便民总部快速有效的通信平台。

利润分配程序：在中百集团内部，薪酬与考核委员会独立于各子公司。各子公司的收入都上交到总部，由总部结算收入并统一分派薪酬。其中，物流公司在运营中，向第三方提供物流服务时，按 5%收取服务费；而接收物流公司订单的供应商则是直接与中百总部结账，与物流公司无直接结算业务。

中百物流有限公司运营中存在以下问题：

配送中心使用的主要包装容器是托盘和塑料筐。托盘的使用范围一般限制在配送中心的库房，作业人员将已拣选好并单元化包装的货品堆放到托盘上，再将托盘拖拽到指定的货位待装。因为长期与地面摩擦，托盘的磨损情况非常普遍和严重，冷藏中心每年都要更换一次托盘；而生配中心托盘的使用寿命则更短。

车队的使用效率低是一笔隐形开支，很容易被企业忽视。敏锐的中百经营者注意到了这一利润流失点。

应用第三方物流策略实施联合库存。

物流有限公司只是作为市场交易主体中百集团的一个环节，它本身不是一个独立的市场主体，没有直接面对市场，从而市场机制优胜劣汰的竞争压力没有直接迫使公司运营者及集团投资者提高内部管理水平、降低成本、开展多方面业务。同时也造成了物流公司内部运营效率不高、管理不严的现象。

对其贡献成果的间接激励不能对物流公司形成有效激励——分配程序决定了一线门店的销售业绩与物流公司的利益息息相关，只有一线获利丰厚，物流公司才能获得较满意的收入。中百物流公司存在上述问题的根源在于中百物流公司和集团内部企业之间不是通过市场机制来进行交易，而是一个企业内部的交易关系，即中百物流公司并没有成为一个独立的市场第三方，与其客户之间根据市场交易规则进行交易。

解决中百物流有限公司存在问题的总体思路是：通过股权改革、并购等，开发新的市场，使中百物流有限公司作为第三方物流公司，并从供应链管理的角度在更大范围内实施联合库存。

(3)实训要求

分析如何应用第三方物流策略实施联合库存模型。

(4)实训项目安排

分小组进行。查阅资料，实地考察。

项 目 7

配送和配送作业

知识目标

◎ 理解配送模式、配送流程、配送组织的含义;
◎ 明确配送模式和配送流程类型;
◎ 了解配送路线的选择和优化;
◎ 掌握配送需求计划和作业计划的制定。

技能目标

◎ 能够参与物流配送企业配送模式的选择确定;
◎ 能够参与制定配送需求计划和配送作业计划。

【引例】

某公司的物流配送

某公司在改革之前,分析了在物流配送方面存在的主要问题:物流配送的线路设计不够灵活;配送车辆利用率不高,零售客户布局不合理,城市网络客户数量人口比例已达 0.61%,而农村网络客户数量人口比例只有 0.15%,农村、城市零售客户的分布不均,严重威胁着现行物流配送体系平稳运行。缺乏对配送车辆的过程管理,每天都有 25 辆配送车辆运行在各种乡村小道和城市马路上,其安全状况、当前的位置、配送的线路等自配送车辆开出配送中心的那一刻起管理者就无从得知。某一网络客户处滞留不前等原因导致配送车辆早出晚归,不能完成配送任务的情况经常发生。

找出问题后,采取了一系列措施:实现配送中心合理化布局;充分利用现代信息技术,提高管理效率。充分利用现代信息技术和信息手段,实现配送体系的信息化,真正实现对销售网络客户的动态管理和配送车辆的全程监控,全面提高销售网络客户的管理水平,实现降低成本、提高员工积极性的目标。

通过电子商务平台,更快捷地完成各种订货周期的客户的订单分类,系统利用双向互动的订单采集平台和接口软件，能够将呼入形成的订单按照其规定的周期进入订单生成流程，然后传输到销售物流信息系统，以便第二天配送工作的顺利进行，节约物流配送体系成本。

该案例表明：配送直接面对客户，配送的质量及服务水平直观而具体地体现了物流系统对需求的满足程度。企业必须选择良好的配送流程、合理的配送模式，才能最大程度地降低配送成本，使企业的配送活动能够良好有序地进行。

任务 7.1　配送业务模式

7.1.1　配送模式的种类

配送模式是企业对配送所采取的基本战略和方法。根据国内外的发展经验及我国的配送理论与实践，主要形成了以下几种配送模式：

(1)自营配送模式

自营配送模式是指企业配送的各个环节由企业自身筹建并组织管理，实现对企业内部以及外部货物配送的模式。这是目前生产、流通或综合性企业所广泛采用的一种配送模式，通过自己独立组建配送中心，实现对内部各部门、场、店的物品配送以及对外部客户的配送。它有利于企业生产、供应和销售的一体化运行，系统化程度相对较高，既可以满足企业内部原材料、半成品和成品的配送需求，又可以满足对外进行市场拓展的需求。

一般而言，采取自营性配送模式的企业大多是规模较大的集团公司。有代表性的是连锁企业的配送，其基本上都是通过组建自己的配送系统来完成企业的配送业务，包括对内部各场、店的配送和对企业外部顾客的配送。

(2)共同配送模式

共同配送是指两个或两个以上有配送业务的企业相互合作对多个客户开展配送活动的一种物流模式，是物流配送企业之间为了提高配送效率以及实现配送合理化所建立的一种功能互补的配送联合体。

共同配送模式运用的核心在于强化和充实配送组织的配送功能，提高配送效率，实现配送的共享化与合理化，从而降低配送作业的成本。共同配送的优势在于有利于实现配送资源的有效配置，弥补配送企业功能的不足，促使企业配送能力的提高和配送规模的扩大，更好地满足客户需求，提高配送效率，降低配送成本。其缺点有配送货物繁杂，客户要求不一致，难以管理；运作主体多元化，主管人员管理协调存在困难；利益分配资源调度问题重重；商业机密容易泄露。图 7－1 为共同配送一般流程。

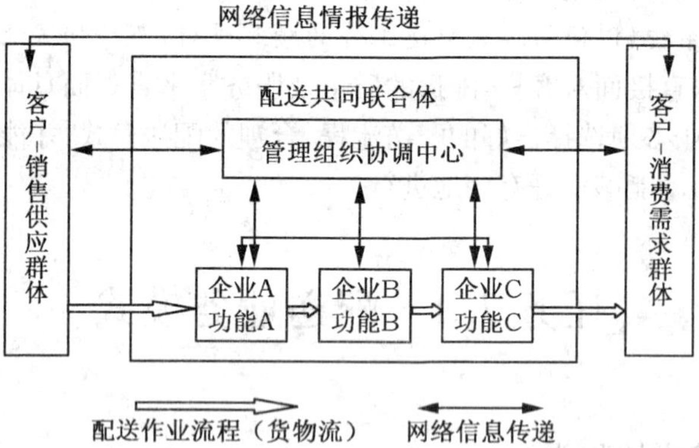

图7—1　共同配送的一般流程

【小思考7－1】

你认为同产业和异产业共同配送有哪些优缺点？

答：同产业共同配送优点在于配送商品物理化学特性相似，容易组织混载配送；缺点在于容易造成商业信息的泄露。

不同产业共同配送优点在于不存在商业信息泄露的问题；缺点在于配送商品物理化学特性不同，不容易组织混载配送，配送成本核算也较难。

(3)互用配送模式

互用配送模式，是指几个企业为了各自利益，以契约的方式达成某种协议，互用对方配送系统而进行的配送模式。其优点在于企业不需要投入较大的资金和人力，就可以扩大自身的配送规模和范围，但需要企业有较高的管理水平以及与相关企业的组织协调能力。图7—2所示为互用配送模式的基本形式。

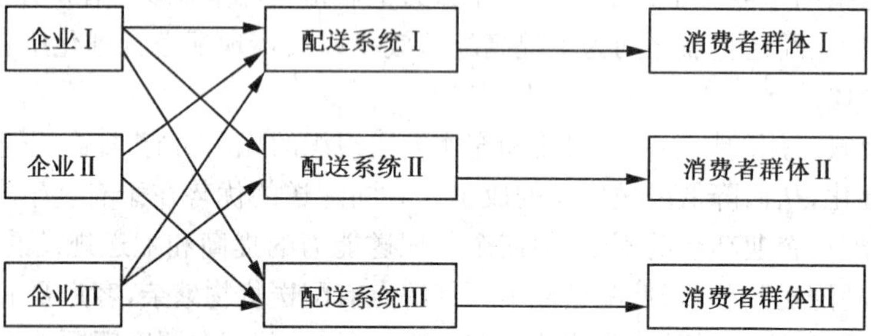

图7—2　互用配送模式的基本形式

与共同配送模式相比，互用配送模式的特点主要有：

①共同配送模式旨在建立配送联合体，以强化配送功能为核心，为社会服务；而互用配送模式旨在提高自己的配送功能，以企业自身服务为核心。

②共同配送模式的合作对象是经营配送业务的企业；而互用配送模式的合作对象既可以是经营配送业务的企业，也可以是非经营配送业务的企业。

③由于合作形式的不同，共同配送模式的稳定性较强，而互用配送模式的稳定性较差。

④共同配送模式旨在强调联合体的共同作用；而互用配送模式旨在强调企业自身的作用。

(4)第三方配送模式

第三方配送模式是指交易双方把自己需要完成的配送业务委托给第三方来完成的一种配送运作模式。第三方配送系统是指专门从事商品运输、库存保管、订单处理、流通加工、包装、配送、物流信息管理等物流活动的社会化物流系统。

● 企业销售配送模式。企业销售配送是指工商企业将其销售物流业务外包给独立核算的第三方物流公司或配送企业运作。企业采购和供应物流配送业务仍由供应物流管理部门承担,如图 7—3 所示。

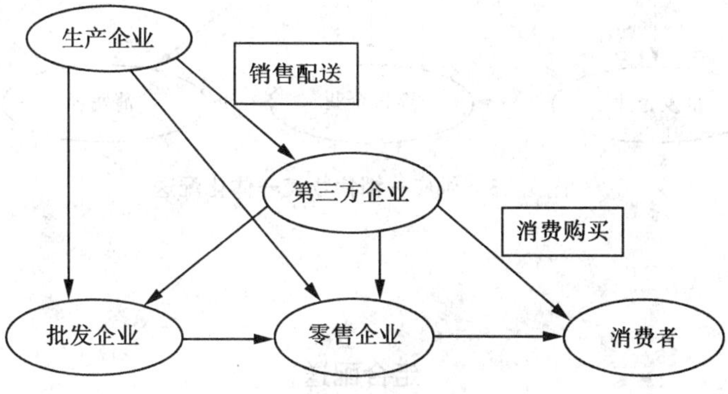

图 7—3　企业销售配送模式

● 企业供应配送模式。企业供应配送模式是由社会物流服务商对某一企业或者若干企业的供应需求实行统一订货、集中库存、准时配送或采用代存代供等其他配送服务的方式。企业供应配送模式运行情况如图 7—4 所示。

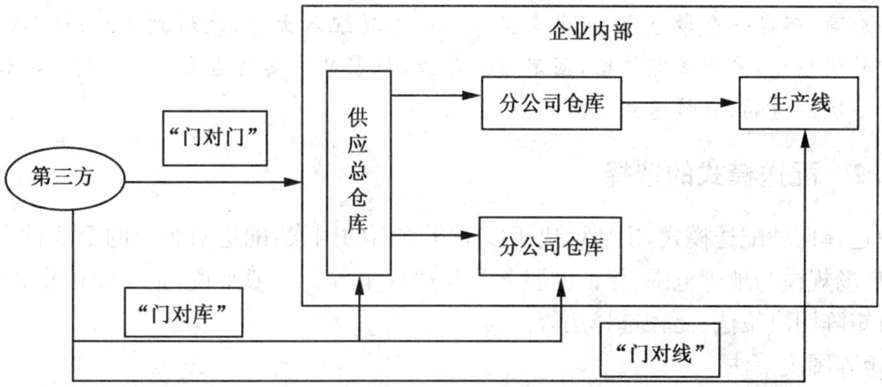

图 7—4　企业供应配送模式

这种供应配送按用户送达要求的不同可以分为以下几种形式:

"门到门"配送供应,即由配送企业将用户供应需求配送到用户"门口",后续工作由用户自己去做。这种形式有可能在用户企业内部进一步延伸成企业内的配送。

"门对库"配送供应,即由配送企业将用户供应需求直接配送到企业内部各个环节的仓库。

"门到线"配送供应,即由配送企业将用户供应需求直接配送到生产线。显然,这种配送形式可以实现企业的"零库存",对配送的准时性和可靠性要求较高。

● 供应—销售物流一体化配送模式。供应—销售物流一体化配送是指第三方物流企业承担了用户企业的供应与销售物流，如图 7—5 所示。

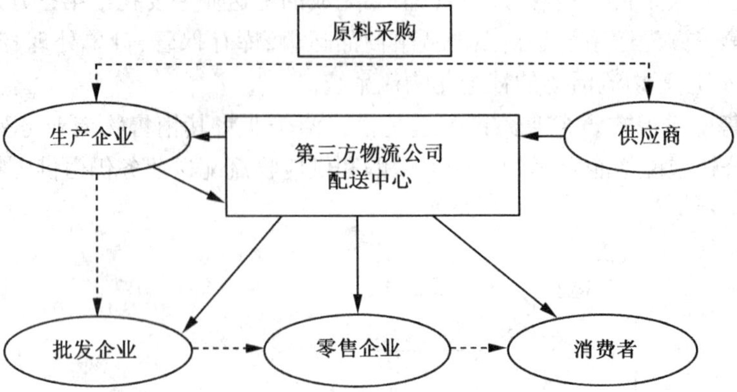

图 7—5 供应—销售物流一体化配送

【知识链接 7－1】

组合配送

第三方物流企业的组合配送是指第三方物流企业根据采购方的小批量和多频次的要求，按照地域分布密集情况，决定供应方的取货顺序，保证 JIT 取货和配送。

适用情况与要求：拉式经营模式；小批量、多频次取货；"门到门"的服务；运输时间代替仓储时间；组合后的最佳经济批量；GPS 全程监控；订单处理增值服务。

根据供应商的分布和供应商的数量要求可分为三种运输方式：第一，对较小、较远且分布分散的供应商，确定一个聚合点，将小车里的零部件转配入大车，运送到工厂；第二，对较小且分布集中的供应商，采用多点停留，固定集配路线，将零部件集结运输；第三，对主要供应商，一天中需要多次运送的，直接送到工厂。

7.1.2 配送模式的选择

企业选择何种配送模式，主要取决于以下几方面的因素：配送对企业的重要性、企业的配送能力、市场规模与地理范围、保证的服务及配送成本等。一般来说，企业配送模式的选择方法主要有矩阵图决策法、比较选择法等。

(1)矩阵图决策法

矩阵图决策法主要是通过两个不同因素的组合，利用矩阵图来选择配送模式的一种决策方法。其基本思路是选择决策因素，然后通过其组合形成不同区域或象限再进行决策。本章我们主要围绕配送对企业的重要性和企业配送的能力来进行分析，如图 7—6 所示。

在实际经营过程中，企业根据自身的配送能力和配送对企业的重要性组成了上述区域，一般来说，企业可按下列思路来进行选择和决策：

在状态Ⅰ下，配送对企业的重要性程度较大，企业也有较强的配送能力，在配送成本较低和地理区域较小但市场相对集中的情况下，企业可采取自营配送模式，以提高顾客的满意度和配送效率，与营销保持一致。

在状态Ⅱ下，配送虽对企业的重要程度较大，但企业的配送能力较低。此时，企业可采取

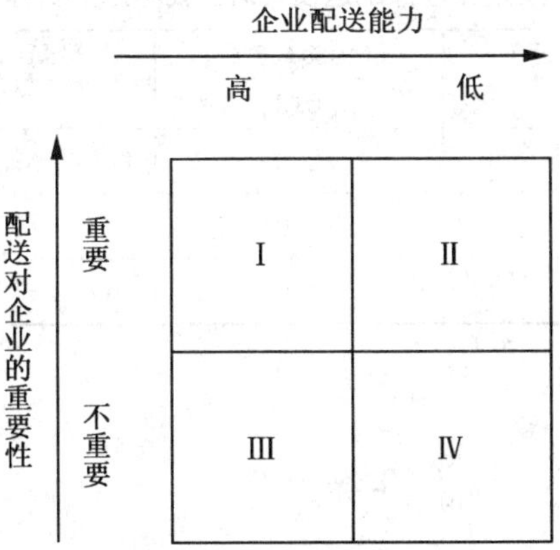

图 7—6　矩阵图决策法

的策略是寻求配送伙伴来弥补自身在配送能力上的不足。可供选择的模式有三种:第一种是加大投入,完善配送系统,提高配送能力,采用自营配送模式;第二种是进行一些投入,强化配送能力,采用共同配送模式;第三种是采取第三方配送模式,将配送业务完全委托专业性的配送企业来进行。一般来说,在市场规模较大且相对集中及投资量较小的情况下,企业可采取自营配送模式,若情况相反,则可采取第三方配送模式。

在状态Ⅲ下,配送在企业战略中不占据主要地位,但企业却有较强的配送能力,此时,企业可向外拓展配送业务,以提高资金和设备的利用能力,既可以采取共同配送的模式,也可以采用互用配送模式。若企业在该方面具有较大竞争优势时,也可适当地调整业务方向,向社会化的方向发展,成为专业的配送企业。

在状态Ⅳ下,企业的配送能力较弱,且不存在较大的配送需求,此时,企业宜采取第三方配送模式,将企业的配送业务完全或部分委托给专业的配送企业去完成,而将主要精力放在企业最为擅长的生产经营方面,精益求精,获得更大的收益。

(2)比较选择法

比较选择法是企业对配送活动的成本和收益等进行比较而选择配送模式的一种方法。一般有确定型决策、非确定型决策和风险型决策等。

①确定型决策。确定型决策是指一个配送模式只有一个确定的结果,只要比较各个方案的结果,即可做出选择何种模式的决策。

在实际经营过程中,企业对配送模式的选择往往需要考虑诸多方面的因素,即需要进行多目标决策。此时,评价配送模式的标准是各模式的综合价值,一般可用综合价值系数来进行评价。某一模式的综合价值系数越大,说明该模式的综合价值就越大,那么,该模式即为企业最佳的配送模式或满意模式。综合价值系数的公式为:

$$V=\sum M_i F_i$$

其中,V 为综合价值系数;M_i 为分数;F_i 为权数。

[例 7—1]　某企业在选择配送模式时主要考虑四个方面的目标,如表 7—1 所示。

表 7—1 某企业选择配送模式时主要考虑的目标

配送模式	成本(万元)	销售额(万元)	利润(万元)	顾客满意(%)
	0.1	0.3	0.4	0.2
自营	10	220	25	98
互用	8	180	17	97
第三方	5	140	15	99

根据公式计算：

$$V_{自营}=\frac{5}{10}\times 0.1+\frac{220}{220}\times 0.4+\frac{98}{99}\times 0.2=0.95$$

$$V_{互用}=\frac{5}{8}\times 0.1+\frac{180}{220}\times 0.4+\frac{97}{99}\times 0.2=0.76$$

$$V_{第三方}=\frac{5}{5}\times 0.1+\frac{140}{220}\times 0.4+\frac{99}{99}\times 0.2=0.73$$

因此，自营配送模式的综合价值系数最大，自营配送模式即为企业应选择的最佳模式。

需要注意的是，在利用确定型决策选择配送模式时，要明确以下几方面问题：一是决策的目标要明确；二是至少要有两个可供选择的配送模式；三是未来有一个确定的自然状态或一组确定的约束条件；四是各备选方案的自然状态或约束条件的效益值可以确定。

②非确定型决策。非确定型决策是指一个配送模式可能出现几种结果，而又无法知其概率时所进行的决策。进行非确定型决策时应满足的条件有以下要求：决策者期望的目标明确，存在着不以决策者意志为转移的两种以上状态，具有两个或两个以上可供选择的配送模式，不同模式在不同状态下相应的损益值可以获得。非确定型决策作为一种决策方法，虽带有较大的主观随意性，但也有一些公认的决策准则可供企业在选择模式时参考。一般采用按乐观准则来决策、按悲观准则来决策、按折中准则或赫维斯准则来决策、按最小后悔值准则来决策。

③风险型决策。风险型决策是指在目标明确的情况下，依据预测得到不同自然状态下的结果及出现的概率所进行的决策。由于自然状态并非决策所能控制，所以，决策的结果在客观上具有一定的风险，故称为风险型决策。风险型决策通常采用期望值准则。一般是先根据预测的结果及出现的概率计算期望值，然后根据指标的性质及计算的期望值结果进行决策。产出类性质的指标，一般选择期望值大的方案；投入类性质的指标，一般选择期望值小的方案。

【知识链接 7—2】

越库配送

越库配送包括所有避免在将货物送去零售商之前将其放入仓库的运输方法。越库配送是指货物从收货直接"流动"到出货，穿过仓库，用最少的搬运和存储作业，它减少了收货到发货的时间，降低了仓库存储空间的占用，同时也降低了货物的保管成本。

实施越库配送需要考虑的问题有两个：一是分担成本，分享收益，不能把成本转嫁给供应商；二是多供应商集中的配送中心。

美国商场搞促销的方式是部分商品每逢周日降价，所以商场平时人很少，星期天的人流则很大。对此，制造商就要考虑运输和生产计划的安排，并考虑如何降低成本来获取更多的利润。生产商一定要与物流企业联手搞策略联盟来解决这个问题。于是新的运作方式"越库配送"就得到了运用，即商品到了配送中心以后不进库，而是直接在站台上向需要的客户进行配送，这样就使物流的成本大大地降低了。

7.2　配送流程

7.2.1　配送的基本环节

从总体上讲，配送是由备货、理货、送货和配送加工四个基本环节组成的。

(1)备货

备货是准备货物的一系列活动，是配送的准备工作和基础工作。物流企业在组织货源和筹集货物时往往采用两种方法：一是直接向生产企业订货或购货完成此项工作。二是选择商流和物流分开的模式，由货主自己去完成订货、购货等工作，物流企业只负责进货和集货等工作，货物所有权属于货主。

(2)理货

理货是配送的一项重要内容，也是配送区别于一般送货的重要标志。理货包括货物分拣、配货和包装等具体活动。

货物分拣就是采用适当的方式和手段，从储存的货物中选出用户所需的货物。分拣货物一般采取摘取式和播种式两种方式来操作。

摘取式分拣就是像在果园中摘果子那样去拣选货物，作业人员拉着集货箱(分拣箱)在排列整齐的配送中心货架间巡回走动，按照拣货单上所列的品种、规格、数量将客户所需要的货物拣出并装入集货箱内，如图7—7所示。

播种式分拣货物类似于田野中的播种操作，将数量较多的同种货物集中运到发货场，然后根据每个货位的发送量分别取出物品，并分别放到每个代表客户的货位上，直到配货完毕，见图7—8所示。

图7—7　摘取式分拣

图7—8　播种式分拣

配货是指把拣取分类完成的货品经过配货检查过程后，装入容器和做好标识，再运到配货准备区，待装车后发货。

包装是指物流包装，其主要作用是保护货物并将多个零散包装物品放入大小合适的箱子中，以实现整箱集中装卸、成组化搬运，同时减少搬运次数，降低货损，提高配送效率。另外，包装也是产品信息的载体，通过外包装上标识的产品名称、原料成分、重量、生产日期、生产厂家、产品条形码、储运说明等，可便于客户和配送人员识别产品，进行货物的装运。

【知识链接7－3】

超市理货的基本原则

理货是随着水上贸易运输的出现而产生的，英文为tally，其含义为计数用的筹码。最早的理货就是计数，现在的理货包含制作理货单证、分票和理数、理残、绘制实际货物积载图、签证及批注等具体作业 。

超市理货的基本原则包括：

①最大化原则：产品陈列的目标是占据较多的陈列空间，尽可能增加货架上的陈列数量，只有比竞争品牌占据更多的陈列空间，顾客才更有可能购买你的产品。

②全品项原则：尽可能多地把公司的产品全品项分类陈列在一个货架上，既可满足不同消费者的需求，增加销量；又可提升公司形象，加大产品的影响力。

③集中展示：除非商场有特殊规定，尽量要把公司所有规格和品种的产品集中展示，每次去门店，都应把混入公司陈列中的其他品牌清除。

④满陈列原则：要让自己产品摆满陈列架，做到满陈列。这样既可以增加产品展示的饱满度和可见度，又可以防止陈列位置被竞争品牌挤占。

⑤垂直集中原则：垂直集中陈列可以抢夺消费者的视线，因为垂直集中陈列，符合人们的习惯视线，而且容易做出生动有效的陈列面。

⑥下重上轻原则：将重的、大的产品摆在下面，小的、轻的产品摆在上面，符合人们的习惯审美观。

⑦重点突出原则：在一个堆头或陈列架上陈列公司系列产品时，除了全品项和最大化之外，一定要突出主打产品的位置，这样才能主次分明，让顾客一目了然。

⑧伸手可取原则：要将产品放在让消费者最方便、最容易拿取的地方，根据不同主要消费者、不同的年龄、身高等特点，进行有效的陈列，如儿童产品应放在1米以下。

⑨统一性原则：所有陈列在货架上的公司产品，标签必须统一将中文商标正面朝向消费者，可达到整齐划一、美观醒目的展示效果。

⑩整洁性原则：保证所有陈列的公司产品整齐、清洁。如果你是消费者，你一定不会购买脏乱不堪的产品。

⑪价格醒目原则：标识清楚、醒目的价格牌，是增加购买的动力之一。这既可增加产品陈列的醒目宣传告示效果，又可让消费者对同类产品进行价格比较，买得明白，还可以写出特价和折扣数字以吸引消费者。如果消费者不了解价格，即使很想购买产品，也会犹豫，进而丧失一次销售机会。

⑫陈列动感原则：在满陈列的基础上可有意拿掉货架最外层陈列的几个产品，这样既方便消费者拿取，又可显示产品良好的销售状况。

⑬先进先出原则：按出厂日期将先出厂的产品摆放在最外一层，最近出厂的产品放在里面，避免产品滞留过期。专架、堆头的货物，至少每两个星期翻动一次，把先出厂的产品放在外面。

⑭最低储量原则：确保店内库存产品的品种和规格不低于“安全库存线”。

⑮堆头规范原则：堆头陈列往往是超市最佳的位置，是公司花高价买下做专项产品陈列的。从堆围、价格牌、产品摆放到 POP 配置都要符合上述陈列原则，必须具备整体、协调、规范的原则。

(3)送货

送货是备货和理货工序的延伸，是配送活动的末端。在物流活动中，送货实际上就是货物的运输（或运送），因此常常以运输代表送货。但是，组成配送活动的运输与通常所讲的干线运输是有很大差别的。前者多表现为用户的末端运输和短距离运输，并且运输的次数比较多；后者多为长距离运输。

由于配送中的送货需要面对众多的客户，并且要多方向运动，因此在送货过程中，常常要涉及运输方式、运输路线和运输工具的选择。按照配送合理化的要求，必须在全面计划的基础上，制定科学的、距离较短的货运路线，选择经济、迅速、安全的运输方式和适宜的运输工具。通常，配送中的送货都以汽车作为主要的运输工具。

(4)配送加工

配送加工是流通加工的一种，虽然不是很普遍，但往往有着重要的功能，可大大提高客户的满意程度，如图 7－9 所示。

图 7－9　配送加工

【案例分析 7－1】

让包装盒成为打动顾客的绝佳道具

任何人都不希望自己网购回来的衣服，在收到时被挤压成团或皱褶不堪。对于做电子商务来说，商品包装盒在运输过程中被挤压变形、破损带来的危害是相当严重的，商品的价值也会大打折扣。就凡客的衬衫来说，大多数售价是在百元左右，显然已无法再承受因包装问题带来的贬值。全体成员都为了如何打好包装而费尽心思，他们的目标就是让顾客在打开包装盒时看到服装的那一刻，可以获得物超所值的惊喜。

目前业内的通常做法是类似披萨盒的包装形式，将衬衫的内部包装盒插入外部包装盒，其形状如抽屉。这种包装盒形式虽然能让顾客在一两秒时间内抽出衬衫的内部包装盒，但依然无法达到眼前一亮的感觉；同时，侧面放置很难避免衬衫与包装盒之间的摩擦与挤压。一个现成参考对象如手机的包装盒，这种“全开箱”式的包装盒，让顾客在第一眼看到自己购买的手机时，便会产生更喜欢的感觉。

虽然绝大多数衣服不会因为挤压而受到破损，通常有些卖家和快递公司会选择结实的包装盒进行包装，但衣服的平整度是很难得到保证的。以男士衬衣起家的凡客，延续了衬衣送到顾客手中必须平整的要求，包装盒不能有明显压扁的迹象，材质上选择抗压能力更好的三层牛皮纸。在包装盒定稿时还要进行专门的抗压测试。来自凡客的数据说明，这种包装盒及包装辅料的成本在 4 元左右，大概占运营成本的 5%。但凡客的董事长宁愿选择压缩其他的运营成本，而继续加大对包装盒质量上的投入，并且每一次升级都需要经过他亲自来确认。

他们所有的努力只是为了顾客在签收时的那一刻的感受。当物品到达时配送员将客户在凡客订购的衣服送到家中，他会一手托着包装盒，一手将盒盖轻轻打开，订购的货物即会全部呈现在他的眼前。盒里的衬衫，如同刚刚精心放置时的一样，而不会像其他卖家寄过来的包裹那样，里面的物品经过抛、摔、长途运输的颠簸早已脱离它放置时的位置。

凡客在位于北京南五环的一处仓库中，每天会有数以万计的包裹从这里配送到顾客手中。仓库里除了一排排货架，最吸引目光的莫过于整齐排放的包装盒。凡客的包装盒款式超过十种，而作为凡客最具辨识度的扁平外包装盒，则有七种不同尺寸。与衬衫精准匹配的包装盒，亦是能够保持衣物平整度的重要因素。

整个仓库犹如工厂流水线一般，为了确保这些数以万计的包裹不出任何差错，一个看似简单的打包过程，被拆分成不同的流程。包装台是整个流水线中最重要的一环，它就像我们在大型超市里看到的成排的收银台那样，在操作台旁边都高高堆起不同尺寸的包装盒，由专门负责包装的包装员站在的包装台前，根据货物的体积、高度来选择尺寸合适的包装盒进行包装。

配送的快递人员则需要对运输中包装盒的品相负责。不仅需要注意不让包装盒破损、淋雨，还要尽量避免碰撞变形和弄脏。因为服装电子商务这一行的规矩是，顾客如果对于商品及包装不满意，可以拒绝签收而退回。每一笔退单都意味着要另外卖几件衬衫才能挽回损失，由包装而不是由衬衫款式、质量产生的退货，对凡客来说显然是因小失大。这对凡客显然是不可以接受的，也是他们将很大精力放在这一小小包装盒上的重要原因。

（资料来源：《环球企业家》，http://news.imeigu.com/a/1295938079165.html）

分析提示：凡客衬衫的“全开箱”式的包装盒，就是让顾客在收到衣服时能轻而易举地打开包装盒，而无需再费力地去拆胶带；打开之后，又可以让衬衫完好如初地呈现在顾客面前。虽然这种包装盒的做法增加了销售的成本，但由此带来衣服品质和口碑的提升，从而提高商品的销售是值得的。这种包装盒的形式也是值得我们所有卖家学习和借鉴的。

7.2.2 配送流程的种类

(1)一般流程

配送的一般流程比较规范，适用于以干货为主的配送，主要是指服装、鞋帽、日用品等小百货，家用电器等机电产品，图书及印刷品及其他杂品的配送。这类产品的特点是有确定的包装、商品的尺寸不大，可以对它们进行混装、混载，适用于多品种、少批量、多批次、多用户配送需要，它们的配送过程是一种适用范围较宽的配送工艺流程结构。

具体到不同类型、不同功能的配送中心或结点的配送活动，其流程可能有些不同，而且不同的商品，由于其特性不一样，其配送流程也会有所区别。配送的一般流程如图 7—10 所示。

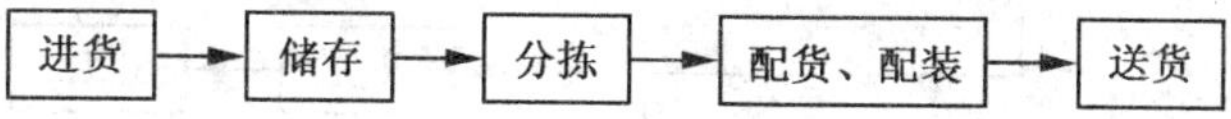

图 7—10 配送的一般流程

(2)生产资料产品的配送流程

生产资料是劳动手段和劳动对象的总称。在管理工作中，人们常常把生产资料分成两大类:工业品生产资料和农业品生产资料。本章所讲的生产资料是指用于满足工作、交通、基本建设等需要的工业品生产资料，其中包括各种原料、材料、燃料、机电设备等。

一般来说，生产资料的消费量都比较大，因而运输量也就比较大。从物流的角度看，有些生产资料是以散装货裸装方式流转的，如煤炭、水泥、木材等产品；有些则是以捆装和集装方式流转的，如金属材料、机电产品等；有些产品是经过初加工以后才供应给消费者使用的，如木方、配煤、型煤等；还有些产品则是直接进入消费领域，中间不经过初加工过程。由于产品的性质和消费情况各异，其配送流程也迥然不同。

①金属材料配送流程。

作为配送对象的金属材料主要包括:黑色金属材料，如各种型材、板材、线材等；有色金属材料，如有色金属及其型材；各种金属制品，如铸件、管件、坯料等。与生活资料相比，金属材料有如下一些特点:重量大、强度高、规格品种繁多，但运输时可以混装。一般来说，这类物资的产需关系比较稳定，但是需求结构比较复杂。因此，金属材料配送多数都含有加工工序。对于一些需求量不太大但需要品种较多的用户，金属材料的配送流程中又常常包含着分拣、配货和配装等作业。就加工工序而言，主要有这样几项作业:集中下料；材料剪切、定尺和整形；除锈、剔除毛刺。金属材料的配送流程如图 7—11 所示。

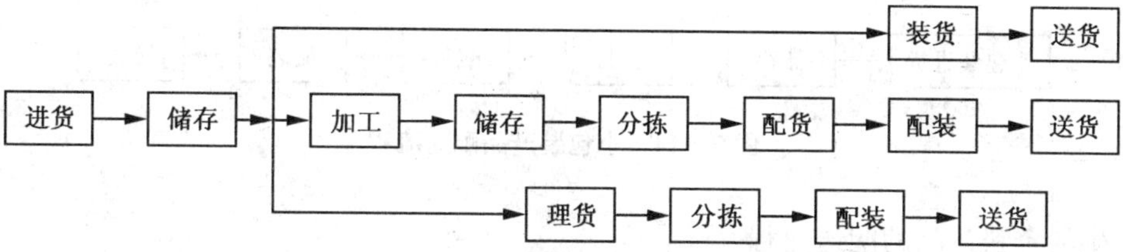

图 7—11 金属材料的配送流程

②煤炭产品配送流程。

作为配送对象的煤炭产品主要有原煤、型煤、配煤(混配煤炭)。这类产品需求有这样一些共同特点:需求量大，需求范围广；消耗稳定，用户较固定；储运大多以散堆为主，很难与其他产品混装。

鉴于煤炭有其特殊的物理和化学性能，因而在实际操作中形成了两种不同的配送流程。一种工艺流程是从储存场地直接装货、直接送货；另一种工艺流程是在储货场地设置加工环节，将煤炭加工成配煤(即将几种发热量不同的煤炭掺混在一起，达到消费者的使用要求)和型煤，然后进行装货和发货。煤炭配送的流程如图 7—12 所示。

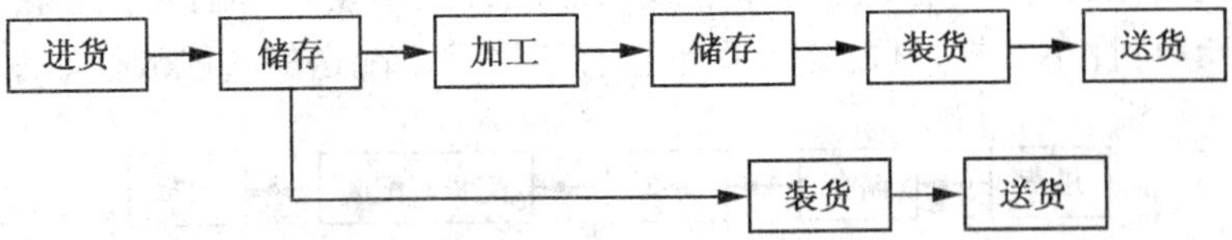

图 7—12 煤炭产品配送流程

③化工产品配送流程。

化工产品的种类繁多，有些系无毒无害产品，而有些产品则具有燃烧、爆炸、毒害、腐蚀、放射性、污染等危险性质。这里所述的化工产品是指单位时间内消耗量大、有毒、有腐蚀性和有一定危险的化工产品，主要包括硫酸、盐酸、磷酸、烧碱、纯碱和树脂等。它们的共同特点是：活性强，不同种类产品不能混装、混存，其装载运输和存储须使用特制的容器、设备和设施。

由于化工产品形态较为复杂，进货情况不同，所以其配送工艺也不尽相同。从总体来看，基本上有两种形式：

一种是散装或大包装产品配送流程。配送企业（配送中心）集中进货后，通常要按照要求进行分装加工，变散装或大包装为小包装，然后采取一般配送流程进行配送作业，如图 7—13 所示。

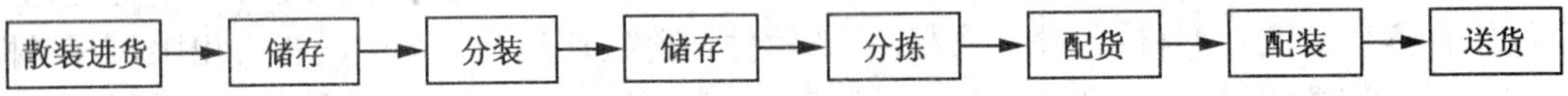

图 7—13 散装或大包装产品配送流程

另一种是小包装产品配送流程。有些化工产品在出厂之前就已包装成用户可以接受的标准小单元，对于这类产品，行为主体集中进货以后不需要再进行分装加工，可以直接按照一般的配送流程安排作业，如图 7—14 所示。

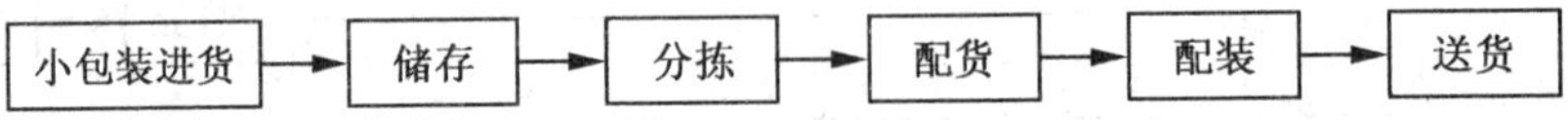

图 7—14 小包装产品配送流程

(3)生活资料产品的配送流程

生活资料是用来满足人们生活需要的劳动产品，包括供人类吃、穿、用的各种食品、饮料、衣物、用具和各种杂物。生活资料的品种、规格较之生产资料更为复杂，其需求变化也比生产资料要快，因此，生活资料的配送不但必须安排分拣、配货和配装等工艺或工序，而且其作业难度也比较大。此外，就生活资料中的食品而言，有保鲜、保质期和卫生等质量要求，根据这一特点，一部分生活资料的配送流程中也包含着加工工序。

①中小杂货配送流程。

中小杂品主要是指如下几类产品：小百货，如服装、鞋帽、日用品等；小机电产品，如家用电器、仪器仪表和电工产品等；图书和其他印刷品；无毒无害的化工产品和其他杂品。这类产品的共同特点是：有确定的包装，可以集装、混装和混载，产品的尺寸不大，可以成批存放在设有单元货格的现代化仓库中。因此，为了进行合理运输，在配送流程中又必然安排配装工序。就整个配送流程而言，中小杂品配送是一种标准化的配送模式，其流程如图 7—15 所示。

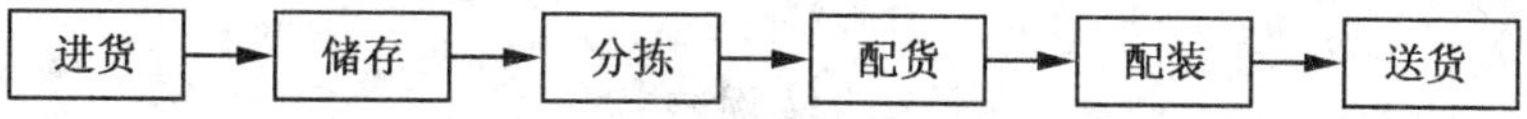

图 7－15　中小杂货配送流程

②生鲜食品、副食品配送流程。

生鲜食品、副食品种类非常多，形态也很复杂，对外界流通条件要求差别很大。按食品性质及流通条件要求不同可分为：有一定保质期的、包装较为完善可靠的食品；无小包装、保质期较短的需尽快送达用户的食品；特殊条件保鲜保活的鲜鱼、水产物、肉类等；新鲜果菜等数量较大、保质期较短的食品。

据此，食品配送有三种工艺流程：

第一种是不带储存的食品配送流程。在备货工序之后紧接分拣和配货等工序，中间不存在储存工序。即货物（食品）组织到以后，基本上不存放，而且很快进行分拣、配货，然后快速送货。通常，保质期较短和保鲜要求较高的食品，如点心类、肉制品、水产品等，都按照此流程进行配送。其配送工艺流程如图 7－16 所示。

图 7－16　不带储存的食品配送流程

第二种是带储存的食品配送流程。在备货作业之后安插储存工序，然后再依次进行配货和配装等作业。通常，保质期较长的食品主要按照此流程进行配送。其操作程序是：大量货物组织进来之后，先要进行储存、保管，然后再根据用户订单进行分拣、配货、配装，待车辆满载以后，随即向各个用户送货。这种带有储存工序的食品配送流程如图 7－17 所示。

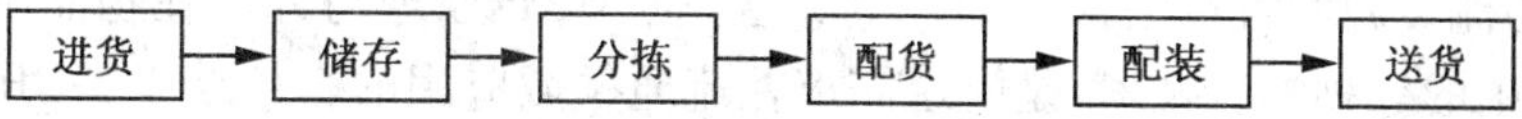

图 7－17　带储存的食品配送流程

第三种是带加工工序的食品配送流程。大量货物集中到仓库或场地以后，先进行初加工，然后依次衔接储存、分拣、配货、配装和送货等工序。其配送流程如图 7－18 所示。

图 7－18　带加工工序的食品配送流程

食品配送特别强调速度和保质，因此，在物流实践中，一般采用定时配供、即时配送等形式向用户送货。

【知识链接 7－4】

冷链物流

冷链物流(cold chain logistics)泛指冷藏冷冻类食品在生产、贮藏运输、销售,直到消费前的各个环节始终处于规定的低温环境,以保证食品质量、减少食品损耗的一项系统工程。它是随着科学技术的进步、制冷技术的发展而建立起来的,是以冷冻工艺学为基础、以制冷技术为手段的低温物流过程。随着我国农产品冷链物流业的快速发展,国家必须尽早制定和实施科学、有效的宏观政策。冷链物流的要求比较高,相应的管理和资金方面的投入也比普通的常温物流要大。

冷链物流的适用范围包括:初级农产品,如蔬菜、水果,肉、禽、蛋,水产品,花卉产品;加工食品,如速冻食品、禽、肉、水产等包装熟食,冰淇淋和奶制品,巧克力,快餐原料;特殊商品,如药品。由于食品冷链是以保证易腐食品品质为目的,以保持低温环境为核心要求的供应链系统,所以它比一般常温物流系统的要求更高、更复杂,建设投资也更大,是一个庞大的系统工程。由于易腐食品的时效性要求冷链各环节具有更高的组织协调性,所以,食品冷链的运作始终是和能耗成本相关联的,有效控制运作成本与食品冷链的发展密切相关。

7.3 配送计划的组织与实施

7.3.1 配送需求计划

(1)配送需求计划

配送需求计划(distribution requirement planning,DRP),是一种既保证有效地满足市场需要,又使得物流资源配置费用最少的计划方法,是 MRP 原理与方法在物品配送中的运用。它是流通领域中的一种物流技术,是配送需求在流通领域应用的直接结果。DRP 主要解决分销物资的供应计划和高度问题,达到保证有效地满足市场需要又使得配置费用最省的目的。它基于 IT 技术和预测技术,对不确定的顾客需求进行预测分析,并规划确定配送系统的存货、分拣、运输等能力。

DRP 主要适用于流通企业和自己具有销售网络和储运设施的生产企业。这两类企业共同的基本特征是:以满足自身的需求为宗旨;都依靠一定的物流能力,包括仓储、运输、包装、装卸、搬运等功能;物流活动作为基本手段来满足社会的商品需求;都要从商品生产企业或商品资源市场组织商品资源。

(2)配送需求计划原理

DRP 主要解决产成品的供应、调度与配送的问题,基本目标就是合理地进行物资配送和资源配置,在保证有效地满足市场需要的基础上,使得配置费用最省。

如果企业是由其地区级仓库接受订货和订单处理的,就可能导致企业的最终产品在各地区仓库之间形成不平衡分布。如果所有订单由工厂集中处理,有利于全面按照顾客订货的轻重缓急程度,合理分配产品。当发生缺货的情况时,可以统筹调剂安排,避免有的顾客得到全部订货、有的顾客则完全没有订货等不均衡情况发生。因此,有物流专家认为,实行 DRP 的关键是必须由生产工厂集中进行订单处理。配送需求计划原理如图 7－19 所示。

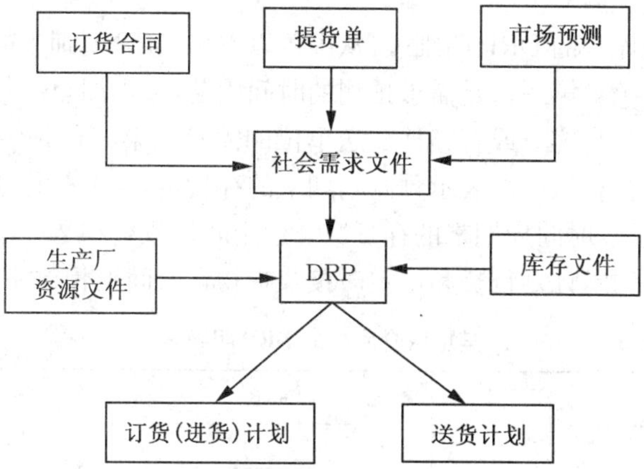

图7—19　配送需求计划原理

实施DRP时，要输入三个文件，然后根据这三个文件产生两个计划，即订货或进货计划、送货计划。

①配送需求计划的输入文件。配送需求计划的输入文件有社会需求文件、库存文件和生产厂资源文件。社会需求文件是指客户的订货单、提货单或供货合同，也包括下属各子公司、下属各地区配送中心的订货单。库存文件是配送系统的仓库里所有库存物资品种和数量的列表，库存文件也是制定DRP计划必需的文件。生产厂资源文件是货物生产厂或供应商的可供资源文件，包括可供的物资品种、数量、时间，也包括生产厂或供应商的地理位置等情况。生产厂资源文件主要是为DRP制定订货计划使用。

②配送需求计划的生成文件包括订货(进货)计划和送货计划。订货(进货)计划是指配送系统对供货厂商的订货或进货计划。送货计划是指对客户的送货计划。根据库存文件和生产厂资源文件可以确定客户的订货是从仓库送货，还是需要订货、进货再送货，或是会发生缺货。

(3)DRP的编制和明细表调整

①DRP的编制。

如果企业的配送系统包括工厂成品库、配送中心和零售商店三个环节，则编制DRP的一般程序是:先由各零售商店开始，根据它们在一定时期的计划销售数量，扣除预计库存，确定计划补充订购日期和数量，报送各自归口的配送中心;各配送中心按照编制DRP的原理，确定各自的各种产品计划补充订购日期和数量，报送生产工厂;生产工厂据此计算工厂的各种产品的需求量，并与工厂各种产品的销售计划和生产计划衔接起来。

DRP计划最基本的工具就是明细表，它用于协调整个计划期内的需求。每一个物品储存单元和每一个配送设施都有一张明细表。同一个物品储存单元的明细表被综合起来，即可用于确定诸如工厂仓库之类的整个补给设施的需求。

明细表用每周的时间增量展开，称为“买空卖空”(bucket)。每一个“买空卖空”反映了一段时期的活动。每周增量是最常见的，也可使用每日或每月的周期时间。对每一个地点和物品储存单元，明细表报告当前现有存货剩余、安全储备、完成周期长度以及订货批量等。此外，对于一个计划周期，明细表报告总需求数、已定时接收数以及预计现有存货数和已计划订货数。明细表的信息不断更新，并在中央仓库和地区仓库之间实现周期性传递或即时传递。

下面以一个中央仓库和两个地区仓库为例，简单说明地区仓库和中央仓库DRP明细表的编制。

表 7—2 为地区仓库一的 DRP 明细表，从中可以看出 DRP 明细表的一般结构。预测开始之前的存货数量为 45 个。第一行是需求预测的时间周期，可以周、日、年为单位。第二行是预测的需求数，它反映了来自客户或者其他配送单位的需求。第三行是该仓库已定时接收货物量。第四行是预计的现有存货数，表示预测周期末的存货量，这一行是通过公式得来的：

预计现有存货数＝上一时间周期末的存货数＋已定时接收货物数－本周期的预测需求数

第五行是计划订货数，计划订货和已定时接收货物在时间上相差一个订货周期。

表 7—2　　某地区仓库一的 DRP 明细表

预测时间周期(周)		1	2	3	4	5	6	7
预测的需求数(个)		20	20	20	10	30	30	20
已定时接收货物数(个)			60			60		60
预计现有存货数(个)	45	25	65	45	35	65	35	75
计划订货数(个)				60		60		

说明：当前库存为 45 个；安全库存为 20 个；订货批量为 60 个；订货周期为 2 周。

表 7—3 为地区仓库二的 DRP 明细表。

表 7—3　　某地区仓库二的 DRP 明细表

预测时间周期(周)		1	2	3	4	5	6	7
预测的需求数(个)		15	15	15	20	15	15	15
已定时接收货物数(个)			40		40			40
预计现有存货数(个)	32	7	42	27	47	32	17	42
计划订货数(个)		40		40			40	

说明：当前库存为 32 个；安全库存为 10 个；订货批量为 40 个；订货周期为 1 周。

所有的地区仓库的 DRP 明细表列出来以后，就可以将其中的计划订货数信息传递到中央仓库，得到中央仓库的 DRP 明细表。表 7—4 为中央仓库的 DRP 明细表。

表 7—4　　中央仓库的 DRP 明细表

预测时间周期(周)		1	2	3	4	5	6	7
地区仓库一计划订货数(个)				60		60		
地区仓库二计划订货数(个)		40		40			40	
总需求数(个)		40	0	100	0	60	40	0
已定时接收货物数(个)				150			150	
预计现有存货数(个)	100	60	60	110	110	50	160	160
计划订货数(个)			150			150		

说明：当前库存为 100 个；安全库存为 50 个；订货批量为 150 个；订货周期为 1 周。

由中央仓库的 DRP 明细表可以得到中央仓库的计划订货数。这些计划订货数就可以作为制定主生产计划的依据。也就是说，主生产计划必须保证中央仓库的订货得到及时的满足

(其中也必须考虑订货周期)。

②DRP 明细表的调整。

每个时间周期的需求数量是由以往的经验预测出来的。实际的需求一般会在预测值附近波动,这样经过几个时间周期,原 DRP 明细表中的内容就需要进行调整,尤其是计划订货的时间。

以表 7—5 的例子来说明。

表 7—5 **DRP 明细表的调整**

预测时间周期(周)		1	2	3	4	5
预测的需求数(个)		20	20	20	20	20
已定时接收货物数(个)		40		40		40
预计现有存货数(个)	6	26	6	26	6	26
计划订货数(个)			40		40	
第 1 周的实际需求:16 个						
预测时间周期(周)		2	3	4	5	6
预测的需求数(个)		20	20	20	20	20
已定时接收货物数(个)			40		40	
预计现有存货数(个)	30	10	30	10	30	10
计划订货数(个)		40		40		
第 2 周的实际需求:26 个						
预测时间周期(周)		3	4	5	6	7
预测的需求数(个)		20	20	20	20	20
已定时接收货物数(个)		40	40		40	
预计现有存货数(个)	4	24	44	24	44	24
计划订货数(个)		40		40		40

说明:当前库存为 6 个;安全库存为 5 个;订货批量为 40 个;订货周期为 1 周。

【知识链接 7—5】

配送资源计划

为了提高各环节的物流能力,达到系统优化运行的目的,扩展配送需求计划的内容,称为配送资源计划(distribution resource planning,DRPⅡ)。当配送系统有多个运行单位(如多个仓库)时,需要从系统整体的角度,对现有的各配送资源进行有效的整合,确定各运作单位的经营方向和经营内容。

DRPⅡ能有效解决以下问题:

①当配送系统设立多个仓库/储运中心/转运站时,设置合理的仓储据点数量;

②仓库位置的选择和配送区域的确定,以满足配送系统的需求;

③仓库存放的商品种类、数量,以供应该区域的商品需求,仓库空间的规划;

④仓库据点的设施资源和人力资源的确定。

7.3.2 配送作业计划

配送作业计划是指配送中心为完成各项配送任务而制定的具体执行安排。其目的是实现配送管理的合理化;消除配送中的作业浪费、时间浪费;减少商品损失,提高设备、设施、运输工具的使用效率,从而削减配送费用,使配送工作能够按最高效率的路线和行车时间表进行(如进行夜间配送)。配送作业计划主要是为了具体的配送作业提供指导,因此配送作业计划的内容就是要确定在特定的时间、特定的场所,要做什么、谁去做和怎么做等问题。

(1)配送作业计划的主要内容

一般来说,配送作业计划的内容主要包括以下五个方面:

①确定每天从各配送点发运的商品的具体品种、数量、规格;

②列出详细配送计划表供审批、执行和备案;

③按日排定客户所需商品的品种、数量、送货时间、送达地点、规格以及接货人等,并弄清各客户的详细地址,在运输路线图上标明,也可在出货的单据或表格中列出;

④按计划的要求选择配送服务的具体组织方式,确定配送路线;

⑤按客户需要的时间,确定配送作业准备的提前期。

(2)配送计划的种类

配送计划一般包括配送主计划、每日配送计划和特殊配送计划。

配送主计划是指针对未来一定时期内,对已知客户需求进行前期的配送规划,便于对车辆、人员、支出等做统筹安排,以满足客户的需要。例如,为迎接家电行业3—7月空调销售旺季的到来,某公司于年初制定空调配送主计划,根据各个零售店往年销售情况加上相应系数预测配送需求量,提前安排车辆、人员等,制定配送主计划,全面保证销售任务完成。

每日配送计划是针对配送主计划,逐日进行实际配送作业的调度计划。例如,订单增减、取消、配送任务细分、时间安排、车辆调度等。制定每日配送计划的目的是,使配送作业有章可循,成为例行事务,做到忙中有序。当然这和责任人也是有很大关系的。

特别配送计划是指针对突发事件或者不在主计划规划范围内的配送业务,或是不影响正常性每日配送业务所做的计划。它是配送主计划和每日配送计划的必要补充。例如,空调在特定商场进行促销活动,可能会导致配送需求量突然增加或者配送时效性增高,这都需要制定特殊配送计划,增强配送业务的柔性,提高服务水平。

(3)配送计划制定的步骤

制定一个高效的配送计划不仅是为了满足客户的要求,而且应该能够对客户的各项业务起到有效的支撑作用,起到帮助客户创造利润的目的,也就是我们所说的发掘“第三利润源泉”,最终使客户和物流企业同时受益,达到“双赢”的效果。

配送计划的制定一般应遵循图7—20所示的步骤进行。

①企业在制定配送计划时必须考虑制定配送计划的目的。例如,配送业务是为了满足短期实效性要求还是长期稳定性要求;配送业务是服务于临时性特定顾客还是服务于长期固定客户。不同的配送目的,需要有不同的配送计划支撑。

②对相关数据资料的收集并作相应的分析是制定配送计划的关键,也是提高配送服务质量的关键。

③配送七要素是指货物、客户、车辆、人员、路线、地点、时间这七项内容,也称作配送的功

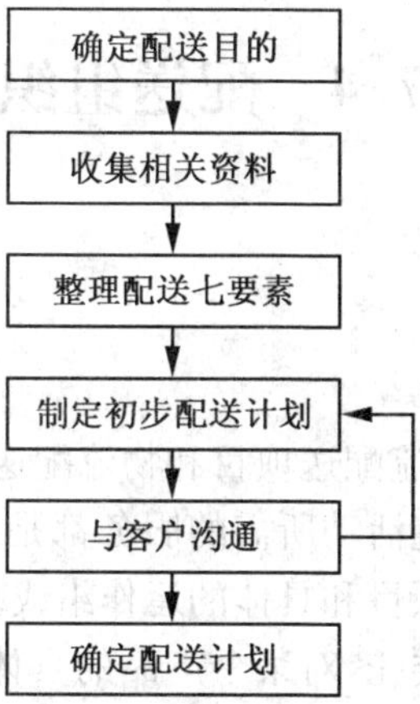

图7－20　制定配送计划的步骤

能要素，在制定配送计划时应对此七项内容做深入了解并加以分析整理。

④在完成前三个步骤之后，结合自身能力以及客户需求，便可以初步确定配送计划。

⑤在具体业务的操作上，要取得良好的配送服务质量，是需要客户与配送公司密切配合、反复沟通的，并不是单纯某一方的责任。

⑥经过与客户几次协调沟通之后，初步配送计划经过反复修改最终确定。已经确定的配送计划应该成为配送合同中的重要组成部分，并且应该让执行此配送计划的双方或者多方人员全面了解，确保具体配送业务的顺利操作，确保配送服务质量。

【案例分析7－2】

波音公司为客户提供紧急订货的回报

某天，美国波音公司的董事长接到意大利某航空公司总裁的紧急电话。在电话中，他得知该航空公司的一架飞机在地中海失事，急需一架新的飞机来保证现有航线正常运行，希望波音公司能迅速地送一架波音飞机去。波音飞机在国际市场上很受欢迎，按照一般的惯例，波音公司在接到飞机订单后，最快也要两年后才能交货。考虑到这次紧急订货的特殊性，公司召开了一个专门会议进行讨论，最后决定在不影响其他订单交货的情况下，调整交货时间，在一个月内为这家航空公司送去了所订机型的新飞机。

几个月后，波音公司为这次紧急订货所付出的成本便收到了回报。该航空公司为了回报波音公司临危解难的义举，主动取消了和其他公司的订货合同，向波音公司送去9架大型客机的订单，成交额高达5.8亿美元。

（资料来源：牛鱼龙，《世界物流经典案例》，海天出版社2003年版）

分析提示：这份巨额订货单的取得，波音公司既没有经过激烈的讨价还价，也未进行任何营销努力、花费任何促销成本。这是公司遵循客户至上原则，为客户提供紧急订货的回报。

7.4 配送组织

7.4.1 配送方案

(1)配送方案的含义

配送方案是从事配送活动的物流配送项目和物流配送运作的总称。配送方案是针对具体的物流服务需求做出的,而每个物流活动所需的服务都是不同的,因此,每个配送方案也都应该是不同的,但它依然是由具体的项目和具体的运作组成。配送方案包含两层意思:一是指某个具体配送活动的方案,如受客户委托,对某个产品的具体配送活动做出规划和实施计划;二是指解决配送活动中问题的方法和具体运作的描述。

(2)配送方案的选择

配送方案是物流服务供应商提出的配送服务解决方案。客户提出的配送服务要求不尽相同,而且客户的产品或商品又是千差万别,因此配送方案的形式和内容也不完全一样。为了满足客户的物流配送服务的个性化要求,为客户量身定做的物流配送解决方案必然有各自的特点。但从宏观上看,各种配送方案都是为提供合理的、低成本、高效率的配送服务而做出的,所以各种方案必有共性,即有共同的基本内容。这些基本的内容主要由以下七个部分组成:

①资源筹措方案。为了能够按照客户要求配送货物,首先必须集中客户需求规模备货,从生产企业取得种类、数量繁多的货物,在客户需求计划的协调下,缩短客户的响应时间,实现物流配送的同步化运作,采购与配送保持同步,从而使物流管理和客户服务一体化。

②实施时间、地点、方式、要求、状况的规定。实现准时服务,必须采用先进的物流管理信息系统辅助管理库存,充分利用虚拟物流技术。从收客户订单,下达配送计划,安排配送,启动服务程序运行,使物流通过信息流一步到位,使客户得到"一站式"服务。管理统一及过程同步的结果是需求准确、库存合理、调控及时、配送经济、服务完善。由此,减少了环节,缩短了流程,提高了效率,使客户能够在适当的时间和地点,获得所需质量与数量的货物和服务,从而提高顾客满意度。

③合作伙伴的选择。通过与合作伙伴建立稳定的关系,降低运行成本,分散单个企业的竞争压力,以合作伙伴的整体来规避市场风险,提高企业抗风险能力。对合作伙伴的选择要求,一是合作伙伴的实力,二是合作伙伴的诚信度,三是产品的市场份额。

④配送计划的拟定。从物流的观点来看,配送几乎包括了物流的全部活动;从整个流通过程来讲,它又是物流与商业信息流的统一体。因此,配送计划的制定要以市场信息为导向、商流为前提、物流为基础,这就是说要以商流信息为主要依据来制定配送计划。

⑤配选路线的选择。配送路线是指各进货车辆向各个客户送货时所要经过的路线。配送路线合理与否对配送速度、成本、效益有较大的影响,采用科学的、合理的方法来优化配送路线,是配送活动中非常重要的一项工作。选择配送路线的方法有许多种,要根据配送货物的数量、特性,客户的地理位置、距离、交通状况、运送成本、客户对配送服务的时间要求等因素具体确定。

⑥配送合理化分析。对于配送合理与否的判断,是配送决策系统的重要工作内容。目前国内外尚无一定的技术经济指标体系和判断方法,一般来说可以从库存标志、资金标志、成本

和效益、供应保证等标志来进行分析。

⑦配送成本分析。配送中心承担了物流企业绝大部分乃至全部的物流任务，因此其物流成本管理实际上是把企业的利润目标具体化。这便要求推行以预算管理为核心的物流成本计划和统筹管理，并通过成本差异分析发现问题，提出解决问题的方法。

7.4.2　配送路线的选择与优化

由于配送活动一般都面对多个固定或非固定客户，并且这些客户坐落地点各不相同，送货时间和配送数量也都不尽相同，如果不进行运输路线的合理规划，往往会出现不合理运输现象，如迂回运输、重复运输、重复装卸等，从而造成送货时间的耽误、送货成本的增加、配送服务水平难以提高。因此，采取科学的方法对配送路线进行合理的优化组合是配送活动中非常重要的一项工作。

(1)配送路线的选择

①配送路线方案目标的选择。

配送路线方案目标的选择可以从以下几个方面来考虑：

● 以配送效益最高为目标。在选择效益最高为目标时，一般是以企业当前的效益为主要考虑因素，同时兼顾长远的效益。效益是企业整体经营活动的综合体现，可以用利润来表示，因此，在计算时是以利润的数值最大化为目标值的。

● 以成本最低为目标。成本和配送路线之间有密切的关系，在计算各配送路线的运送成本时需要结合运输成本、装卸搬运成本、包装成本等进行综合考量，最终确定总送货成本最低。由于成本对最终效益起决定作用，因此选择成本最低为目标实际上还是选择了以效益为目标。

● 以路程最短为目标。如果成本和路程相关性较强，而和其他因素是微相关时，可以采取路程最短为目标，这可以大大简化计算，而且也可以避免许多不易计算的影响因素。需要注意的是，有时候路程最短并不见得成本就最低，如果道路条件、道路收费影响了成本，单以最短路程为最优解则不一定合适了。

● 以吨・千米最小为目标。吨・千米最低通常是长途运输或是采取共同配送方式时所选择的目标。在多个发货站和多个收货站、又是整车发货情况下，选择吨・千米最低为目标可以取得满意的结果。在"节约里程法"的计算中所确定的配送目标就是采用吨・千米最小。

● 以准时性最高为目标。准时性是配送活动中重要的服务指标，以准时性为目标确定配送路线就是要将各客户的时间要求和路线先后到达的安排协调起来，这样有时难以顾及成本问题，甚至需要牺牲一定的成本来满足准时性要求。需要注意的是，总成本始终应控制在目标范围内而不能因此失控。

● 以劳动消耗最低为目标。以油耗最低、司机人数最少、司机工作时间最短等劳动消耗最低为目标确定配送路线也有所应用。这主要是在特殊情况下(如供油异常紧张、油价非常高、意外事故引起人员减员、某些因素限制了配送司机人数等)所要选择的目标。

②配送路线的约束条件。

以上目标在实现时都受到许多条件的约束，必须在满足这些约束条件的前提下才能取得目标需要实现的结果。一般配送约束条件有以下几项：

● 路线允许通行的时间限制。某些路段在一定的时间范围内，不允许某种类型的车辆通行，确定配送路线时应当考虑这一因素。

● 运输工具最大装载能力的限制。最大装载能力的限制包括载重量的限制和装载容积的限制。运输途中需要保证货物的安全,因此在安排货物的配送路线时应确保同路线货物的重量或者体积不会超过所使用运输工具的最大装载能力。

● 配送中心的能力。配送中心的能力包括运输和服务这两个方面的能力。运输能力是指提供适当的专门化车辆的能力,如温度控制,散装产品以及侧面卸货等;服务能力包括编制时间表和开发票,在线装运跟踪以及储存和整合。

● 自然因素的限制。自然因素主要包括气象条件、地形条件。尽管现代运输手段越来越发达,自然因素对于运输的影响已相对减少,但是,自然因素仍是不可忽视的影响因素之一,如突然发生的地陷导致正常的运输道路毁坏。因此,在进行配送路线的规划时应考虑好替代路线。

● 其他不可抗力因素所产生的风险。其他不可抗力主要是指法律的颁布、灾害的发生、战争的爆发等。这些因素有时会产生很严重的后果,为了规避风险,应当对其进行充分估计并购买相应保险。

(2)配送路线优化的方法

在配送路线设计中,当由一个配送中心向一个特定客户进行专门送货时,从物流的角度看,客户需求量接近或大于可用车辆的定额载重量,须专门派一辆或多辆车一次或多次送货。货物的配送追求多装快跑,选择最短配送路线,以节约时间和费用,提高配送效率,也就是寻求物流网络中的最近距离的问题。

①经验判断法。经验判断法是指利用行车人员的经验来选择配送路线的一种主观判断方法。一般是以司机习惯行驶路线和道路行驶规定等为基本标准,拟订出几个不同方案,然后通过倾听有经验的司机和送货人员的意见,或者直接由配送管理人员凭经验作出判断。这种方法的质量取决于决策者对运输车辆、客户的地理位置与交通路线情况掌握程度和决策者的分析判断能力与经验。尽管缺乏科学性,易受掌握信息的详细程度限制,但其运作方式简单、快速和方便。通常在配送路线的影响因素较多,难以用某种确定的数学关系表达或难以以某种单项依据评定时采用。

②节约里程法。配送路线的优化一般要结合数学方法及计算机求解的方法来制定合理的配送方案。节约里程法也称为节约法,是优化配送方案的一种较成熟的方法。

节约里程法的基本规定是:根据配送中心的运输能力(包括车辆的多少和载重量)和配送中心到各个客户以及各个客户之间的距离来制定使总的车辆运输的吨·千米数最小的配送方案。

节约里程法的基本原理如图 7－21 所示。图 7－21(a)中,三角形的三个顶点分别为 P、A、B,P 点为配送中心,它分别向客户 A 和客户 B 送货,三者相互之间道路距离分别为 a、b、c,即三角形的三条边长。送货时最直接的想法是利用两辆车分别为 A、B 两个客户配送,如图 7－21(b)所示,车辆的实际运行距离为 $2a+2b$。如果按图 7－21(c)所示,改用由一辆车巡回配送,则实际运行距离为 $a+b+c$,如果道路没有什么特殊情况时,可以节省车辆运行距离为 $(2a+2b)-(a+b+c)=a+b-c$。根据定理,三角形两边之和大于第三边,即 $a+b-c>0$,则这个节约量被称为“节约里程”。

根据节约里程法的基本思想,如果有一个配送中心 P,分别向 N 个客户配送货,在汽车载重能力允许的前提下,每辆汽车的配送路线经过的客户个数越多,则总配送距离越小,配送路线越合理。下面通过举例来说明节约里程法的求解过程。

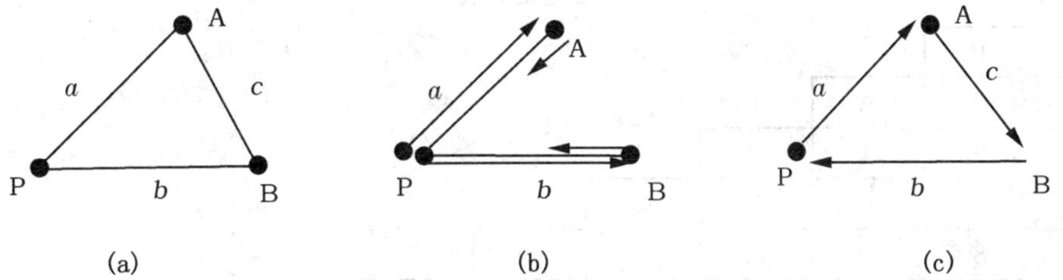

图 7—21　节约里程法的基本原理

【案例分析 7－3】

如图 7—22 所示，P 为配送中心所在地，A～J 为客户所在地，共 10 个；括号内的数字为配送量，单位为吨；路线上的数字为道路距离，单位为千米。现有可以利用的车辆是最大装载量为 2 吨和 4 吨的两种厢式货车，并限制车辆一次运行距离在 30 千米以内。为了尽量缩短车辆运行距离，试用节约里程法设计出最佳配送路线。

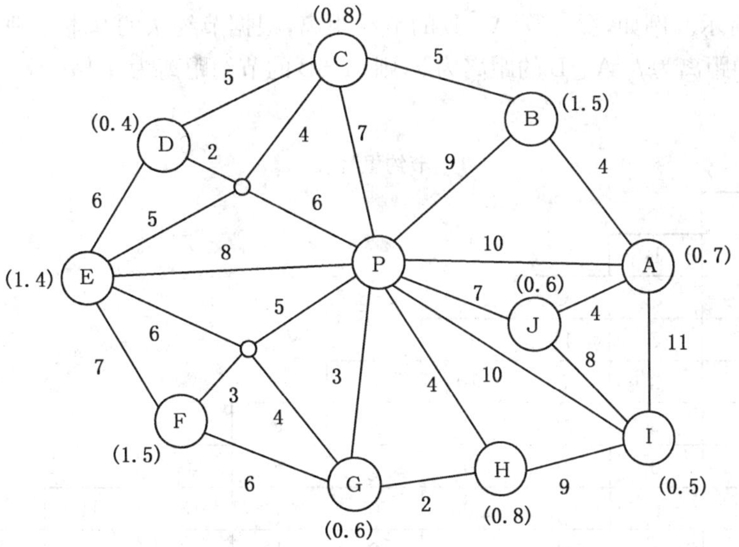

图 7—22　配送网络

分析提示：

第一步：首先计算相互之间最短距离，先根据图 7—22 列出的配送中心 P 至各用户之间的距离；再依次计算某一用户与其他用户之间的最短距离；然后得出配送路线最短的距离矩阵即最短距离表，如表 7—6 所示。

表 7—6 **最短距离表**

	P									
A	10	A								
B	9	4	B							
C	7	9	5	C						
D	8	14	10	5	D					
E	8	18	14	9	6	E				
F	8	18	17	15	13	7	F			
G	3	13	12	10	11	10	6	G		
H	4	14	13	11	12	12	8	2	H	
I	10	11	15	17	18	18	17	11	9	I
J	7	4	8	13	15	15	15	10	11	8

第二步:从最短距离矩阵中依次计算某一用户与其他用户之间的节约距离,编制节约里程表,如表 7—7 所示。例如,要计算 A—B 的节约距离,根据节约法的基本原理,设 P—A 的距离为 a,P—B 的距离为 b,A—B 的距离为 c,则 A—B 的节约距离为 $a+b-c=10+9-4=15$(千米)。

表 7—7 **节约里程表**

	A								
B	15	B							
C	8	11	C						
D	4	7	10	D					
E	0	3	3	10	E				
F	0	0	0	3	9	F			
G	0	0	0	0	1	5	G		
H	0	0	0	0	0	4	5	H	
I	9	4	0	0	0	1	2	5	I
J	13	8	1	0	0	0	0	0	9	J

第三步:对节约距离由大至小顺序进行排列,编制节约里程顺序表,见表 7—8。

表 7—8 **节约里程排序表**

顺序号	连接点	节约里程	顺序号	连接点	节约里程
1	A—B	15	13	F—G	5
2	A—J	13	14	G—H	5
3	B—C	11	15	H—I	5
4	C—D	10	16	A—D	4
5	D—E	10	17	B—I	4
6	A—I	9	18	F—H	4

续表

顺序号	连接点	节约里程	顺序号	连接点	节约里程
7	E—F	9	19	B—E	3
8	I—J	9	20	D—F	3
9	A—C	8	21	G—I	2
10	B—J	8	22	C—J	1
11	B—D	7	23	E—G	1
12	C—E	6	24	F—I	1

第四步：按照节约行程排列顺序表和配车（车辆的载重和容积因素）、车辆行驶里程等约束条件，逐渐绘出配送路线。

①初始解。如图 7—23 所示，从配送中心 P 向各个用户配送，共有配送路线 10 条，总运行距离为 148 千米，需要最大装载量为 2 吨的汽车 10 辆。

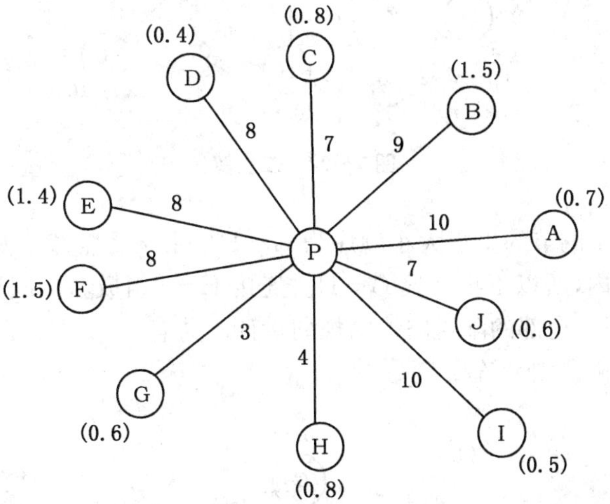

图 7—23　初始解

②二次解。按照节约里程的大小顺序连接 A—B、A—J、B—C，同时取消 P—A、P—B，如图 7—24 所示，形成 P—J—A—B—C 的配送路线Ⅰ。此时，且共有配送路线 7 条，总运行距离为 111 千米，需要 2 吨车 6 辆，4 吨车 1 辆。从图 7—24 可以看出，规划的配送路线Ⅰ，装载量为 3.6 吨，运行距离为 29 千米。

③三次解。按照节约里程大小顺序，应该是 C—D 和 D—E。C—D 和 D—E 都有可能连接到二次解的配送路线Ⅰ中，但是由于受车辆装载量和每次运行距离这两个条件的限制，配送路线Ⅰ不能再增加用户，为此不再连接 C—D，而连接 D—E，组成配送路线Ⅱ，该路线装载量为 1.8 吨，运行距离 22 千米。此时，配送路线共 6 条，总运行距离 99 千米，需要 2 吨汽车 5 辆，4 吨汽车 1 辆。

④四次解。接下来的顺序是 A—I、E—F。由于将用户 A 已组合到配送路线Ⅰ中，而且该路线不能再扩充用户，所以不再连接 A—I。连接 E—F 并入到配送路线Ⅱ中，配送路线Ⅱ装载量为 3.3 吨，运行路线为 29 千米。此时，配送路线共有 5 条，运行距离 90 千米，需 2 吨车 3

辆、4 吨车 2 辆。

⑤五次解。按节约里程顺序排列接下来应该是 I—J、A—C、B—J、B—D、C—E，但是，这些连接均包含在已组合的配送路线中，不能再组成新的配送路线。接下来可以将 F—G 组合在配送路线Ⅱ中，这样配送路线Ⅱ装载量为 3.9 吨，运行距离为 30 千米，均未超出限制条件。此时，总配送路线只有 4 条，运行距离 85 千米，需要 2 吨汽车 2 辆、4 吨汽车 2 辆。

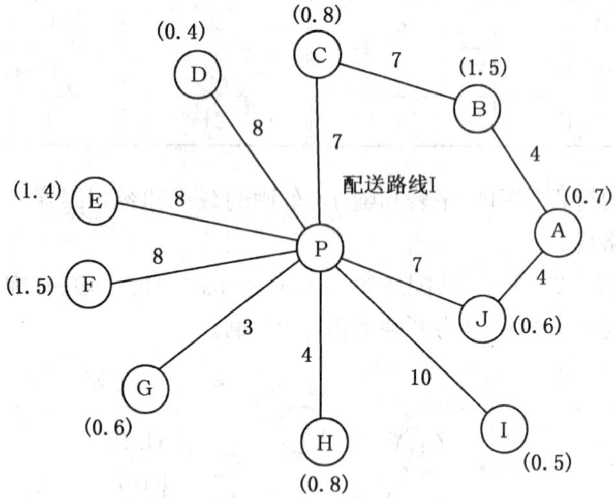

图 7—24 二次解

⑥最终解。接下来的节约里程大小顺序为 G—H。由于受装载量及运行距离限制，不能再组合到配送路线Ⅱ内，所以不再连接 G—H。连接 H—I 组成新的配送路线Ⅲ，如图 7—25 所示。到此为止，完成了全部的配送路线的规划设计。共有 3 条配送路线，运行距离为 80 千米。需要 2 吨汽车 1 辆、4 吨汽车 2 辆。

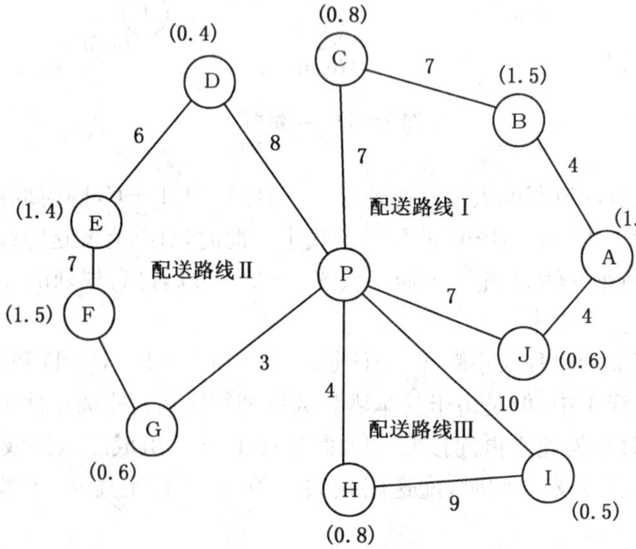

图 7—25 最终解

配送路线如下：

配送路线Ⅰ:4 吨车 1 辆，运行距离 29 千米，装载量为 3.6 吨；

配送路线Ⅱ:4 吨车 1 辆，运行距离 30 千米，装载量为 3.9 吨；

配送路线Ⅲ:2 吨车 1 辆，运行距离为 23 千米，装载量为 1.3 吨。

使用节约里程法的注意事项如下：

- 适用于顾客需求稳定的配送中心。
- 对于需求不稳定的顾客，采用其他途径配送，或并入有富余的配送路线中去。
- 最终确定的配送路线要充分听取司机及现场工作人员的意见。
- 各配送路线的负荷量尽量调整平衡。
- 要充分考虑道路运输状况。
- 不可忽视在送达用户后需停留的时间。
- 要考虑到司机的作息时间及指定的交货时间。
- 因为交通状况和需求的变化会影响到配送路线，所以最好利用仿真模拟来研究对策及实施措施。

配送路线的选择方法除了以上两种常用的方法，还有蚁群算法、启发式算法等用于不同类型的企业。蚁群算法又称蚂蚁算法，简单地说是一种用来在图中寻找优化路径的几率型算法。它由马可·多里戈(Marco Dorigo)于 1992 年在他的博士论文中提出，其灵感来源于蚂蚁在寻找食物过程中发现路径的行为。启发式算法也叫逐次逼近法，即先简单地求出初始解，然后利用一些经验法则反复计算修改初始解，并通过模仿人的跟踪校正过程使之逐步达到最优解的方法。

● 基本训练

□ 知识题

1.1 阅读理解

(1)DRP 的基本原理是什么？如何评价？

(2)为什么要制定配送作业计划？

(3)制定配送作业计划的主要依据及主要内容有哪些？

(4)配送方案的内容是什么？

(5)配送方案决策的过程是怎样的？

(6)配送路线选择的原则是什么？

1.2 知识应用

(1)判断题

①节约里程法的基本原理是三角形两边之和大于第三边。 (　　)

②DRP 在逻辑上是制造需求计划(MRP)的扩展，这两种技术之间不存在根本性的差异。 (　　)

③DRP 的订货进货计划需要设定订货提前期。 (　　)

④第三方配送模式，是指交易双方把自己需要完成的配送业务委托给第三方来完成的一种配送运作模式。 (　　)

⑤生产资料和生活资料的配送流程是一样的。 (　　)

(2)选择题

①编制配送作业计划的主要依据是(　　)。

A. 订货合同与配送商品特点　　B. 发包企业的客户资源状况

C. 交通条件与运力配置情况　　D. 各配送点资源与订单的适应性

②编制配送计划的依据是(　　)。

A. 客户有支付能力的需求　　B. 金融市场的资金与利率状况

C. 自身供应能力与客户需求均衡　　D. 计划时间段内的盈利水平

③配送方案决策步骤中的第一步是(　　)。

A. 实施方案　　B. 追踪反馈　　C. 确定决策目标　　D. 识别问题

④配送路线方案目标的选择可以从(　　)方面来考虑。

A. 以库存最低为目标　　B. 以成本最低为目标

C. 以路况最好为目标　　D. 以资金利用率最高为目标

⑤下面可以解释为在配送活动的备货、储存、分拣、配货、配装、送货、送达服务及配送加工等环节中所发生的各项费用的总和,是配送过程中所消耗的各种活劳动和物化劳动的货币表现的是(　　)。

A. 设备费用　　B. 包装成本　　C. 配送成本　　D. 生产成本

□**技能题**

(1)设配送中心 P 向 7 个客户 A—G 配送货物,其配送路线网络、配送中心与客户的距离以及客户之间的距离如图 7—26 与表 7—9 所示,图中括号内的数字表示客户的需求量(单位:吨),路线上的数字表示两点之间的距离(单位:千米),现配送中心有 2 辆 4 吨卡车和 2 辆 6 吨卡车两种车辆可供使用。

问题:

①试用节约里程法制订最优的配送方案。

②设配送中心在向客户配送货物过程中单位时间平均支出成本为 45 元,假定卡车行驶的平均速度为 25 千米/小时,试比较优化后的方案比单独向各客户分送节约多少费用。

分析提示:根据节约里程法的基本思想和解题步骤求出最优方案。

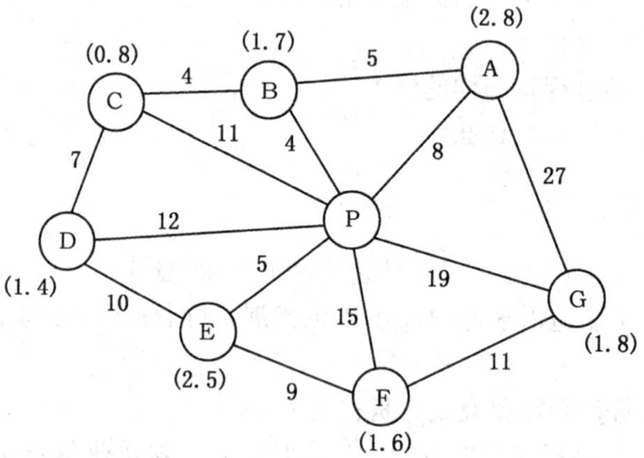

图 7—26　配送网络

表 7—9　　客户需求量

需求量	P							
2.8	8	A						
1.7	4	5	B					
0.8	8	9	4	C				
1.4	12	16	11	7	D			
2.5	5	13	9	13	10	E		
1.6	14	22	18	22	19	9	F	
1.8	19	27	23	27	27	20	11	G

(2)某配送中心某月从财务报表中及其他费用凭证中计算出物流环节所耗用的各项费用，如表 7—10 所示。

表 7—10　　某月物流成本表　　单位:元

项　目	物流成本	项　目	物流成本
车辆租赁费	100 080	办公费	8 115
包装材料费	30 184	易耗品费	8 974
工资津贴费	178 668	资金占用利息	10 045
水电气暖费	6 664	税金	13 937
保险费	5 400	通信费	4 364
修缮维护费	10 327	软件租赁费	7 472
折旧费	20 977	合　计	405 207

根据会计账簿记录和其他相关资料，上述各项物流成本资料分析如下：

该配送中心供应和销售物流共同费用的分配比为 1∶2。

运输部门主要为采购产品和销售提供运输劳务。

配送管理部门的活动主要集中在产品的供应及销售。

车辆租赁费为配送中心运输部门所发生的费用。本月运输部门提供物流运输劳务3 200吨·千米，其中采购产品耗用1 200吨·千米，销售耗用2 000吨·千米。

包装材料费为仓库实施包装作业耗用。

工资津贴费按各物流作业职工人数进行分配。其中，包装作业 6 人，运输作业 12 人，仓库保管作业 4 人，装卸作业 10 人，配送管理人员 4 人。

水电气暖费为物流作业管理所耗用。

保险费按各物流作业设施的账面价值分配。其中，包装设备价值为480 000元，运输设备价值为1 740 000元，仓库保管设备价值为987 000元，装卸设备价值为216 000元，配送管理部门设备价值147 000元。

修缮维护费、折旧费的发生和分配同保险费。

易耗品费可根据材料领料单分配确定。其中，包装作业耗用2 896元，仓库保管作业耗用3 756元，管理部门耗用2 322元。

办公费为配送作业管理发生。

资金占用利息为公司存货资金所占用的利息。

税金为固定资产占用税，分配方法同保险费。

通信费和软件租赁费为信息流通费。

本月公司支付的委托物流费为120 840元。其中，购买产品的市内运输费48 040元，仓库保管费为72 800元。

本月其他企业支付物流费为56 340元。其中，本月发生购进对其他企业支付的配送费（运费）为34 260元，本月发生销售对其他企业支付的配送费（运费）为22 080元。

要求：假设该配送中心的物流功能包括包装、运输、仓储、装卸、信息流通和配送管理六个方面，根据上述资料编制各配送成本计算表和汇总表，并对表中数据进行分析。

分析提示：根据配送中心成本的详细分析方法进行分类计算和分析。

● 综合案例

案例1　海福发展（深圳）有限公司的配送体系

海福发展（深圳）有限公司坐落在深圳福田保税区，是一家为高科技电子产品生产企业提供物流配送服务的第三方物流企业。该公司承接了国际著名企业 IBM 在我国境内生产厂的电子料件的配送业务，为此，他们按 IBM 的要求开发一套严密控制作业流程和管理物流信息的电子网络系统。在这个网络系统的支持下，将 IBM 分布在全球各地共 140 余家供应商的料件通过海、陆、空物流网络有机的联系在一起。料件集装箱运达中国香港机场或码头后，由公司配送中心进行报关、接运，并负责质检、分拆、选货、配套、集成、结算、制单、信息传递、运输、装卸等各项作业，将上千种电子料件在 24 小时内安全、准确地完成中国香港—深圳福田保税区 IBM 工厂生产线的物流过程，保证 IBM 生产厂在料件零库存状态下生产。

此外，要把不合格的料件在规定时间内准确无误地退还给 IBM 的各供应商，与此同时还要完成 IBM、海福、供应商三者之间的费用结算。2001 年 3 月，海福公司又与日本美能达公司签订了提供配送服务的业务。这项服务与前者的不同之处在于，前者是多家供应商向 IBM 生产厂一家供货；后者是供应商不仅向美能达本部供货，还要向美能达分布在国外的几十家分部供货，所有这些料件的集散、选配、信息传递、运输、报关都要由海福的配送中心完成。从海福的物流业务来看，有两种形式和一个特点。形式一是 IBM 式，完成多个供应商对一个需方生产线的配送活动，即“多对一”物流；形式二是美能达式，承担多个供应商对一个需方的多个供应点的配送业务，即“多对多”物流。一个特点是零关税配送，因为是在保税区业务范围内进行，来料加工（包括废料退回）及成品出口都是在不上关税的条件下完成的，这对保税区严格货品进出口管理和杜绝走私逃税起了很大作用。几年来，海福以年均 30%以上的发展速度增长，1998 年完成了 4.3 亿美元的进出口物流额，获得了良好的经济效益。

总结其成功经验，除了各级政府的支持外，一是有一个精明强干熟悉业务的管理团队和一套科学的管理制度。公司选拔人才注重人的品德和专业能力，许多 20 多岁的年轻人都在业务部门担当主管。海福公司以他们的严格管理通过 ISO9002 认证，在客户中有可靠的信誉。二是重视依靠先进技术，尤其是信息技术。公司从业务需要和发展出发，自行研制开发了一套物流管理信息系统，这套系统使如此大量的进出口业务、如此繁杂的料件品种配送能够顺利进行，海关与厂商的各种严格要求也能得到满足。这些工作若是只靠手工操作是不可能做到的。通过海福公司的经验，一方面我们看到了现代物流的一种模式，另一方面我们也看到先进的技术在企业竞争中发挥的作用。

问题：

(1)海福发展有限公司的配送体系属于哪一种配送模式？

(2)该种配送模式具有哪些特点？

案例 2　麦当劳物流配送方案的制订

麦当劳餐厅(McDonald's Plaza)是大型连锁快餐集团，在世界上大约拥有 3 万间分店，主要售卖汉堡包、薯条、炸鸡、汽水、冰品、沙拉、水果。麦当劳公司旗下最知名的麦当劳品牌拥有超过32 000家快餐厅，分布在全球 121 个国家和地区。在世界各地的麦当劳按照当地人的口味对餐点进行适当的调整。大多数麦当劳快餐厅都提供柜台式和得来速式(drive-through，即不下车便可以购买餐点的一种快餐服务，顾客可以驾车在入口点菜，然后绕过餐厅，在出口处取餐)两种服务方式，同时提供室内就餐，有时也提供室外座位。

麦当劳非常注重高品质的原料供应，同时又要求以低成本、高效率实施物流运营，因此主要从三个方面实施物流配送方案的制订。

①运输方案。确定的目标是“用最低的成本，达到最高的效率”。运输方式采取公路运输方式。麦当劳是大型快餐连锁店，在各种食品材料的选材、加工、运输过程中，始终保持食品的新鲜、标准化及安全。公路运输既省时又迅速方便。运营模式则采取外包运输模式，运用外包运输业务保障了产品的安全和快速到达，既方便又节省了本公司的人力。外包运输方除了提供食品运输，还提供其他服务，如信息处理、存货控制、贴标签、生产和质量控制等。在运输路线的选择上，他们的原则是选择最短、最省时、最安全的路线；在确定运输车辆大小和数量时，根据食品材料保鲜保质的要求以及预计的需求量，最终确定使用 5～20 吨多种温度控制运输车 40 余辆。

②仓储方案。由与麦当劳合作的配销系统负责。麦当劳本身不涉及采购工作，只是管理所有供应商以及配销中心。麦当劳如果没有配销中心，光是物料的取得便已十分繁杂，其过程包括本地供应商产品以及进口物料的整合、品质检定、储货(又分为干货、冷藏品以及冷冻品)以及储货顺序(先到的货必须先出货以保证新鲜)、订单管理、载运送货(其中牵涉如何设计路线图，以最短的公里数、最少的耗油量来运送，在提升运输效率的同时又必须考量店内仓储空间以及实际运送状况等)，而后才是送到各中心并加工成为顾客手中新鲜美味的食品。因此，其仓储方案的制订需注意两个方面。一方面，合理保持库存。麦当劳作为一个大型连锁快餐集团，需要掌握好合理的订货来保持库存，因为一个快餐店随时保持足够的食物库存是非常重要的。麦当劳在这一方面做得非常好，由于麦当劳与夏晖公司特有的外包模式，使得麦当劳存货控制做得比其他大型快餐更具优势。另一方面，合理利用储存空间和高技术的储存能力。根据不同食物的特质和存放要求不同，合理使用现有的仓储空间。比如冻品必须存放在冷库里，冷库要求－18℃左右，但是冷藏品就不能存放于冻库中。存放的地点、温度各项条件都不同。麦当劳的高技术储存能力体现在冷链模式中，即使在运输过程中，也非常重视食物的储存，如麦当劳要求运输鸡块的冷冻车车内温度需要达到－22℃，并为此统一配备价值 53 万元的 8 吨标准冷冻车并且全程开机。

③整体配送方案。首先，在供应商的配送上，麦当劳只有一家主要材料的供应商，即夏晖公司。麦当劳要求夏晖公司提供一条龙式物流服务，即第三方物流模式，包括生产和质量控制在内。麦当劳利用夏晖设立的物流中心，为其各个餐厅完成订货、储存、运输及分发等一系列

工作，使得整个麦当劳系统得以正常运作，通过它的协调与连接，使每一个供应商与每一家餐厅达到畅通与和谐，为麦当劳餐厅的食品供应提供最佳的保证。其次，麦当劳对物流服务的要求是比较严格的。在食品供应中，除了基本的食品运输之外，麦当劳要求物流服务商提供其他服务，如信息处理、存货控制、贴标签、生产和质量控制等诸多方面，这些“额外”的服务虽然成本比较高，但它使麦当劳在竞争中获得了优势。最后，在客户配送方面，麦当劳十分注重对于客户的送货，大多数麦当劳快餐厅都提供柜台式和得来速式，方便快捷的送达服务是麦当劳的一大优势。

问题：麦当劳公司配送方案的制订包括哪些内容？

提示：从麦当劳公司的产品性质、客户需求以及配送方案的内容来分析。

综合实训

实训项目1：

(1)实训目的

①通过本项目实训，使学生了解配送计划的种类及配送计划的内容。

②掌握配送计划制定的步骤，并在配送企业中验证具体配送业务制定的步骤。

③能结合配送企业具体地配送业务情况制定合理的配送计划。

(2)实训内容

①在综合性物流配送企业实习。

②熟悉物流配送企业各种配送业务的配送计划的制定程序和内容。

③对实习企业现行的配送计划进行分析，找出不足，并能为其设计较合理的配送计划。

(3)实训要求

①对实习企业配送需求计划、配送作业计划进行调查，掌握企业相关单据的制定方法。

②对实习企业具体业务配送计划进行调查，分析总结企业制定配送计划的程序和内容。

③撰写实践报告和实训报告幻灯片。

④5～6人为一组，相互讨论。

⑤实习结束后一周内完成。

⑥实践报告完成后设课堂讨论课，相互交流实训经验。

(4)注意事项

①配送计划制定的活动环节多，要注意组内的分工协作。

②虚心向企业工作人员学习求教。

③在企业期间遵守各项规章制度，注意劳动安全。

实训项目2：

(1)实训目的

将本章主要知识如配送方案的内容、配送路线的选择、合理化分析以及配送成本的核算分析进行综合运用，提高操作技能。

(2)背景资料

郑州思念集团现开发一项新的配送项目，即向上海区域某一客户配送10 000吨的冷冻食品。由于要配送的货物量很大，在配送方式上计划采用小批量、多批次的方式。而且由于货物是冷冻食品，必须采用冷藏运输。在考虑运输方式时，由于运输量比较大，若采用公路运输，每辆车额定载重量小，需要车辆过多，消耗油量大、路程长、耗时多，并且一些路段收取费用，总费用远远高于铁路运输成本。若采用空运，空运成本高，运输量太小，完全不适合此项目货物运输。若采用铁路运输，每次运输量较大，并且成本低，所以初步考虑采用铁路运输。铁路运输的起点是郑州，沿途经过开封市、徐州市、南京市、镇江市、苏州市，终点到达上海，总时长为 7 小时，运输路线总长度为1 000千米。

另外，根据发改委关于调整铁路运输价格的通知，标重为 60 吨的 C61、C62A 型的敞车，可增载 2 吨；铁路运输每辆列车车厢一般不超过 20 节，采用每节车厢装载 60 吨，10 000 吨需要 166 节车厢，每次运输用 14 节分 12 批比较合理。根据铁路运价表（见表 7－11），经过分析计算：

火车车厢一般为 12～18 节，每节车厢为 60 吨，订单为10 000吨，10 000/60＝166.7，166/14≈12（14 为车厢节数，12 为次数），由此得出运输批次分为 12 批。

铁路运输费用的计算办法一般有三种：

①整车货物每吨运价＝基价 1＋基价 2×运价千米

②零担货物每 10 千克运价＝基价 1＋基价 2×运价千米

③集装箱货物每箱运价＝基价 1＋基价 2×运价千米

由于整车与零担、集装箱相比，费用较低，运输量较大，具有优势。因此，总运输成本可以计算如下：

(11.5＋0.079×1 000)×10 000＝90.5（万元）

表 7－11　　**铁路运价表**

办理类别	运价号	基价 1		基价 2	
		单位	标准	单位	标准
整车	1	元/吨	5.70	元/吨・千米	0.0336
	2	元/吨	6.40	元/吨・千米	0.0378
	3	元/吨	7.60	元/吨・千米	0.0435
	4	元/吨	9.60	元/吨・千米	0.0484
	5	元/吨	10.40	元/吨・千米	0.0549
	6	元/吨	14.80	元/吨・千米	0.0765
	7			元/吨・千米	0.2445
	机械冷藏	元/吨	11.50	元/吨・千米	0.0790

思念集团在对此项目进行配送合理化分析时，还考虑了以下四个方面：

①分批配送能够使库存周转灵活。

②分批配送能够使资金周转灵活。由于每送一批食品，能够先得到一定的资金来维持资金周转，减少运营风险。

③分批配送能够使对方减少库存成本并减少缺货。由于该客商需要的冷冻食品较多，每次配送的量如果较大，会造成其库存增加，并且及时的配送减少了缺货带来的损失。

④采用铁路运输能够减少物流费用，并且减少了中转次数。

(3)实训要求

请根据该案例拟出思念集团向上海客户确定配送方案的过程。

提示：分别从配送方案的内容、配送路线的选择、合理化分析以及配送成本的核算分析来回答。

现代配送中心

知识目标

◎ 了解配送中心的作用和类型，配送中心的基本布局分类；
◎ 理解配送中心的概念和功能，配送中心的区域布置方法；
◎ 熟知配送中心规划的内容和程序，配送中心的网点布局；
◎ 掌握配送中心规划资料的收集与分析，配送中心的选址规划方法。

技能目标

◎ 能够进行配送中心规划资料的收集和分析；
◎ 能够参与配送中心的规划与设计过程。

【引例】

沃尔玛的配送中心

1970 年，沃尔玛的第一家配送中心在美国阿肯色州的一个小城市本顿维尔建立。这个配送中心供货给美国 4 个州的 32 个商场，集中处理公司所销商品的 40%。到现在，沃尔玛在美国已有 30 多家配送中心，分别供货给美国 18 个州的 3 000 多家商场。

从配送中心的设计上看，沃尔玛的每个配送中心都非常大，平均占地面积大约有 11 万平方米，相当于 23 个足球场。一个配送中心负责一定区域内多家商场的送货，从配送中心到各家商场的路程一般不会超过一天行程，以保证送货的及时性。配送中心一般不设在城市里，而是在郊区，这样有利于降低用地成本。

沃尔玛的配送中心虽然面积很大，但它只有一层。之所以这样设计，主要是考虑到货物流通的顺畅性。有了这样的设计，沃尔玛就能让产品从一个门进，从另一个门出。如果产品不在同一层，就会出现许多障碍，如电梯或其他物体的阻碍，从而导致产品流通无法顺利进行。

沃尔玛配送中心的一端是装货月台，可供 30 辆卡车同时装货，另一端是卸货月台，可同时停放 135 辆大卡车。每个配送中心有 600～800 名员工，24 小时连续作业；每天有 160 辆货车开来卸货，150辆车装好货物开出。

（资料来源：世贸人才网，http://class.wtojob.com/class681_31753.shtml）

该案例表明：配送中心的建设是一项规模大、投资高、建设周期长、涉及面广的系统工程。要建造一个设施完整、功能齐全、服务优良的现代物流配送中心，系统规划设计乃是成败的关键。配送中心的规划设计可细分为基本资料的收集与分析、选址、功能规划、作业流程设计等。

任务8.1 配送中心概述

8.1.1 配送中心的概念和作用

(1)配送中心的定义

简单地说，配送中心就是指从事配送业务的物流场所或组织。

根据中华人民共和国国家标准《物流术语》(修订版)(GB/T18354-2006)，配送中心被定义为：从事配送业务且具有完善信息网络的场所或组织，应基本符合下列要求：主要为特定客户或末端客户提供服务；配送功能健全；辐射范围小；多品种、小批量、多批次、短周期。

物流学家王之泰教授在《现代物流学》中也指出："配送中心是从事货物配备(集货、加工、分货、拣选、配货)和组织对用户的送货，以高水平实现销售或供应的现代流通设施。"

(2)配送中心与仓库、物流中心的区别

仓库是存储物品的地方。在以前的仓库中，存储的物品时间较长，主要作用是保管货物；而现在的仓库则更多考虑了经营上的收益，而不仅为了贮存，这是其与旧式仓库的区别所在。现代仓库在运输周转、贮存方式和建筑设施上都重视通道的合理布置、货物的分布方式和堆积的最大高度，并配置经济有效的机械化、自动化存取设施，以提高贮存能力和工作效率。

配送中心是位于物流的下游，从供应者手中接收多种大量的货物，进行倒装、分类、保管、流通加工和信息处理等作业，然后按照订货要求备齐货物，以令人满意的服务水平进行配送的设施。配送中心的作用是减少交易次数和流通环节，产生规模效益，减少客户库存，提高库存保证程度，与多家厂商建立业务合作关系。配送中心一般采用"门到门"的汽车运输，其作业范围较小(20～300千米)，为本地区的最终客户服务。有时，配送中心还有流通加工的业务。

物流中心是处于枢纽或重要地位的、具有较完整的物流环节，并能将物流集散、信息和控制等功能实现一体化运作的物流据点。将物流中心的概念放在物流系统化或物流网络体系中考察才更有理论和实践意义，物流系统是分为若干层次的，依物流系统化的对象、范围、要求和运作主体不同，应用其概念的侧重点也就有所不同。

三者的共同点就是，都是自营或代客户保管和运输物品的场所，都有保管和保养物品的功能以及其他相同的功能，只是程度、强弱的不同，此外物流中心和配送中心是由仓库发展、派生而来的。

配送中心与仓库、物流中心的区别如表8－1所示。

表8—1 配送中心与仓库、物流中心的区别

比较模式 种类	储存周期	现代化程度	针对角度	反应速度
仓　库	长	低	设施	慢
配送中心	短	高	功能	快
物流中心	短	高	宏观	快

(3)配送中心的作用

①使供货适应市场需求变化。各种商品的市场需求在时间、季节、需求量上都存在大量随机性，而现代化生产、加工无法完全靠工厂、车间来满足和适应这种情况，必须依靠配送中心来调节、适应生产与消费之间的矛盾与变化。

②经济高效地组织储运。从工厂企业到销售市场之间需要复杂的储运环节，要依靠多种交通、运输、库存手段才能满足，传统的以产品或部门为单位的储运体系明显存在不经济和低效率的问题。建立区域、城市的配送中心，能批量进发货物，能组织成组、成批、成列直达运输和集中储运，有利于降低物流系统成本，提高物流系统效率。

③提供优质的保管、包装、加工、配送、信息服务。在现代物流活动中，由于物资物理、化学性质的复杂多样化，交通运输的多方式、长距离、长时间、多起终点，地理与气候的多样性，对保管、包装、加工、配送、信息提出了很高的要求，只有集中建立配送中心，才有可能提供更加专业化、更加优质的服务。

④促进地区经济的快速增长。配送中心同交通运输设施一样，是经济发展的保障，是吸引投资的环境条件之一，也是拉动经济增长的内部因素。配送中心的建设可以从多方面带动经济的健康发展。

⑤对于连锁店的经营活动是必要的。它可以帮助连锁店实现配送作业的经济规模，降低流通费用；减少分店库存，加快商品周转，促进业务的发展和扩散。批发仓库通常需要零售商亲自上门采购，而配送中心解除了分店的后顾之忧，使其专心于店铺销售额和利润的增长，不断开发外部市场，拓展业务。此外，还加强了连锁店与供方的关系。

8.1.2　配送中心的类型

(1)按配送中心的经济功能分类

①供应型配送中心。供应型配送中心是专门向某些用户供应货物、充当供应商角色的配送中心。其服务对象主要是生产企业和大型商业组织(超级市场或联营商店)，他们所配送的货物以原料、元器件和其他半成品为主，客观上起着供应商的作用。这些配送中心类似于用户的后勤部门，故属于供应型配送中心。那些接受客户委托、专门为生产企业配送零件、部件以及专为大型商业组织供应商品的配送中心，均属于供应型配送中心。我国上海地区6家造船厂共同组建的钢板配送中心、服务于汽车制造业的英国本田斯温登配件中心、美国铃木汽车洛杉矶配件中心，以及德国马自达汽车配件中心等物流组织，就是这种配送中心的典型代表。

②销售型配送中心。以销售商品为主要目的、以开展配送为手段而组建的配送中心，属于销售型配送中心。在竞争日趋激烈的市场环境下，许多生产者和商品经营者为了扩大自己的市场份额，采取了种种降低流通成本和完善其服务的办法和措施，其中包括代替客户(或消费者)理货、加工和送货等。同时，组建了专门从事加工、分货、拣货、配货、送货等活动的配送组

织——配送中心。很明显，上述配送中心完全是围绕着销售而开展配送业务的。

销售型配送中心又可细分成三种：

第一种是生产企业为了直接销售自己的产品及扩大自己的市场份额而建立的销售型配送中心。

第二种是专门从事商品销售活动的流通企业为了扩大销售而自建或合作建立的销售型配送中心。近几年，在我国一些试点城市所建立或正在建立的生产资料配送中心，多属于这种类型的物流组织。

第三种是流通企业和生产企业联合建立的销售型配送中心。这种配送中心类似于国外的“公共型”配送中心。

③储存型配送中心。这是一种有很强储存功能的配送中心。实践证明，大范围、远距离、高水平地开展配送活动客观上要求配送组织储存一定数量的商品。有一些大型配送中心是在发挥储存作用的基础上组织、开展配送活动的，这样的配送中心多起源于传统的仓库。中国物资储运总公司天津物资储运公司唐家港仓库即是储存型配送中心，而瑞士汽巴—加基(Giba-Geigy)公司所属的配送中心、美国福来明公司的食品配送中心则是国外储存型配送中心的典型。瑞士汽巴—加基公司所属的配送中心拥有规模居世界前列的储存仓库，可储存 4 万个托盘。美国福来明公司的食品配送中心的建筑面积为 7 万平方米，其中包括 4 万平方米的冷藏库、3 万平方米的杂货仓库。

(2)按物流设施的归属分类

①自有型配送中心。包括原材料仓库和成品仓库在内的各种物流设施和设备归一家企业或企业集团所有，作为一种物流组织，配送中心是企业或企业集团的一个有机组成部分。通常，它是不对外提供配送服务的。例如，美国沃尔玛公司所属的配送中心就是公司独资建立、专门为本公司所属的连锁店提供商品配送服务的自有型配送中心。

②公共型配送中心。这类配送中心是面向所有用户提供后勤服务的配送组织。只要支付服务费，任何用户都可以使用这种配送中心。这种配送中心一般是由若干家生产企业共同投资、共同持股和共同管理的经营实体。在国外，也有个别的公共型配送中心是由私人(或某个企业)投资建立和独资拥有的。

③合作型配送中心。这种配送中心是由几家企业合作兴建、共同管理的物流设施，多为区域性配送中心。合作型配送中心可以是企业之间联合发展，如中小型零售企业联合投资兴建，实行配送共同化；也可以是系统或地区规划建设，达到本系统或本地区内企业的共同配送；或是多个企业、系统、地区联合共建，形成辐射全社会的配送网络。北京粮食局系统的八百佳物流中心即为系统内联合之一例。

(3)按服务范围和服务对象分类

①城市配送中心。城市配送中心是只能向城市范围内的众多用户提供配送服务的物流组织。由于使用汽车配送物资时机动性强、供应快、调度灵活，因此，在实践中依靠城市配送中心能够开展少批量、多批次、多用户的配送活动，也可以开展“门到门”的送货业务。城市配送中心的服务对象多为城市圈里的零售商、连锁店和生产企业，所以一般来说，它的辐射能力都不太强。在流通实践中，城市配送中心多是采取与区域配送中心联网的方式运作的。

②区域配送中心。这是一种辐射能力较强、活动范围较大，可以跨市、跨省进行配送活动的物流中心。美国沃尔玛公司下属的配送中心、荷兰皇家内劳集团(Nedlloyd)所属的“国际配送中心”就是这种性质的物流组织。

区域配送中心有三个基本特征：其一，经营规模比较大，设施和设备齐全，并且数量较多、活动能力强。如前所述，美国沃尔玛公司的配送中心建筑面积为12万平方米，投资7 000万美元，每天可为分布在6个州的100家连锁店配送商品，经营的商品有4万种。其二，配送的货物批量比较大而批次较少。其三，区域配送中心虽然也从事零星的配送活动，但这不是其主要业务。很多配送中心常常向城市配送中心和大的工商企业配送商品。

(4)按运营主体的不同分类

①以制造商为主体的配送中心。这种配送中心的商品是由自己生产制造的，这样可以降低流通费用，提高售后服务质量，及时将预先配齐的成组元器件运送到规定的加工和装配工位。由于从商品制造到条码和包装的配合等多方面都较易控制，所以这种配送中心可以按照现代化、自动化的要求来设计，但不具备社会化的要求。

②以批发商为主体的配送中心。这种配送中心一般是按部门或商品类别的不同，把每个制造厂的商品集中起来，然后以单一品种或搭配形式向消费地的零售商进行配送。这种配送中心的商品来自各个制造商，它所进行的一项重要活动便是对商品进行汇总和再销售，而其全部进货和出货都是社会配送的，社会化程度高。

③以零售商为主体的配送中心。零售商发展到一定规模后，就可以考虑建立自己的配送中心，为专业商品零售店、超级市场、百货商店、建材商场、粮油食品商店、宾馆饭店等服务，其社会化程度介于前两者之间。

④以仓储运输业者为主体的配送中心。这种配送中心最强的是运输配送能力，而且地理位置优越，如港口、铁路和公路枢纽，可迅速将到达的货物配送给用户。它提供仓储货位给制造商或供应商，而货物仍属于制造商或供应商所有，配送中心只是提供仓储管理和运输配送服务。这种配送中心的现代化程度往往较高。

8.1.3 配送中心的功能

配送中心是专门从事货物配送活动的经济组织，也是集加工、理货、送货等诸多功能于一体的物流据点，是集货中心、分货中心和加工中心功能的综合。从理论上说，配送中心可以具备如下一些基本功能：

①集散功能。配送中心凭借其在物流网络中的枢纽地位和拥有的各种先进设施设备，能将分散在各地的生产厂商的产品集中到一起，经过分拣、配装后向众多用户发送。与此同时，配送中心也可以把各个用户所需的多种货物有效地组合配载，形成经济合理的货运批量。

②运输功能。配送中心需要自己拥有或租赁一定规模的运输工具。具有竞争优势的配送中心不只是一个点，而是一个覆盖全国的网络。因此，配送中心首先应该负责为客户选择满足客户需要的运输方式，然后具体组织网络内部的运输作业，在规定的时间内将客户的商品运抵目的地。除了在交货点交货时需要客户配合外，整个运输过程，包括最后的市内配送，都应由配送中心负责组织，以尽可能方便客户。

③储存功能。为了顺利而有序地完成向用户配送商品的任务，配送中心都要兴建现代化的仓库并配置一定数量的仓储设备，存储一定数量的商品。客户需要的不是在配送中心储存商品，而是要通过仓储来保证市场销售活动的开展，同时尽可能降低库存占压的资金，减少储存成本。

④装卸搬运功能。这是为了加快商品在配送中心的流通速度而必须具备的功能。公共配送中心应该配备专业化的装载、卸载、提升、运送、码垛等装卸搬运机械，以提高装卸搬运作业

效率，减少配送作业对商品造成的破损。

⑤分拣功能。作为物流结点的配送中心，其服务对象有的能达到数百家。由于不同客户的经售特点和商品的物流方式不同，在订货或进货时，对货物的种类、规格、数量等会提出不同的要求。因此，为有效地开展配送，适应市场需要，配送中心必须采取适当的方式、技术和设备对配送中心接收的货物进行分拣作业，同时向不同的用户配送多种货物。

⑥衔接功能。通过开展货物配送活动，配送中心把各种工农业产品运送到广大用户手中，客观上起到了联系产销、平衡供求的衔接作用，在其间架起了相互沟通的桥梁。

⑦流通加工功能。为了扩大经营范围和提高配送水平，许多配送中心都配备有各种加工设备，由此形成了一定的加工能力。按照用户的要求与合理配送的原则，将组织进来的货物加工成一定规格、尺寸和形状，不仅大大方便了用户，省却了不少烦琐的劳动，而且也有利于提高资源利用率和配送效率。

⑧物流信息处理功能。配送中心的作业离不开计算机，将各个物流环节各种物流作业的信息进行实时采集、分析、传递，并向货主提供各种作业明细信息及咨询信息，是相当重要的。

⑨需求预测功能。自有配送中心经常负责根据配送中心商品进货、出货信息来预测未来一段时间内的商品进出库量，进而预测市场对商品的需求。

任务 8.2 配送中心规划

8.2.1 配送中心规划目标、内容和原则

(1)配送中心规划与建设的目标

配送中心的规划与建设是基于物流合理化和满足市场需要而开展的。配送中心规划应达到的总体目标是：

①效益最大化。效益最大化是配送中心规划与建设的首要目标。经济效益最大化有两种实现的途径：一是物流服务价格的提高；二是提供物流服务成本的降低。二者有时存在冲突，因此，在配送中心规划的过程中应该根据自身的发展战略，对影响配送中心规划设计的因素进行分析，合理选择规划方案。

②服务最优化。提供优质高效的物流服务是配送中心利润的源泉。规划建设的配送中心必须能够提供适时适量的配送服务，提高配送组织的反应速度，才能获得更多的客户，进而扩大市场占有率。

③规范作业、流程自动化。配送中心的规划必须强调作业流程、作业运作的标准化和程序化，使复杂的作业变成简单的、易于推广与考核的运作。

④管理法制化、经营市场化。规划建设的配送中心不但在法律制度上健全、规范，而且在具体经营时采用市场机制，无论是企业自己组织物流配送还是委托社会化物流配送企业承担物流配送任务，都以“服务—成本”的最佳配合为目标。

⑤柔性化、智能化。配送中心规划要融入新的经营理念和高新科技。柔性化要求配送中心根据需求，“多品种、少批量、多批次、短周期”地实施作业。智能化是物流系统高层次的应用，是物流作业的运筹和决策。

(2)配送中心规划的内容

配送中心的规划主要应从物流系统规划、信息系统规划、运营系统规划三个方面来进行。规划内容如图 8－1 所示。通过系统规划，实现配送中心的高效化、信息化、标准化和制度化。

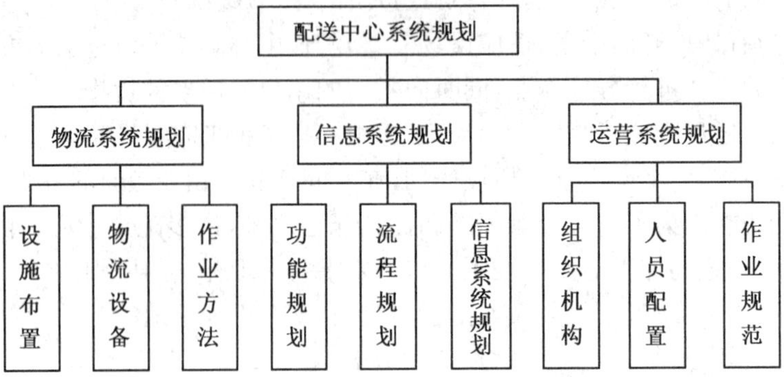

图 8－1 配送中心规划的基本内容

(3)配送中心规划的主要原则

在配送中心的规划设计中，要遵循以下原则：

①系统最优原则。由于各种物流活动成本常常表现出相互冲突的特征，因此，在进行配送中心规划时，应追求系统总成本最优，而不能是单项成本最优；应追求配送系统整体的总效益，不能只考虑到某个部门、某项物流活动的效益；必须高度重视各作业环节之间的紧密衔接、互相适应。

②满足使用要求原则。配送中心的总体规划设计要遵循适用的原则。所谓适用，就是总体设计要能满足各种类型的配送中心的共同使用要求。各种类型的配送中心尽管储存的商品和配送方式不同，但在使用上都有一个共同的要求，那就是既要方便收发货和保管、养护工作的展开，又能保证商品进出迅速。

③价值工程原则。建造配送中心耗资巨大，因此，必须对建设项目进行可行性研究，并做多方案的技术、经济比较，以求最大的企业效益和社会效益。例如，配送中心总体规划设计应使布局紧凑，既能保证建筑物之间必要的间距，又能节省用地，以减少建设投资。同时，总体规划设计要有利于各种设施、设备效能的充分发挥，保证各种设施设备的有效利用，提高劳动效率和配送中心的经济效益。

④尽量实现工艺、设备、管理科学化的原则。近年来，配送中心均广泛使用计算机进行物流管理和信息管理，大大加速了商品的流转，提高了经济效益和现代化管理水平。此外，配送中心还要合理地选择、组织、使用各种先进的机械化、自动化物流设备，以充分发挥配送中心多功能、高效益的特点。

⑤适度超前的原则。配送中心是规模大、投资高、涉及面广的系统工程，一旦建成就很难变动，因而应具有适当的超前性。规划配送中心时，无论是建筑物、信息系统的设计，还是机械设备的选择，都要考虑到有较强的应变能力和柔性化程度，以适应物流量增大、经营范围拓展的需要。

8.2.2 配送中心规划程序

配送中心规划程序可以分为五个主要阶段(见图 8－2)，包括筹划准备阶段、总体规划设计阶段、方案评估阶段、详细设计阶段和规划实施阶段。

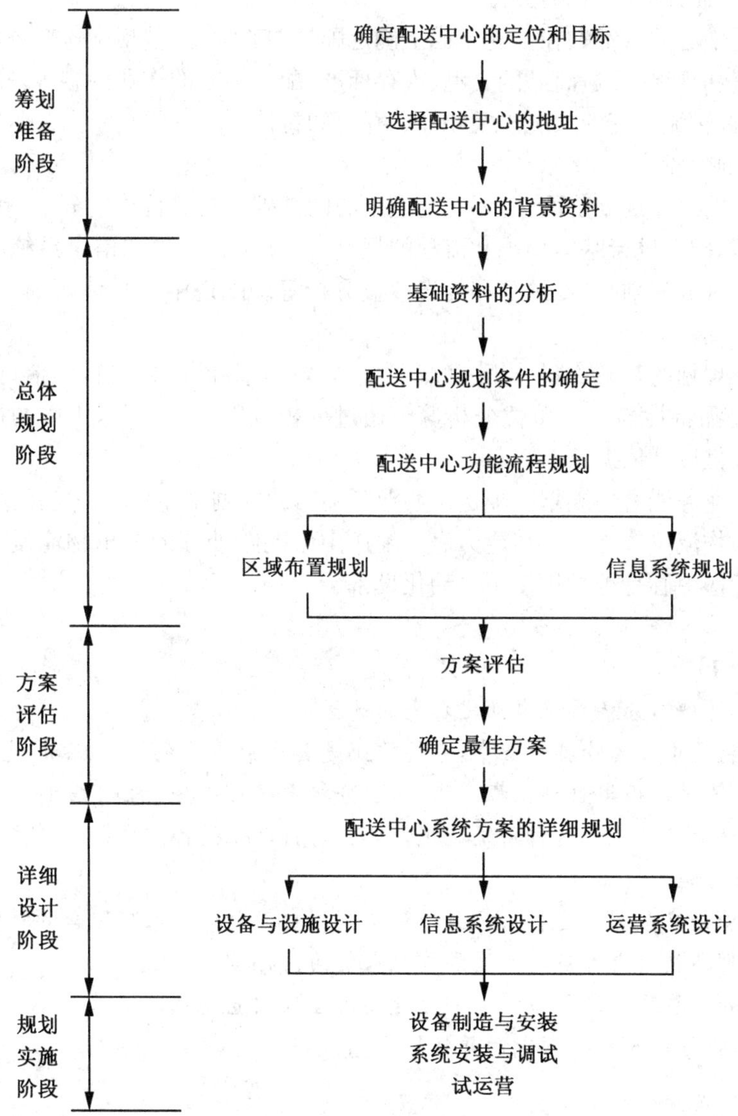

图 8—2　配送中心系统规划流程

(1)筹划准备阶段

在配送中心建设的筹划准备阶段，主要任务包括四个方面：

①成立领导班子。在对配送中心的必要性和可行性进行分析和论证，并有了初步结论后，就应该设立筹划小组(或委员会)进行具体规划。筹划小组成员包括本公司、物流咨询公司、物流工程技术公司、土建公司人员以及一些经验丰富的物流专家或顾问等。

②基本规划资料的收集。规划资料的收集过程分为两个阶段，即现行作业资料的收集分析和未来规划需要资料的收集。

③确定建设配送中心的定位及目标。筹划小组应确定配送中心的定位。例如，配送中心在物流网络中是采取集中型配送中心还是分散型配送中心，与生产工厂以及仓库的关系；配送中心的规模以及配送中心的服务水平基本标准(如接受顾客订货后供货时间的最低期限、能满

足的顾客需要量、储存商品量等)。

④确定配送中心的选址。在上述基础上确定配送中心地址,包括配送对象的地点和数量、配送中心的位置和规模、配送商品的类型、库存标准、配送中心的作业内容等,应进行实际调研或具体构想,把握物流系统的状况以及物品(商品)的特性。

(2)总体规划阶段

在配送中心的总体规划阶段,需要对配送中心的基础资料进行详细分析,确定配送中心的规划条件,在此基础上进行基本功能和流程的规划、区域布置规划和信息系统的规划,根据规划方案制定项目进度计划、投资预算和经济效益分析等。配送中心总体规划阶段的主要任务包括:

①配送中心规划的基础资料分析。配送中心规划的基础资料分析,包括订单变动趋势分析、EIQ 分析、物品特性与储运单位分析等。通过分析,可以确定配送中心的规划条件,为配送中心的规划提供设计依据。

②配送中心业务能力的规划。配送中心业务能力的规划主要包括决定配送中心的运转能力、自动化水平、物流单位等。运转能力表明配送中心能够处理的进出物流量大小,而自动化水平则取决于配送中心是否大量使用自动化设备。

【小思考 8—1】

如何进行配送中心分拣系统自动化水平的选择?

答:在整个物流中心的物流作业中,分拣作业是其中最重要的作业环节,也是物流中心极易出现“瓶颈”的地方。根据自动化程度的高低,分拣系统可以分为如下三种不同系统:

第一,全自动分拣系统。这种系统利用计算机与自动化设备配合的拣货方式,完全不需要作业人员就可将订购的货品拣出来。

第二,半自动分拣系统。这种系统大部分是利用自动仓库与人工配合的拣货方式,且作业人员不用移动,货品利用设备自动搬运到作业人员面前拣货。

第三,人工分拣系统。这种系统大部分是利用合理化仓储搬运设备与人工配合的拣货方式,货品固定不动,作业人员必须走动并将货品拣出。

③配送中心的功能流程设计。根据配送中心的规划条件和基础资料的分析结果,确定配送中心的功能和作业流程。将进货、保管、流通加工、拣取、分货、配货、补货、退货等作业按顺序做成流程图(见图 8—3),而且初步设定各作业环节的相关作业方法。如保管环节,是用巷道堆垛机或自动高架仓库还是普通货架以人力搬运车进行人工存取,或是采用高架叉车作业配合中高货架存放等。

④配送中心的平面布置。确定各业务要素所需要的占地面积及其相互关系,考虑到物流量、搬运手段、货物状态等因素,做成位置相关图。在平面设计中还要考虑到将来可能发生的变化,要留有余地。

⑤信息系统规划。包括配送中心信息系统的功能、流程和网络结构。

⑥运营设计。包括作业程序与标准、管理方法和各项规章制度、对各种票据处理及各种作业指示图、设备的维修制度与系统异常事故的对策设计以及其他有关配送中心的业务规划与设计等。

⑦制定进度计划。对项目的基本设计、详细设计、土建、机器的订货与安装、系统试运转、

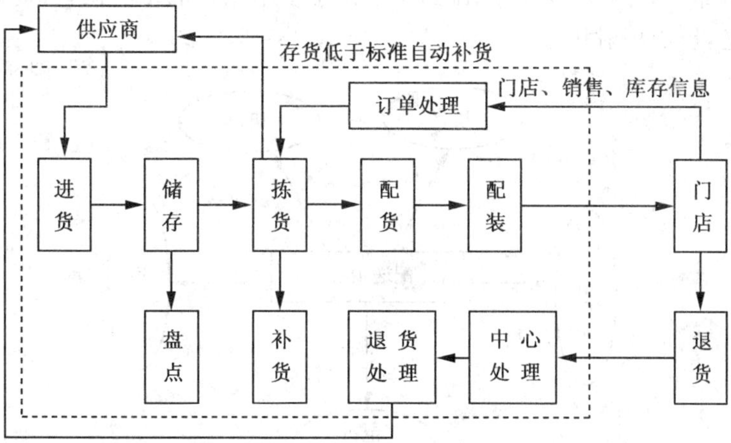

图 8—3　配送中心的功能流程设计

人员培训等制定初步的进度计划。

⑧建设成本的概算。以基本设计为基础，对于设计研制费、建设费、试运转费、正式运转后所需作业人员的劳务费等做出费用概算。

(3)方案评估阶段

在基本设计阶段，往往会产生几个可行的系统方案。应该根据各方案的特点，采用各种系统评价方法或计算机仿真的方法，对各方案进行比较和评估，从中选择一个最优的方案进行详细设计。

(4)详细设计阶段

经过总体方案设计与评估之后，应该进行详细设计。在此设计阶段，主要是对配送中心作业场所的各项物流设备、运营系统与信息系统以及物流周边设施进行规格设计与布置。本阶段的主要任务包括：

①物流系统设备规格型号的设计。在配送中心系统规划阶段，主要规划设计全系统的功能、数量和形式；而在详细设计阶段，主要是设计各项设备的详细规格型号和设施配置。

②设备面积与实际位置的设计。根据配送中心各区域规划图逐步进行分区的详细配置设计和区域内通道设计。

③运营系统与信息系统详细规划。完成物流中心各项作业流程和事务流程详细规划，实现合理化的物流作业，之后便可以进行信息系统的功能和整体框架、设备和界面等设计。

④周边设施的设计。如配送中心发货接货站台、附近物流运输通道等。

(5)规划实施阶段

为了保证系统的统一性以及系统目标和功能的完整性，应对参与设计施工各方所设计的内容从性能、操作、安全性、可靠性、可维护性等方面进行评价和审查。在确定承包工厂前，应深入现场，对该厂生产环境、质量管理体制以及外协件管理体制等进行考察，如发现问题，应提出改善要求。在设备制造期间，也需进行现场了解，对质量和交货日期等进行检查。

8.2.3　配送中心网点布局和选址规划

(1)配送中心网点的几种典型分布

①辐射型分布。如图 8—4 所示，配送中心位于多个用户的中心位置，货物从该中心向各方向的用户运送，形成辐射状。

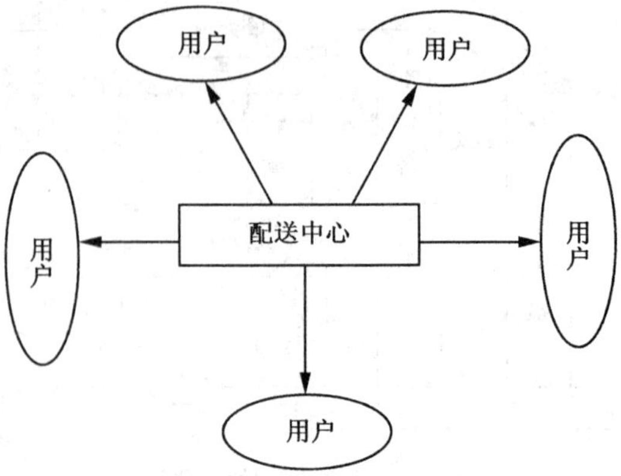

图 8—4　辐射型配送中心布局

②吸收型分布。配送中心位于许多货主的某一居中位置，货物从各个产地向此配送中心运送，形成吸收状，如图 8—5 所示。

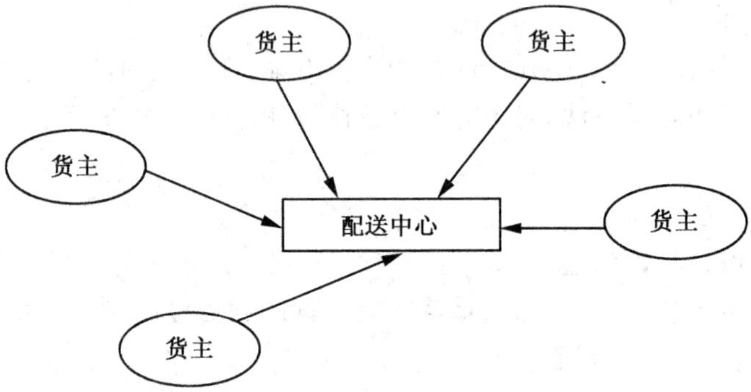

图 8—5　吸收型配送中心布局

③聚集型分布。聚集型分布形式类似于吸收型分布，但处于中心位置的不是配送中心，而是一个生产密集的经济区域，四周分散的是配送中心而不是货主或用户，如图 8—6 所示。

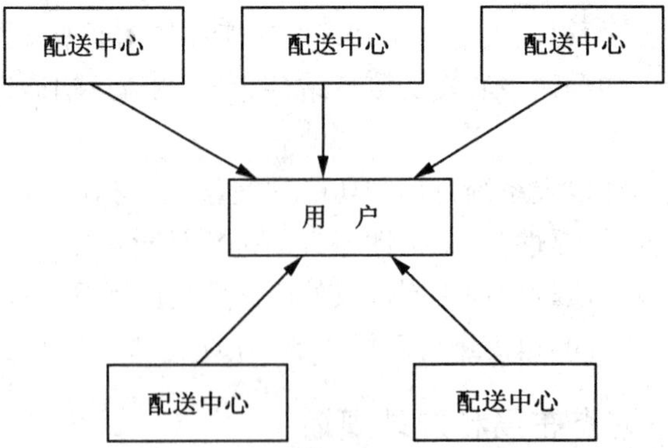

图 8—6　聚集型配送中心布局

④扇形分布。货物从配送中心向一个方向运送的单向辐射称为扇形分布，如图 8－7 所示。

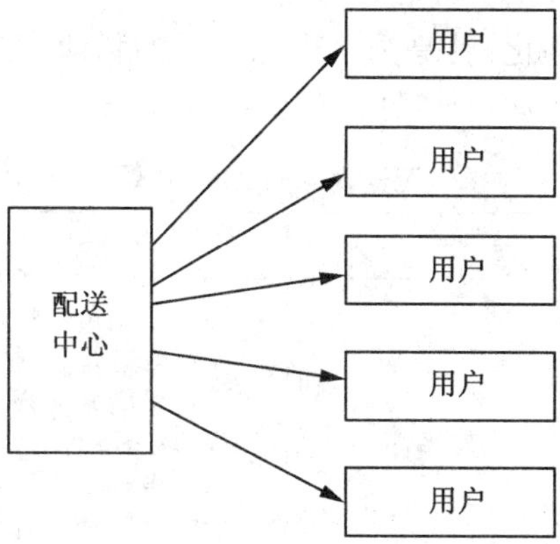

图 8－7　扇形配送中心布局

(2)配送中心网点的合理布局

①配送中心网点布局应考虑的主要问题。

- 计划区域内应设置配送中心网点的数目；
- 网点的地理位置；
- 网点的规模(吞吐能力)；
- 各网点的进货与供货关系；
- 计划区域内中转供货与直达供货的比例。

②配送中心网点的费用。

- 网点建设投资，包括建筑物、设备和土地征用等费用；
- 网点内部的管理费，网点设置以后的人员工资、固定资产折旧以及行政支出等与经营状态无关的费用，称为网点内部的管理费；
- 网点经营费用，是网点在经营过程中发生的费用，如进出库费、保管维护费等，它与网点的中转量大小有关；
- 运杂费，包括运价、途中换乘转装以及支垫物资等发生的费用，它与运输路线即网点位置有关。

③配送中心网点布局模型的约束条件。

- 资源点向外提供的资源量不超过其生产能力；
- 运达用户的物资等于它的需求；
- 各网点中转物资的数量不超过网点的设置规模(吞吐能力)；
- 用户采取直达方式进货时，每笔调运量不低于订发货起点的限制；
- 用户中转进货的物资应尽量集中在一个网点上，以便提高转运效率。

④选择配送中心网点备选地址的原则。

- 有利于物资运输合理化，网点应设置在交通方便的地方，一般应在交通沿线上；
- 方便用户，网点的设置应尽量靠近用户，尤其应设置在用户比较集中的地方；
- 有利于节省基本建设费用，网点应设置在地理区位比较有利的位置；
- 能适应国民经济一定时期发展的需要，设置网点时，除了考虑现存的情况外，还应对计划区域内生产发展水平和建设规划进行预测，以使网点布局方案对今后一定时期内国民经济的发展有较好的适应能力。

⑤配送中心网点布局合理化。

配送中心网点布局的合理化，就是为了确保优质的物流配送服务，降低总的物流配送成本。配送网点分散和集中都各有利弊，见表8—2和表8—3。

表8—2 配送网点分散的利弊

利	弊
· 可向顾客提供高质量服务 · 规模较小，易于运营管理 · 设备、机具规模小，所需费用少 · 向顾客配送距离较短，配送车辆的周转率高	· 人力费用负担增多 · 库存管理难，掌握实际库存情况也难 · 库存量增多 · 规模小，不容易实现机械化、规模化 · 库存管理不完善，容易发生断档 · 仓库维修和系统维修费用增加 · 入库、出库等指令复杂，使系统规模大型化

表8—3 配送网点集中的利弊

利	弊
· 土地、房屋费用下降 · 库存减少 · 库存可以集约化，对库存进行一元化管理 · 可以减少劳力 · 可以进行多品种配送 · 货物量增加，容易实现自动化 · 通向物流网点通道变宽，可实现输送合理化	· 输送距离延长，时间增多 · 为供货、发货、接受订货处理等进行联络耗费时间多 · 需要处理的商品过多，不易处理，耗费时间 · 设备、机具费用有可能增多

由于高速公路网日趋发达，时间和距离都已不再是障碍，而且处理多批次、小批量的配送信息系统的采用，使得配送中心作业速度加快。正是由于作业速度的提高和信息化的发展，集中配送网点的优势越来越明显。

(3)配送中心选址的影响因素

①全球化的影响。随着国际贸易的发展，许多重要的港口城市正成为更合理的仓储配送场所。其结果就是，这些设施的位置更为重要。每一个设施都必须通往大部分厂商或客户。

②电子商务的快速发展。对选址最大的趋势影响就是在互联网上达成的交易量迅速增长。电子商务的快速发展，不仅改变了全社会购买产品的方式，也改变了企业配送产品的方式，也将改变传统订单的数额以及履行这些订单的方式。

③渠道整合。随着大量批发商、分销商地位的弱化，企业正朝着更多使用来自制造商和其他供应链上游位置的“直接向客户交货”的方向发展。在很多情况下，这就绕过并减少了对完整的配送设施网络的需要。直接配送的更多使用提供了产品直接从制造商向顾客的交货，由此减少了对中间配送能力的需求。

④库存的战略定位。例如，快速流转、盈利高的产品可以放在临近市场的物流设施里，流动速度慢、盈利低的产品可以放在区域性或全国性的设施里。这些例子都与库存细分战略的有效执行保持一致。

⑤越库配送设施的应用。如今，战略性定位的越库配送(cross docking)设施的应用需求

不断增长。这些设施作为合并运送的转运点使用。统一运送的货物需要进行分解或混合成小批量货物配送到客户手中。这方面的例子是将多个供应商的货物合并后配送到零售店或销售点。这一概念应用到进货运送方面，可以极大地削减内部配送设施的需要。

⑥配送方式的转变。整车货运或零担货运配送都依赖于大宗运送。越来越多的产品不再完全采用这两种配送方式，转而使用小包裹速递服务。靠近包裹速递公司的集配中心，成为选址时需要考虑的一个重要问题。

(4)配送中心选址及网点布局的决策步骤

配送中心选址及网点布局的决策可以按照图 8−8 的步骤进行操作。

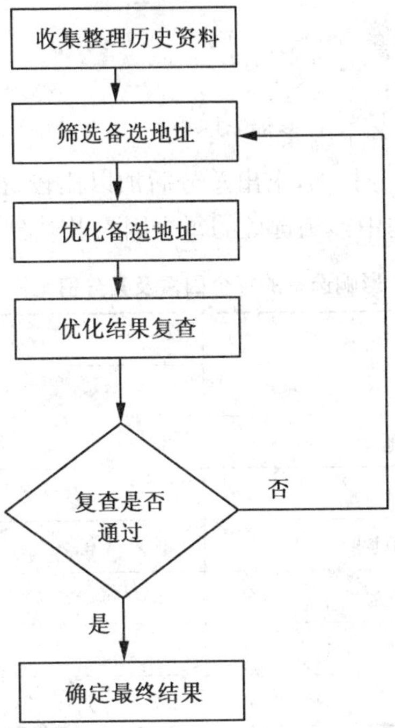

图 8−8　配送中心选址及网点布局的决策步骤

①收集整理历史资料。通过对历史资料的收集整理，可以获得关于物流系统现状的认识，确定配送中心服对象的需求条件，并初步确定配送中心的选址原则。

②选定备选地址。在进行配送中心位置选择时，首先要根据上述各影响因素进行定性分析和审慎评估，大致确定出几个备选地址。

③优化备选地址。在备选地址确定下来以后，详细考察若干具体地点，可以在此基础上建立数学模型，通过定量化计算，得到优化坐落地点。

④优化结果复查。在直接应用定量模型得出的结果进行配送中心选址时，在经济上最为可取的选址地点往往在实际中行不通。因此，要将其他非经济性因素考虑进去，如综合地理、地形、环境、交通条件、劳动条件以及有关法律规定等条件对优化结果进行评价，看优化结果是否具有现实可行性。

⑤确定最终方案。如果优化结果通过复查，即可将优化结果作为最终方案。如果没有通过复查，重新返回第二步，进行筛选备选地址、优化备选地址、复查等一系列步骤，直至得到最终结果。

(5)配送中心选址的方法

配送中心选址的问题可分为单一配送中心的选址和多个配送中心的选址两种。多个配送中心的选址问题一般采用线性规划中的整数规划来求解。单一配送中心的选址是指在计划区域内设置唯一的配送中心的选址问题，一般采用因素评分法、重心法、数值分析法等方法求解。

①因素评分法。因素评分法以简单易懂的模式将各种不同因素综合起来，在允许的范围内给出一个分值；然后将每一地点各因素的得分相加，求出总分后加以比较；最后选定得分最多的地点。

使用因素评分法选址的步骤如下：

- 给出备选地点；
- 列出影响选址的各个因素；
- 给出各因素的分值范围；
- 由专家对各备选地点就各个因素评分；
- 将每一地点各因素的得分相加，求出总分后加以比较，得分最多的地点中选。

表 8—4 给出了某选址问题中影响选址的每个因素及其分值范围。

表 8—4　影响选址的每个因素及其分值范围

考虑因素	分值范围
区域内货物需要量大小	0～400
周围的辅助服务设施	0～330
运输条件	0～200
配送服务的辐射区域范围	0～100
生活条件	0～100
出货	0～100
与客户距离	0～100
劳动力获取	0～30
劳动力成本	0～20
气候	0～50
供应商情况	0～200
进货	0～100
工会环境	0～50
税收	0～50
国家激励措施/法律	0～50
土地成本	0～50
公用事业费	0～10
适时管理要求	0～50

②重心法。重心法是将配送系统的资源点与需求点看作分布在某一平面范围内的物体系统，各资源点与需求点的物流量可分别看作物体的重量，将物体系统的重心作为配送中心的最

佳位置。把用户对货物的需要量按一定比例换算成重锤的重量，用实验的方法确定重心位置，重心的位置即是配送中心的最佳位置，如图 8—9 所示。

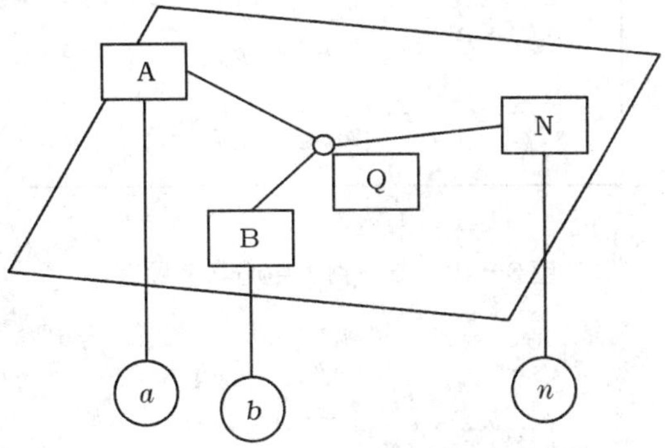

图 8—9　重心法

如果以(X_i,Y_i)表示各点的坐标，W_i 表示各点的运量，C_i 表示各点的运输费率，则重心的坐标为：

$$X_o=(X_1W_1C_1+\cdots+X_iW_iC_i)/(W_1C_1+\cdots+W_iC_i)$$
$$Y_o=(Y_1W_1C_1+\cdots+Y_iW_iC_i)/(W_1C_1+\cdots+W_iC_i)$$

例如，某家电集团在 P_1 地生产冰箱，在 P_2 地生产洗衣机，在 P_3 地生产空调，在 P_4 地生产小家电。假设各工厂的运输费相同，各工厂所在地与某城市中心（坐标原点）的距离和每年的产量如表 8—5 所示。求配送中心的坐标。

表 8—5　　工厂所在地和年运输量

工厂所在地	P_1		P_2		P_3		P_4	
	x_1	y_1	x_2	y_2	x_3	y_3	x_4	y_4
距城市中心的坐标距离（千米）	20	70	60	60	20	20	50	20
年运输量	2 000		1 200		1 000		2 500	

利用重心法选址公式，得

$X_o=(20\times2\,000+60\times1\,200+20\times1\,000+50\times2\,500)/(2\,000+1\,200+1\,000+2\,500)$
$=35.4$（千米）

$Y_o=(70\times2\,000+60\times1\,200+20\times1\,000+20\times2\,500)/(2\,000+1\,200+1\,000+2\,500)$
$=42.1$（千米）

所以，配送中心应选址在坐标为(35.4,42.1)的位置。

③解析法。用解析法对单一配送中心进行选址的方法，就是用坐标和费用函数求出的由配送中心至顾客之间配送费用最小地点的方法。

设有 n 个用户，分布在不同坐标点(x,y)上，现假设配送中心设置在坐标点(x_0,y_0)处，如图 8—10 所示。

以 e_i 表示从配送中心地到顾客 i 的运输费，则运输总额 H 的计算公式如下：

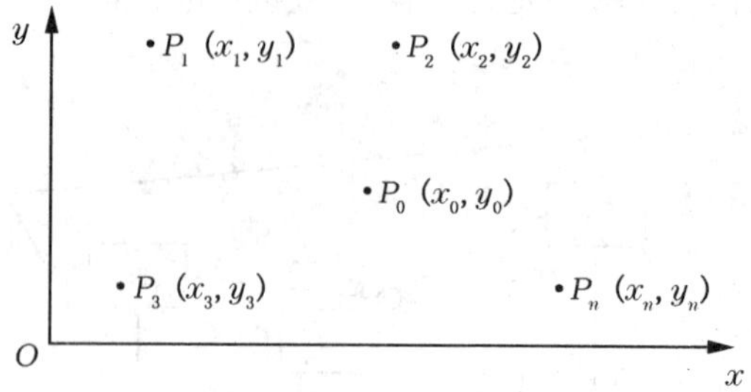

图 8—10 单一物流中心与多顾客

$$H=\sum_{i=1}^{n} e_i$$

设 a_i 表示配送中心到顾客 i 每单位量、单位距离所需要的运输费，w_i 表示到顾客 i 的运输量，d_i 表示配送中心到顾客 i 的直线距离，根据两点间距离公式：

$$d_i=\sqrt{(x_0-x_i)^2+(y_0-y_i)^2}$$

总运输费 H 为：

$$H=\sum_{i=1}^{n} d_i w_i a_i=\sum a_i w_i[(x_0-x_i)^2+(y_0-y_i)^2]^{\frac{1}{2}}$$

希望求得 H 为最小的配送中心地点，也就是使：

$$\frac{\mathrm{d}H}{\mathrm{d}x_0}=9 \qquad \frac{\mathrm{d}H}{\mathrm{d}y_0}=0$$

成立的(x_0,y_0)，即为适当选址地点。

④仿真法。仿真法可以按照图 8—11 所示的流程操作。

8.2.4 配送中心的区域布置

配送中心的系统布置就是根据物流作业量和物流路线，确定各功能区域的面积和各功能区域的相对位置，最后得到配送中心的平面布置图。

(1)基本布局分类

配送中心的基本布局类型可以分为 U 形布局、直线流出型布局和多层布局等几种情况。

①U 形布局。U 形布局如图 8—12 所示，其特点是布局紧凑，可以共用空间和设备，适合越库配送等操作。

②直线流出型布局。直线流出型布局如图 8—13 所示，其特点是单方向滚动，货流通畅，可以有更多入库门和出库门，方便大量操作。

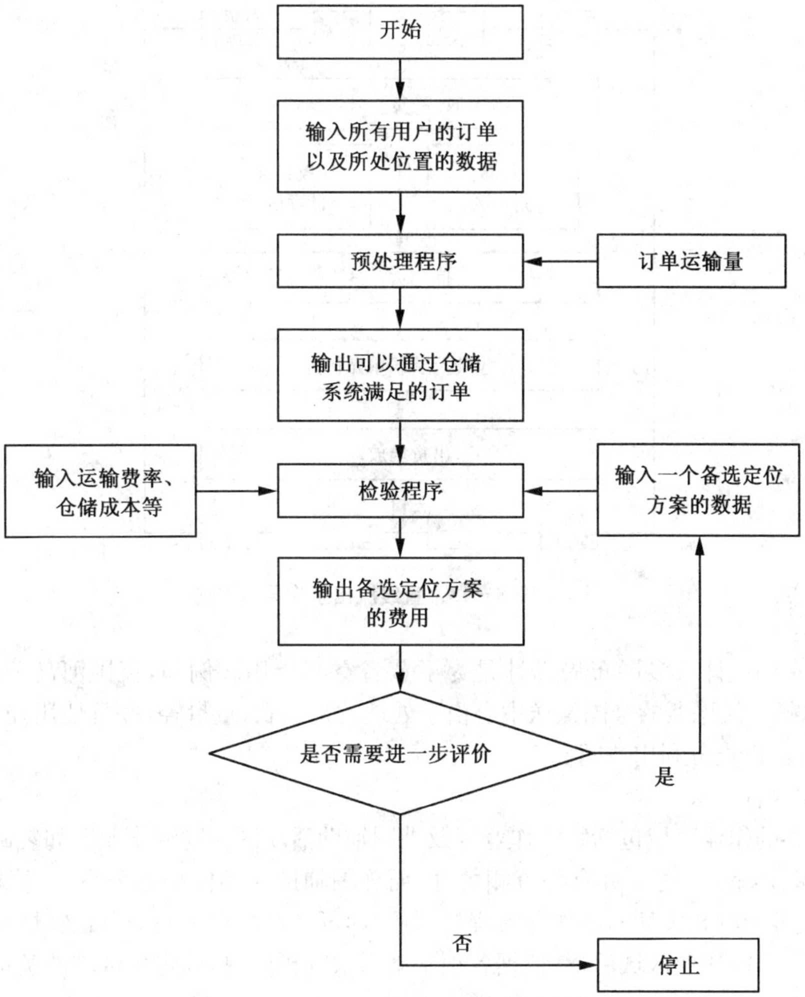

图 8—11　仿真法步骤

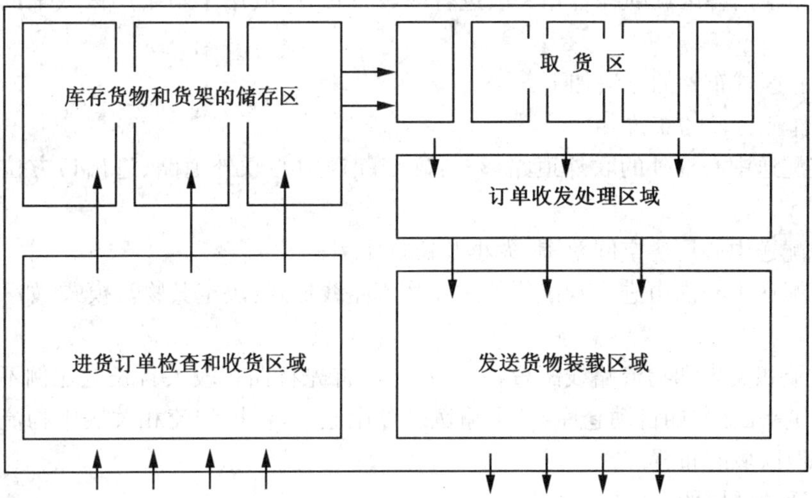

图 8—12　U 形布局

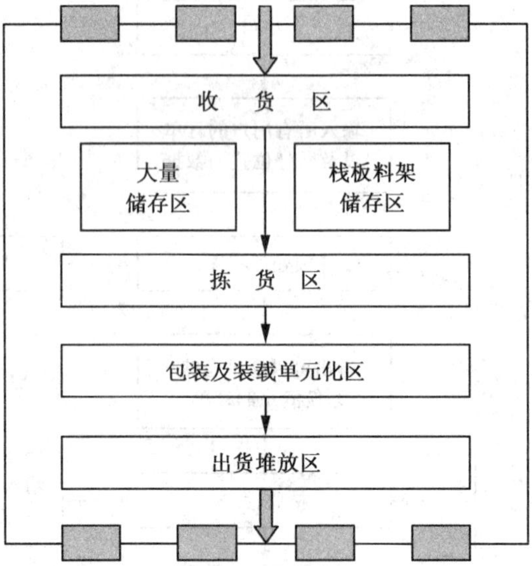

图 8—13 直线流出型布局

③多层布局设计。多层布局设计是为了节省空间所用。例如，英国河岛公司（River Island）在密尔顿—凯恩斯的全国配送中心由于处理的是挂衣，重量轻，并且使用挂衣索道，因而使用多层建设，以充分利用空间。

（2）区域设置方法

配送中心的作业区域包括物流作业区及外围辅助活动区。物流作业区如装卸货、入库、订单拣取、出库、出货等，通常具有物流相关性；而外围辅助活动区如办公室、计算机室、维修间等，则具有业务上的相关性。经作业流程规划后，即可针对配送中心的营运特性规划所需作业区域。确定所需的作业区域后，需依据各项基础需求分析资料，确定各区域的基本运转能力。

配送中心的区域布置方法有两种，即流程性布置法和活动相关性布置法。流程性布置法是根据物流移动路线和物流相关表作为布置的主要依据，适用于物流作业区域的布置；活动相关性布置法是根据各区域的综合相关表进行区域布置，一般用于整个厂区或辅助性区域的布置。

配送中心区域布置的方法如下：

①物流作业区域的布置。

● 决定配送中心对外的联外道路形式：确定配送中心联外道路、进出口方位及厂区配置布局；

● 决定配送中心厂房空间范围、大小及长宽比例；

● 决定配送中心内由进货到出货的主要物流路线形式：决定其物流模式，如 U 形、双排形等；

● 按物流相关表和物流路线配置各区域位置：首先将面积较大且长宽比例不易变动的区域先置入建筑平面内，如自动仓库、分类输送机等作业区，再按物流相关表中物流相关强度的大小安排其他区域的布置。

②行政活动区域的配置。

一般配送中心行政办公区均采用集中式布置，并与物流仓储区分隔，但也应进行合理的配置。

行政活动区域内的配置方法：首先选择与各部门活动相关性最高的部门区域先行置入规划范围内，再按活动相关表，根据与已置入区域关系的重要程度依次置入布置范围内。

③确定各种布置组合。

根据物流相关表和活动相关表，探讨各种可能的区域布置组合。

根据以上方法，可以逐步完成各区域的概略配置。然后，再将各区域的面积置入各区相对位置，并作适当调整，减少区域重叠或空隙，即可得到面积相关配置图。最后，经由调整部分作业区域的面积或长宽比例后，即得到作业区域配置图(如图8－14所示)。

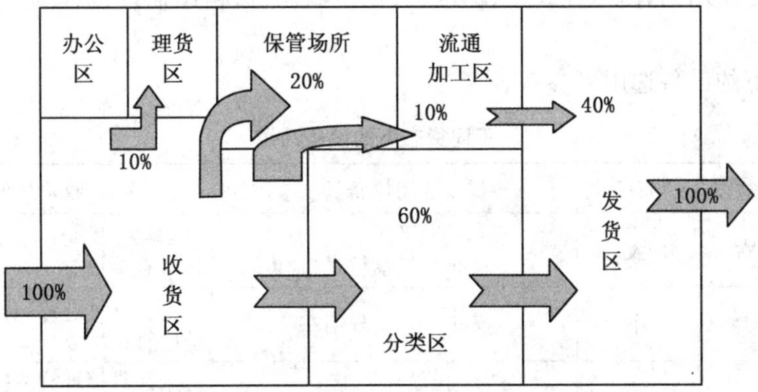

图8－14 平面布局初步设计

任务8.3 配送中心的设计

8.3.1 设备设施的设计

(1)配送中心设备选用的一般原则

配送中心设备的选用，除根据需要外，还应因地制宜，结合作业场地、货物的种类和特性、货运量大小、货物的存储方式以及各设备在物流系统中的作用等进行综合考虑。其选择原则如下：

①符合货物的特性。货物的化学、物理性质以及外部形状和包装千差万别，此外，货物的质量、体积和长度又各不相同，在选择装卸机械时，必须与货物特性相符，以确保作业的安全和货物的完整无损。

②适应物流量的需求。配送中心设备的生产能力决定于物流量的大小，应选择投资较少、生产恰当的设备。

③各设备要相互协调。必须充分考虑各设备的种类、结构和性能，将它们统一纳入物流系统，力争物流合理化。

④设备要经济、实用。配送中心的设备应操纵灵活，维护修理方便，有较长的使用寿命，使用费用低，消耗能源少，生产率高，辅助人员少等。

⑤应具有超前性和富余量。随着物流需求及物流技术的飞速发展，在选择设备时，应长远

考虑，使它们能满足不远将来的变化，适应经济的发展，这也是减少投资、提高适应性的一个有效原则。

(2)物流设备的设计和选用

物流设备设计主要以功能需求、选用型号和所需数量等内容为主。

①进货系统

进货作业首先应考虑货态要素，主要考虑所进货物是托盘品、箱装品(货车散装品)、袋装品还是简易包装品；其次要考虑进货品的尺寸，以便决定接收货物的方式和设备；再次要考虑接收货物后的工作，如暂时存放、托盘化、分类方式(按品种分类或按出货方面分类)。根据这些作业性质决定使用的设备，如叉车、输送机(托盘输送机、箱用输送机)、垂直搬运机、手推车和自动导引台车等。

不同货态下的设备选用可参考表8－6。

表8－6　　不同货态下的设备选用

货态	进货量	物品尺寸	选用设备	收货后的作业
托盘品	大	大	叉车 叉车与托盘输送机	自动化立体仓库、托盘货架储存或拣选区直接堆放
	大	小	叉车与自动导引车	自动化立体仓库、托盘货架储存或拣选区直接堆放
箱装品	大	大	托盘和叉车	拣选区直接堆放或托盘货架储存
			托盘、叉车与自动导引车	拣选区直接堆放或自动化立体仓库储存
	大	中	托盘、叉车与托盘输送机	托盘货架储存，并按品种来分类
	中	小	箱输送机 托盘与叉车	箱货架或流利货架储存 流利托盘货架储存
	小		手推台车	箱货架储存
袋装品	大	小	装箱式托盘、叉车与自动导引车	流利托盘货架储存或自动化立体库储存
			托盘输送机搬运	自动化立体仓库储存
	大	中	托盘与叉车	托盘货架储存
	小	中	手推车搬运	箱货架储存
简易包装品	大	小	包装装箱、箱式输送机与托盘	托盘货架储存

②储存系统

决定储存作业的主要因素是保管量、保管物品项数、出库频率和货态。结合储存需要及设备特性，一般储存形式如下：

- 少品种、大批量采用地板堆积和自动化立体仓库储存；
- 多品种、少批量采用托盘货架储存；
- 大批量、不可堆积物采用驶入式货架储存；
- 大批量、小体积或小批量货物采用棚架或储物柜储存。

不同储存形态下储存系统的选用可参考表8－7。

表 8—7　　不同储存形态下储存系统的选用

储存形态	出库频率	保管品项数	保管量	保管标准
托盘	高	大	较大	单元型自动化立体仓库
		小	大	自动化立体仓库储存和直接堆放
			中	流利式货架储存
			小	输送线暂存
	中	中	中	单元型自动化立体仓库或托盘货架
	低	大或中		托盘货架
		小	小	地面直接堆放
箱保管	高	大	大	箱保管和托盘保管
			小	箱货架
		小	大	流利式箱货架
			小	输送线存储
	低	小	大	流利式箱货架
		大	小	箱货架
袋装	大多被装入托盘保管,单体保管较少			

③拣选与出库系统

拣选设备包括一般拣选设备、计算机辅助拣选设备和自动分拣设备等。一般来说,拣选设备选用除与拣货方式有关外,还与库存区和拣货区的相互关系有关。一种是拣货区和库存区分区存放,拣货时物品由库存区补货到拣货区;另一种是拣货区和库存区规划在同一个区,但以分层方式处理;还有一种就是不设置拣货区,直接在储位上拣货。

拣选系统设备选用考虑的因素主要有拣选物品的品项数、体积、重量、批量大小和发货频率等。

● 对于小体积、少批量、重量轻、发货频率不高的物品,可选用轻型货架储存,人工方式拣取,物流台车配合。

● 对于多品种、小批量、发货频率高的物品,可选用流利式货架或旋转货架储存拣取,搬运设备选用搬运台车或拣选梭车。

● 对于体积大、重量大的物品,若发货频率低,宜选用升降叉车等搬运机械辅助作业;若发货频率较高,选用计算机辅助拣取系统(CAPS)。

● 对于发货频率很高的物品,一般选用自动拣货系统。

④分拣系统

影响分拣作业系统的有单位时间的分拣量、集货个数和待分拣的物品货态等因素。设备选用要通过对各种因素进行综合分析,然后决定发货分拣作业系统。

所谓单位时间的分拣量,是用一天的发货数量除以实际工作时间。例如,一天发货数为15 000个,实际发货分拣时间为6.5个小时,则单位时间的分拣量为15 000除以6.5,为2 307个/小时。

关于集货个数,就是在某一批次的分拣中,对于按订单发货,集货个数即为配送的用户数;对于按路线发货,集货个数即为发货的方面数;对于按物品品项发货,集货个数即为发货物品种类数。

待分拣的物品货态可能有箱装、袋装、长尺寸和散装物品,对于不同货态的物品,分拣方法与分拣手段是不一样的。

对于不同的分拣要求，分拣系统的作业方式与设备选用可参考表 8－8。

表 8－8　　不同分拣要求下分拣系统的作业方式和设备选用

单位时间分拣量	集货个数	货　态	分拣系统
<1 000	<10	箱	人工从输送机上取下，并分配到某个集货位置的托盘上
	10～20	箱	上浮式辊子输送机，自动分类，直角型分离
1 000～2 000	<10	箱	上浮式辊子输送机，低速自动分类，Y 型分离
1 000～3 000	10～20	箱或袋	传输带，滑块式低速分拣
2 000～3 000	>10	箱或袋	传输带，滑块式高速分拣或者选用低速型轨道台式自动分拣
3 000～5 000	<20	箱	传输带，高速型滑块式分拣
	<20	箱、袋、散货	标准型轨道台式自动分拣
5 000～7 000	>10	箱	高速型轨道台式自动分拣
7 000～10 000	>10	箱	高速型单元传送带，自动分拣

⑤发货储存及发货系统

影响发货储存系统的因素有储存物品的货态、分拣与发货的时间偏差、发货存储量。发货储存及发货系统的作业方式与设备选用可参考表 8－9。

表 8－9　　发货储存及发货系统的作业方式与设备选用

发货存储量	发货量	分拣与发货	暂存方式
100～200 箱	10 个以下	时间一致，箱发货	辊子输送机或链式输送机，输送单位为箱，一般无须另外暂存
100～200 件	10 个以下	时间一致，托盘发货	辊子输送机或链式输送机，输送单位为托盘，一般无须另外暂存
500～600 件	20 个以下	有时间偏差	托盘直接堆放在集货区
300 件以下	30～50 个	有时间偏差	托盘货架，暂存在集货区
500～1 000 件		时间偏差较大，托盘存储发货	不在发货区暂存，用自动仓库保管
由少到多	50～60 个	时间偏差较多，台车发货	台车保管

8.3.2　配送中心信息系统的设计

不同类型的配送中心，其信息系统的功能和构成会有很大的区别。影响配送中心信息系统规划设计的主要因素包括配送中心的业务职能定位、配送中心所具备的功能与作业流程、配送中心的组成结构和作业内容，以及配送中心的作业管理制度等。

(1)基本功能框架

一般配送中心信息系统的主要功能需求包括：

①销售管理功能。以商业活动的相关业务为主，如订单处理、采购定价和市场分析等。

②仓储保管功能。以仓储作业相关的业务为主，如进货、销售与储存数据管理、储位管理以及库存管理等。

③商品配送功能。以配送运输的调度和指派工作为主，如拣货计划、配派车辆和路线规

划等。

④信息提供功能。进一步提供分析完整的管理信息，如绩效管理、决策分析和资源计划等。

对于现代化配送中心而言，信息系统的功能不再是只处理作业信息，而是进一步向业绩管理和决策支持分析等高层次发展。为此，在设计配送中心信息系统功能框架时，至少应包括如下六个功能子模块：采购进货系统，销售发货系统，库存管理系统，财务会计系统，运营业绩管理系统，决策支持系统。

配送中心信息系统的功能模块如图 8—15 所示。

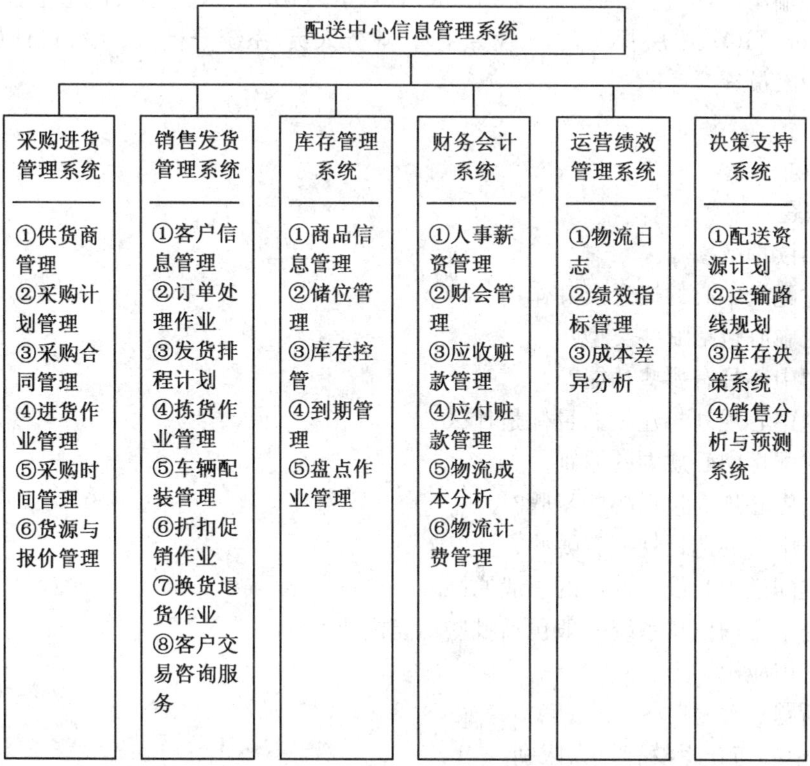

图 8—15　配送中心信息系统的功能子模块

(2)组成要素

在一般情况下，构成配送中心信息系统的主要组成要素有硬件、软件、数据库和相关人员等。

①信息系统的硬件。硬件包括计算机、必要的通信设施等，如计算机主机、外存、打印机、自动识别设备、分拣系统、服务器、通信电缆、通信设施等。它是信息系统的物理设备、硬件资源，是实现配送中心信息系统的基础，构成系统运行的硬件平台。

②信息系统的软件。在信息系统中，软件一般包括系统软件、实用软件和应用软件。系统软件主要包括操作系统(operation system，OS)、网络操作系统(network operation system，NOS)等，它控制、协调硬件资源，是配送中心信息系统必不可少的软件。实用软件的种类很多，对于配送中心信息系统，主要有数据库管理系统(database management system，DBMS)、计算机语言、各种开发工具、浏览器、群件等，主要用于开发应用软件、管理数据资源、实现通信

等。应用软件是面向问题的软件，与物流企业业务运作相关，实现辅助企业管理的功能，如财务软件、进销存软件、仓储管理软件等。

通常，系统软件和应用软件由计算机厂商或专门的软件公司开发，它们构成物流配送信息系统开发和运行的软件平台。实用软件的特点在于种类多、新软件不断产生、版本更新快，用户的选择余地较大。

③数据库。数据库用来存放与应用相关的数据，是实现辅助物流配送中心运营管理和支持决策的数据基础。

④相关人员。配送中心信息系统的开发、应用、维护涉及多方面的人员，有专业人员、管理人员，还有终端用户，如企业高层的领导(chief executive officer，CEO)、信息主管(chief information officer，CIO)、中层管理人员、业务主管、业务人员、系统分析员、系统设计员、程序设计员、系统维护人员等。

● 基本训练

□ 知识题

1.1 阅读理解

(1)简述配送中心的概念及其作用。

(2)配送中心包括哪些类型？

(3)配送中心具有哪些功能？

(4)配送中心规划与建设的目标是什么？

(5)简述配送中心规划的原则。

(6)配送中心规划包括哪些步骤？

(7)配送中心的选址规划有哪些方法？

(8)简述配送中心设备选用的一般原则。

(9)配送中心的信息系统一般包括哪些功能模块？

1.2 知识应用

(1)判断题

①配送中心与仓库没有什么区别。 (　　)

②销售型配送中心的主要目的是销售商品。 (　　)

③城市配送中心的辐射能力比区域配送中心强。 (　　)

④在进行配送中心规划时，应追求单项成本最优。 (　　)

⑤EQ 分析指的是每单一品项出货总数量的分析。 (　　)

(2)选择题

①某港口要建设一个配送中心，最有可能的类型是(　　)。

A. 以制造商为主体的配送中心　　B. 以批发商为主体的配送中心

C. 以零售商为主体的配送中心　　D. 以仓储运输业者为主体的配送中心

②配送中心规划时考虑将来是适应物流量的增大、经营范围拓展的需要，这遵循的是(　　)。

A. 价值工程原则　　B. 适度超前原则

C. 系统最优原则　　D. 满足使用要求原则

③单张订单出货品项数的分析称为(　　)。

A. 订单量分析　　B. 订货品项数分析
C. 品项数量分析　　D. 品项受订次数分析

④货物从配送中心向一个方向运送的单向辐射称为(　　)。

A. 辐射型分布　　B. 吸收型分布　　C. 扇形分布　　D. 聚集型分布

⑤确定配送中心的自动化水平,属于总体规划设计阶段中的(　　)。

A. 基础资料分析　　B. 业务能力的规划
C. 功能流程设计　　D. 平面布置

□**技能题**

(1)参观一家连锁超市的配送中心,请企业管理人员介绍该配送中心在规划设计上的总体情况。

实训目的:了解配送中心规划设计的相关知识。

实训要求:熟悉配送中心在规划设计时要考虑的因素,规划设计的具体内容。

(2)学生就参观情况结合本章所学知识写一篇参观报告。

实训目的:通过写报告来加强对配送中心规划与设计的理解。

实训要求:仔细聆听企业人员对配送中心的介绍,对于不了解的地方及时向对方请教,报告内容力求完整全面、条理清楚。

● 综合案例

案例 1　烟台铁路公司珠玑配送中心规划案例分析报告

(1)规划项目介绍

烟台地处山东半岛中部,濒临黄海、渤海,与辽东半岛及日本、朝鲜、韩国隔海相望,是我国首批 14 个沿海开放城市以及重点开发的环渤海经济圈区域内的重点城市之一,有良好的区位及政策优势。

1999 年,烟台市被山东省经济贸易委员会确定为省物流发展试点城市。根据政策导向,烟台市的交通运输、储运、零售等物流相关的重点企业十分看好现代物流业的发展,正致力于从传统物流向现代物流转变。加快建设现代物流配送中心建设与发展被认为是实现企业转变的一个重要途径,许多企业将其列入议事日程。

珠玑地区位于烟台市郊,是烟台市的交通枢纽和重要商品集散地,烟台铁路公司、烟台交运集团都有在烟台市珠玑地区设立配送中心的设想,本案例就是对烟台铁路公司珠玑配送中心规划情况的分析。

该规划主要包括珠玑配送中心的配送模式、功能规划、业务流程规划、岗位设置和主要设备规划等内容。

本案例分析报告仅对其中的配送模式、配送中心的功能规划进行分析。

(2)珠玑配送中心功能规划分析

规划中的珠玑配送中心是货物的集散中心。根据对项目的详细调研,确定该中心配送物品的主要品类为煤炭、钢材、木材三大类。初期的发展方向为进行大宗散装货物的存储及配送活动。

该规划报告对配送中心功能进行了如下规划:

①储存功能:被认为是配送中心的主要功能。

②分拣理货：远期规划为核心功能，但由于初期物流作业量不是很大，可以不重点布局，但是应留有远期布局的区域，以利将来扩充。

③配货功能：目前尚不具备条件，但该配送中心的运作模式被定为实行共同配送，需进行远期规划工作，并努力做好前期工作，为尽快实现共同配送打下基础。

④倒装、分装功能：这是由产品性质及客户要求决定的。

⑤装卸、搬运功能：规划为辅助作业。

⑥流通加工：利用铁路经营优势及场地条件，充分发挥此功能，作为竞争优势。

⑦送货：在不断发展配送商品品种、扩大业务量范围的基础上，发展多种送货方式。

⑧信息处理：分阶段、分步骤进行。

一个典型的配送中心应具备备货、储存、分拣及配货、配装、配送、送达、配送加工、信息处理等基本功能。为了与市场进行紧密结合，有现代物流意识的配送企业还应该有商品采购、市场开发、订单处理及资金结算、需求预测、教育与培训等增值功能。

该规划报告考虑到商品种类、所处形势等具体情况，设置了八项功能，总体来说，具备了一般配送中心的基本要求，功能设置较为合理，既立足实际，又面向未来；既考虑现状，又具有长远眼光。

（资料来源：豆丁网，http://www.docin.com/p-135309114.html）

问题：谈谈你对该配送中心定位的看法，并提出合理化建议。

案例2 上海联华生鲜食品加工配送中心物流配送运作

联华生鲜食品加工配送中心是我国国内目前设备最先进、规模最大的生鲜食品加工配送中心，总投资6 000万元，建筑面积35 000平方米，年生产能力20 000吨，其中肉制品15 000吨，生鲜盆菜、调理半成品3 000吨，西式熟食制品2 000吨，产品结构分为15大类约1 200种生鲜食品；在生产加工的同时，配送中心还从事水果、冷冻品以及南北货的配送任务。连锁经营的利润源重点在物流，物流系统好坏的评判标准主要有两点：物流服务水平和物流成本。联华生鲜食品加工配送中心是对这两个方面都做得比较好的一个物流系统。联华生鲜食品加工配送中心的软件系统由上海同振信息技术有限公司开发。

生鲜商品按其称重包装属性可分为定量商品、称重商品和散装商品，按物流类型可分为储存型、中转型、加工型和直送型，按储存运输属性可分为常温品、低温品和冷冻品，按商品用途可分为原料、辅料、半成品、产成品和通常商品。生鲜商品大部分需要冷藏，所以其物流流转周期必须很短；生鲜商品保质期很短，客户对其色泽等要求很高，所以在物流过程中需要快速流转。这两个评判标准在生鲜配送中心通俗地归结起来就是“快”和“准确”。下面分别从几个方面来说明联华生鲜配送中心的做法。

①储存型物流运作。商品进货时，先要接受订单品种和数量的预检，预检通过方可验货。验货时，需进行不同要求的品质检验，终端系统检验商品条码和记录数量。在商品进货数量上，定量商品的进货数量不允许大于订单的数量，不定量的商品提供一个超值范围。对于需要重量计量的进货，系统和电子秤系统连接，自动去皮取值。捡货采用播种方式，根据汇总取货，汇总单标识从各个仓位取货的数量，取货数量为本批配货的总量，取货完成后系统预扣库存，被取商品从仓库仓间拉到待发区。在待发区，配货分配人员根据各路线、各门店配货数量对各门店进行播种配货，并检查总量是否正确，如不正确，向上校核，如果商品的数量不足或其他原因造成门店的实配量小于应配量，配货人员通过手持终端调整实发数量，配货检验无误后使用

手持终端确认配货数据。在配货时，冷藏和常温商品被分置在不同的待发区。

②中转型物流运作。与储存型物流相同，供应商送货先要预检，预检通过后方可进行验货配货；供应商把中转商品卸货到中转配货区，中转商品配货员使用中转配货系统按商品—路线—门店的顺序分配商品，数量根据系统配货指令执行，贴物流标签。配完的商品采用播种的方式放到指定的路线、门店位置上，配货完成，统计单个商品的总数量/总重量，根据配货的总数量生成进货单。中转商品以发定进，没有库存，多余的部分由供应商带回；如果不足，则在门店间进行调剂。

③配送运作。商品分拣完成后，都堆放在待发库区，按正常的配送计划，这些商品在晚上送到各门店，门店第二天早上将新鲜的商品上架。在装车时，按计划依路线门店顺序进行，同时抽样检查准确性。在货物装车的同时，系统能够自动算出包装物(笼车、周转箱)的各门店使用清单，装货人员也据此来核对差异。在发车之前，系统根据各车的配载情况输出各运输车辆的随车商品清单、各门店的交接签收单和发货单。商品到达门店后，由于数量高度准确，验货时只要清点总的包装数量，退回上次配送带来的包装物，完成交接手续即可。一般一个门店的配送商品交接只需要 5 分钟。

(资料来源：http://www.chinawuliu.com.cn/xsyj/201101/04/143792.shtml)

问题：上海联华生鲜食品加工配送中心物流配送运作有哪些优缺点?

● 综合实训

实训项目：配送中心规划的资料收集

(1)实训目的

①通过本项目实训，使学生了解配送中心规划设计的内容。

②能初步进行某行业的配送中心规划资料的收集工作。

③能结合收集到的资料，拟定一份规划报告。

(2)实训内容

①某企业规划在本地新建一个配送中心，请结合相关知识，明确规划所需的相关资料。

②尽可能多地收集规划资料，并进行初步的资料整理和分析。

③拟定一份配送中心的规划报告。

(3)实训要求

①通过实地考察和上网搜集资料。

②规划资料的具体内容不一定要很详细，但应尽可能全面。

③撰写规划报告和制作幻灯片。

④5～6 人为一组，相互讨论。

⑤实习结束后一周内完成。

⑥报告完成后设课堂讨论课，相互交流实训经验。

(4)注意事项

①在企业期间遵守各项规章制度，注意劳动安全。

②应结合该企业所处行业特点进行相关资料的调查收集工作。

③要注意组内的分工协作。

④虚心向企业工作人员学习求教。

现代仓储与配送技术

知识目标

◎ 理解仓储管理信息系统、配送管理信息系统的含义；
◎ 明确仓储管理信息系统、配送管理信息系统的内容；
◎ 了解仓储、配送信息管理的发展情况；
◎ 掌握仓储与配送技术的内容和应用。

技能目标

◎ 能用所学知识对仓储配送信息管理状况进行分析；
◎ 能运用一些简单信息技术方法处理仓储配送管理中的实际问题。

【引例】

大型仓储基地的信息管理

和记黄埔港口集团旗下的深圳和记内陆集装箱仓储有限公司在深圳观澜设立了大型物流仓储基地"观澜内陆集装箱仓储中心"，以配合华南地区的进出口贸易发展。目前已建成两座面积为 2 万平方米的大型出口监管仓、4 万平方米的货柜堆场，以及与之相配套的报关楼、验货中心及办公场所。

观澜内陆集装箱仓储中心实现高科技智能化出口监管仓及堆场操作，包括采用仓储管理系统(WIS)和堆场管理系统(TOMS)管理仓储运作及堆场操作；全球海关、船公司、租箱公司及客户查询库存资料，了解货物进出仓的情况；IC 卡闸口自动识别验放 CTV 全方位监控；电子系统报关，为客户提供方便快捷的报关服务。

同时，观澜内陆集装箱仓储中心与和记黄埔投资的南方明珠盐田国际集装箱码头有限公司联手，采用 GPS 卫星定位系统，在盐田与观澜之间进行途中监控，并在盐田港入闸处为货柜车开辟专门的"绿色通道"，以达到信息共享、统一协调、分工合作，充分发挥港口与仓储运作的优势，将盐田码头服务功能延伸至更靠近各生产厂家的内地。

观澜内陆集装箱仓储中心目前为国外销售商、集运公司、货运代理、生产厂家、船公司及租箱公司提供优质监管仓拼柜集运、国内配送、货柜堆存等服务，对推动华南地区的物流发展做出了贡献。

该案例表明：由于仓储配送活动环节多、变化快，因而产生的信息量非常大。靠传统的人工方式来收集、处理、储存、传递信息将越发困难，管理势必产生混乱，工作效率大大降低。必须要运用先进的信息技术来提升自身的管理水平和运作效率，这是任何仓储配送企业都必须达到的基本要求。

任务9.1　管理信息系统概述

9.1.1　管理信息系统的含义及特性

(1)管理信息系统的含义

管理信息系统(management information system，MIS)是一个以人为主导，利用计算机硬件、软件及其他办公设备进行信息的收集、传递、存贮、加工、维护和使用的系统。它以企业战略竞优、提高收益和效率为目的，同时支持企业高层决策、中层控制和基层操作，最终提升企业战略竞争优势。管理信息系统提供给管理者需要的信息来实现对组织机构的有效管理。管理信息系统涉及三大主要资源：人(people)、科技(technology)和信息(information)。

管理信息系统的主要任务是最大限度地利用现代计算机及网络通信技术加强企业的信息管理，通过对企业拥有的技术力量、人力资源、现有资产、设备状况等资源的调查了解，获取真实数据，为管理层提供实时的经过深加工的信息，让管理层掌握正确的资讯，从而利于决策，使企业的管理能力和利润收益得到稳步的提升。

(2)管理信息系统的主要特性

完善的管理信息系统具有以下四个标准：有确定的信息需求，信息可采集与可加工，可以通过程序为管理人员提供信息，可以对信息进行管理。具有统一规划的数据库是管理信息系统成熟的重要标志，它象征着管理信息系统是软件工程的产物。通过管理信息系统实现信息增值，用数学模型统计分析数据，可以达到辅助决策的目的。管理信息系统是发展变化的，其有生命周期。

管理信息系统的开发必须具有一定的科学管理工作基础。只有在合理的管理体制、完善的规章制度、稳定的生产秩序、科学的管理方法和准确的原始数据的基础上，才能进行管理信息系统的开发。因此，为适应管理信息系统的开发需求，企业管理必须逐步完善以下工作：管理工作的程序化(各部门都有相应的作业流程)；管理业务的标准化(各部门都有相应的作业规范)；报表文件的统一化(报表文件有固定的内容、周期、格式)；数据资料的完善化和代码化。

①基于组织职能进行划分。管理信息系统按组织职能可以划分为办公系统、决策系统、生产系统和信息系统。

②基于信息处理层次进行划分。管理信息系统基于信息处理层次可以划分为面向数量的执行系统、面向价值的核算系统、报告监控系统，分析信息系统、规划决策系统，自下而上形成信息金字塔。

③基于历史发展进行划分。第一代管理信息系统是由手工操作，使用工具是文件柜、笔记本等。第二代管理信息系统增加了机械辅助办公设备，如打字机、收款机、自动记账机等。第三代管理信息系统使用计算机、电传、电话、打印机等电子设备。

④基于规模进行划分。随着电信技术和计算机技术的飞速发展，现代管理信息系统在地域上已逐渐由局域范围走向广域范围。

⑤管理信息系统的综合结构。管理信息系统可以划分为横向综合结构和纵向综合结构。横向综合结构是指同一管理层次各种职能部门的综合，如劳资、人事部门。纵向综合结构是指具有某种职能的各管理层的业务组织在一起，如上下级的对口部门。

9.1.2 管理信息系统的内容、作用及功能

(1)管理信息系统的内容

一个完整的管理信息系统应包括决策支持系统(DSS)、工业控制系统(CCS)、办公自动化系统(OA)以及数据库、模型库、方法库、知识库和与上级机关及外界交换信息的接口。其中，特别是办公自动化系统、与上级机关及外界交换信息等都离不开企业内部网(Intranet)的应用。可以这样说，现代企业管理信息系统不能没有Intranet，但Intranet的建立又必须依赖于管理信息系统的体系结构和软硬件环境。传统的管理信息系统的核心是客户端/服务器(client/server,CS)架构，而基于Internet的管理信息系统的核心是浏览器/服务器(browser/server,BS)架构。BS架构比起CS架构有着很大的优越性。传统的管理信息系统依赖于专门的操作环境，这意味着操作者的活动空间受到极大限制；而BS架构则不需要专门的操作环境，在任何地方，只要能上网，就能够操作管理信息系统，这其中的优劣差别是不言而喻的。

(2)管理信息系统的作用

①管理信息是重要的资源。对企业来说，人、物资、能源、资金、信息是五大重要资源。人、物资、能源、资金这些都是可见的有形资源，而信息是一种无形的资源。以前人们比较看重有形的资源，而进入信息社会和知识经济时代以后，信息资源就显得日益重要。因为信息资源决定了如何更有效地利用物资资源。信息资源是人类在与自然的斗争中得出的知识结晶。掌握了信息资源，就可以更好地利用有形资源，使有形资源发挥更好的效益。

②管理信息是决策的基础。通过对客观内部情况、客观外部情况、企业外部情况、企业内部情况的了解，才能做出正确的判断和决策。因此，决策和信息有着非常密切的联系。那些凭经验或者拍脑袋的决策经常会造成失误，在决策时应有管理信息作为基础。

③管理信息是实施管理控制的依据。在管理控制中，应依靠信息来控制整个生产过程、服务过程的运作，依靠信息的反馈来不断修正已有的计划，依靠信息来实施管理控制。有很多事情不能很好地控制，其根源是没有很好地掌握全面的信息。

④管理信息是联系组织内外的纽带。企业与外界的联系、企业内部各职能部门之间的联系也是通过信息而实现的。要保持各部门间的联系，使整个企业能够协调地工作，就要依靠信息。信息是组织内外沟通的一个纽带；没有信息，就不可能很好地保持内外联系，进而也不可能步调一致地协同工作。

(3)管理信息系统的基本功能

①数据处理功能。把来自科学研究、生产实践和社会经济活动等领域中的原始数据，用一定的设备和手段，按一定的使用要求，加工成另一种形式。数据处理的目的是：把数据转化成便于观察分析、传送或进一步处理的形式；把数据加工成对正确决策有用的数据；把数据编辑

后存储起来，供以后取用。数据处理的内容包括：数据收集；数据转换；数据的筛选、分组和排序；数据的组织；数据的运算；数据存储；数据检索；数据的输出。

②计划功能。根据现存条件和约束条件，提供各职能部门的计划，如生产计划、财务计划、采购计划等，并按照不同的管理层次提供相应的计划报告。

③控制功能。根据各职能部门提供的数据，对计划执行情况进行监督、检查，比较执行与计划的差异，分析差异及产生差异的原因，辅助管理人员及时加以控制。

④预测功能。运用现代数学方法、统计方法或模拟方法，根据现有数据预测未来。

⑤辅助决策功能。采用相应的数学模型，从大量数据中推导出有关问题的最优解和满意解，辅助管理人员进行决策，以期合理利用资源，获取较大的经济效益。

任务9.2　库存管理信息系统

9.2.1　库存管理信息系统概述

库存管理，即在制造业及服务业的生产和经营中，对过程中的各类商品、产成品和其他资源的管理和控制，以维持储备在一个合理的水平。库存管理、库存控制是获得较高利润的商业手段。企业管理的过程就是追求利润。制造企业要想实现利润最大化，就需要实现库存投资最小化、生产成本最小化、客户服务最大化。最早的信息系统就是为了让这三个矛盾的目标达到某种平衡而诞生的。库存管理是供应链系统的核心，是制造系统的基础，同时也是财务管理系统的基础。采用库存管理系统可进行库存控制，记录每次入库、出库及库存盘点；管理供货商，对其价格和服务作量化评价，保持均衡采购，以供货商竞争的方式来获得更好的服务以及更低的价格。

(1)仓储管理系统的含义及构成

仓储管理系统(warehouse management system，WMS)是一个实时的计算机软件系统，它能够按照运作的业务规则和运算法则(algorithms)，对信息、资源、行为、存货和分销运作进行更完美的管理，使其最大化地满足有效产出和精确性的要求。仓库，尤其是制造业中的仓库，作为链上的节点，其库存各不相同。在物流供应链的管理中，库存不再作为维持生产和销售的措施，而是作为一种供应链的平衡机制，其作用主要是协调整个供应链。然而，现代企业同时又面临着许多不确定因素，无论这些因素是来自分供方还是来自生产或客户，对企业来说处理好库存管理与不确定性关系的唯一办法是加强企业之间信息的交流和共享，增加库存决策信息的透明性、可靠性和实时性。而这正是仓储管理系统所要帮助企业解决的问题。仓储管理系统是由多功能软件子系统组合而成的。

①入库管理子系统。

- 入库单数据处理(录入)；
- 条码打印及管理；
- 货物托盘及托盘数据登录注记(录入)；
- 货位分配及入库指令的发出；
- 占用的货位重新分配；
- 入库成功确认；

- 入库单据打印。

②出库管理子系统。

- 出库单数据处理；
- 出库品项内容生成及出库指令发出；
- 错误货物或倒空的货位重新分配；
- 出库成功确认；
- 出库单据打印。

③数据管理子系统。

存库管理：

- 货位管理查询；
- 以货物编码查询库存；
- 入库时间查询库存；
- 盘点作业。

数据管理：

- 货物编码管理：提供与货物编码相关信息的输入界面，包括编码、名称、所属部门、单位等的输入；
- 安全库存质量管理：提供具体到某种货物的最大库存、最小库存的参数设置，从而实现库存量的监控预警；
- 供应商：录入供应商编号、名称、联系方法，供入库单使用；
- 使用部门数据管理：录入使用部门、编号、名称等，供出、入库单使用；
- 未被确认操作的查询和处理：提供未被确认操作的查询和逐条核对处理功能；
- 数据库与实际不符记录的查询和处理：逐条提供选择，决定是否更改为实际记录或手工输入记录。

④系统管理子系统。

- 使用者及其权限设定：使用者名称、代码、密码、可使用程序模块的选择；
- 数据库备份操作：提供存储过程每日定时备份数据库或日志；
- 通信操作：若系统有无线通信部分，应提供对通信的开始和关闭操作功能；
- 系统的登入和退出：提供系统登入和退出界面相关信息。

【知识链接9－1】

国内企业的仓储管理系统概况

仓储管理系统是仓储管理信息化的具体形式，它在我国的应用还处于起步阶段。其主要类型有：

①基于典型的配送中心业务的应用系统。在销售物流中，如连锁超市的配送中心；在供应物流中，如生产企业的零配件配送中心，都能见到这样的案例。北京医药股份有限公司的现代物流中心就是这样的一个典型。该系统的目标，一是落实国家有关医药物流的管理和控制标准GSP等；二是优化流程，提高效率。该系统功能包括进货管理、库存管理、订单管理、拣选、复核、配送、RF终端管理、商品与货位基本信息管理等功能模块；通过网络化和数字化方式，提高库内作业控制水平和任务编排。该系统把配送时间缩短了50%，订单处理能力提高了1

倍以上，还取得了显著的社会效益，成为医药物流的一个样板。此类系统多用于制造业或分销业的供应链管理，也是仓储管理系统中最常见的一类。

②以仓储作业技术的整合为主要目标的系统。这种系统旨在解决各种自动化设备的信息系统之间整合与优化的问题。武钢第二热轧厂的生产物流信息系统即属于此类，该系统主要解决原材料库(钢坯)、半成品库(粗轧中厚板)与成品库(精轧薄板)之间的协调运行问题，否则将不能保持连续作业，不仅放空生产力，还会浪费能源。该系统的难点在于物流系统与轧钢流水线的各自动化设备系统要无缝连接，使库存成为流水线的一个流动环节，也使流水线成为库存操作的一个组成部分。各种专用设备均有自己的信息系统。仓储管理系统不仅要整合设备系统，也要整合工艺流程系统，还要融入更大范围的企业整体信息化系统中去。此类系统涉及的流程相对规范、专业化，多出现在大型 ERP 系统之中，成为一个重要的组成部分。

③以仓储业的经营决策为重点的应用系统。其鲜明的特点是具有非常灵活的计费系统、准确及时的核算系统和功能完善的客户管理系统，为仓储业经营提供决策支持信息。

(2)库存管理信息系统的作用

库存管理系统在整个业务系统中是重要的核心组成部分。库存管理系统、采购管理系统、计划管理系统、销售管理系统之间有着密不可分的联系。材料的库存和采购管理计划需要依据物料种类、现存数量和质量情况来制定；同时，采购管理还需要依据控制成本的原则，明确采购次数和订货批量；另外，库存管理直接影响销售管理；库存管理同时在均衡生产、保证生产顺利进行方面起着重要作用。库存管理信息系统在企业中的作用如图 9－1 所示。

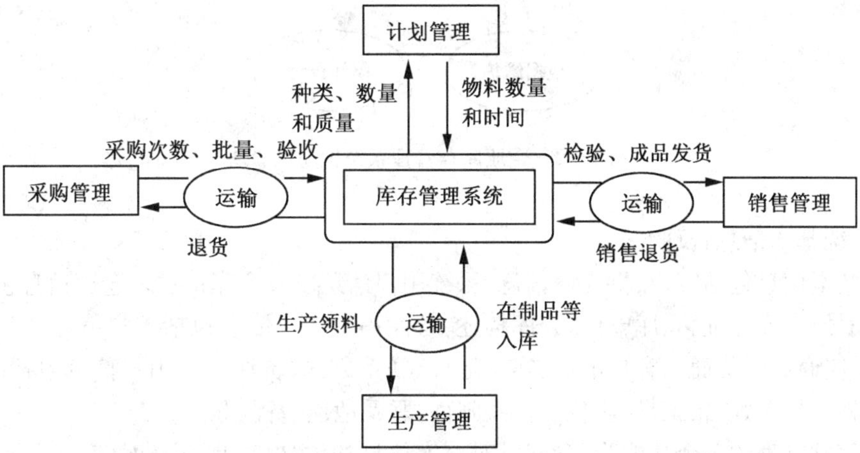

图 9－1　库存管理信息系统的作用

库存管理的重要性日益得到许多企业家和公司管理层的重视。伴随技术进步和日渐激烈的市场竞争，许多企业通过定制开发库存管理系统，以符合企业自身实际情况和需求。

9.2.2　库存管理信息系统实例

(1)系统功能性需求

本系统是一个基于平台的库存管理信息系统，包括库存管理的常见功能，列举如下：

①基本信息管理：包括客户供应商信息管理、用户信息管理、仓库信息管理。

②产品信息管理:包括产品类别管理、产品信息管理。

③库存管理:包括新增入库单、入库管理、新增出库单、查看库存信息。

④库存预警:库存中的某项产品,如其数量在最高或最低临界值附近,或产品使用期限将至,系统将进行预警。

⑤统计资料查询:包括库存产品入库出库统计报表和库存产品流水线统计报表等报表及其打印功能。

⑥数据维护:包括数据库备份、数据恢复、记录系统操作日志、发送错误报告等功能,避免因操作失误造成数据错误或者不一致性,从而保证数据安全。企业库存管理系统主功能模块如图9—2所示。

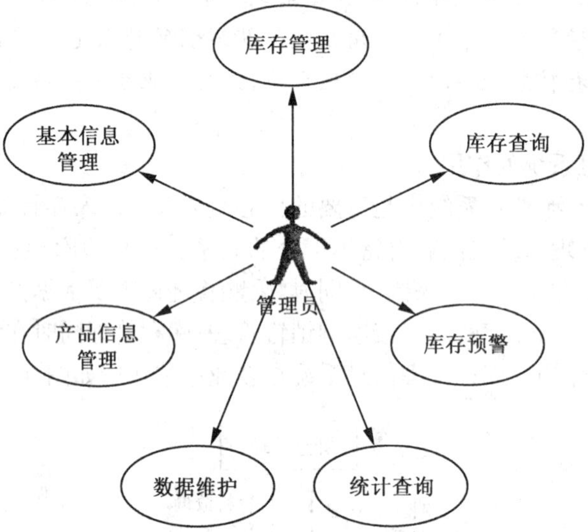

图9—2 企业库存管理系统主功能模块

(2)系统基本信息管理

系统基本信息包括客户、供应商信息,系统用户信息以及仓库信息。仓库信息包括仓库名称、仓库编号、仓库地址、仓库电话、仓库描述、备注等。客户信息包括客户编号、客户名称、客户类型(供应商或购货商)、客户电话、客户地址、联系方式、备注等。用户信息包括用户编号、用户名、密码、员工姓名、工号、职位、电话、邮件、联系地址、备注等。

基本信息管理的各个功能为:管理员对仓库信息的添加、对现有仓库信息的编辑或删除;管理员添加新的客户信息、编辑现有的客户信息和删除无用的客户信息;管理员添加新的系统用户或者对现有系统用户进行编辑或删除操作。

(3)产品信息管理

库存产品的分类在系统中进行管理,系统用户可以新增和修改产品类别。本系统对产品分类采用二级类别的方法:一级类别为产品所属的基本分类,如产品、化学化工、机械制造等;二级类别则是在一级类别之上,将产品更加细致地划分子类别,如产品类又可细分为小家电类、手机类、电脑硬件类、电脑整机类、笔记本类等。

产品包括用于生产的成分、元件、化学产品,或者工业器械等。本系统的产品功能如下:新增产品类别,添加产品类别名称、产品类别编号、产品类别级别、产品类别说明、备注等;编辑现有的产品类别；删除已经废弃或已经不再需要的产品类别；新增产品信息，添加产品的编号、名称、类别、规格、使用期、说明等；编辑现有的产品信息；移除已经不再需要的产品信息；按条件查询检索产品信息。企业库存管理系统产品信息管理模块如图9－3所示。

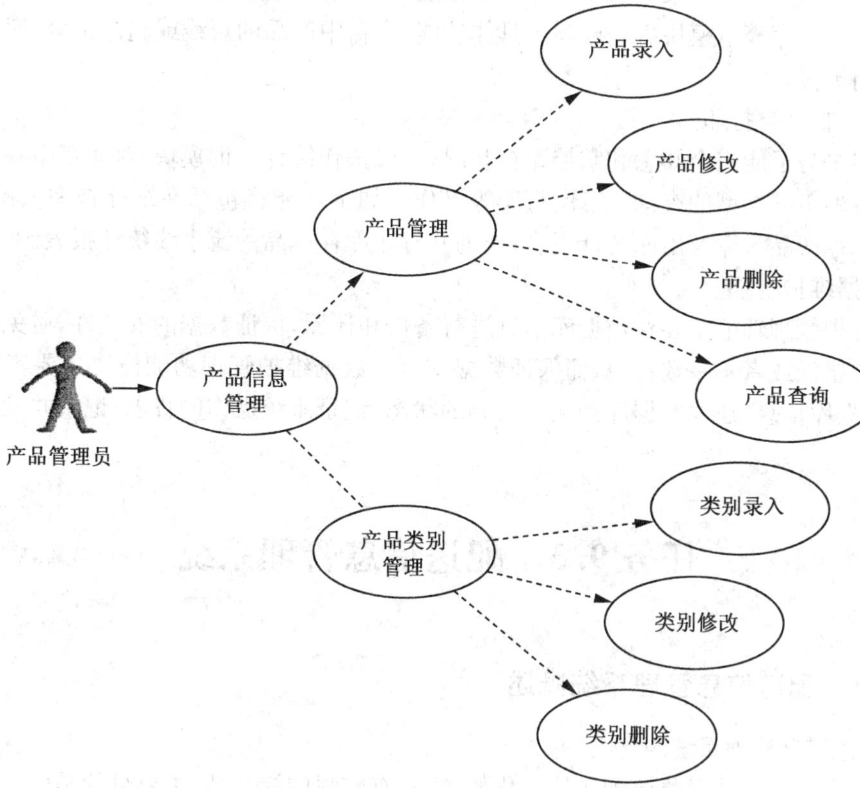

图9－3　企业库存管理系统产品信息管理模块

(4)库存操作

仓库管理员将某种产品放入仓库或将从仓库中提出某种产品的操作即库存操作，包括入库和出库两种具体操作。系统的库存操作管理模块将实现如下具体功能：入库操作和出库操作。出库操作信息如表9－1所示。

表9－1　出库操作信息

出库操作	销售出库	退货出库	用料出库
说　明	把卖给购货商的产品出库	将本企业采购的原材料从仓库提出退货	将本企业用于生产的原材料从仓库提出到生产线
备　注	出库操作需要记录相关的产品、仓库、客户、经办人、涉及金额和出库时间等信息。		

(5)盘库操作

库存盘点又称为盘库，是将仓库中目前现有的产品进行盘点的操作，包括统计现有产品库存数据，校验以前录入的库存数据的正确性，从而保证库存数据的准确性。

(6)库存预警

库存预警是指库存中的某项产品，如其数量在最高或最低警戒值附近，库存管理系统会自动发出预警提示。库存产品的适宜储存数量及有效期限等警戒参数都记录在产品信息表中。某项库存产品，如其实际数量小于等于管理员预设的产品数量下限，则这种情形为短线；如其实际数量大于等于管理员预设的本产品数量上限，则这种情形为超储。当库存中某个产品发生了短线、超储等情况，或某个产品在库存中接近甚至到达其使用有效期时，都将触发系统预警。本系统的库存警示模块将完成如下具体功能：库存中产品的短线或超储预警；库存中产品接近有效期预警。

(7)统计查询与打印

系统用户为了能完全知悉和掌控库存状况，可以操作统计查询模块，对库存中各项产品进行所需的各种不同类型的查询、统计、打印等操作。如下功能将包括在统计查询大模块中：查询并打印库存产品入库及出库统计报表；查询并打印库存产品的流水线统计报表。

(8)数据维护管理

数据维护管理功能主要对数据库信息进行备份和还原，保证数据的安全性，避免因操作失误造成数据错误或者不一致性，从而保证数据安全。数据维护管理功能模块主要实现以下功能：备份数据库信息；还原数据库到某一时刻的状态；记录系统操作的日志；记录并发送错误报告。

任务 9.3 配送信息管理系统

9.3.1 配送信息管理系统概述

(1)配送信息管理系统的含义

物流配送信息系统是物流配送信息化的核心，有较强的综合性，主要目的是向各配送点提供配送信息，根据订货查询库存及配送能力，发出配送指令，发出结算指令及发货通知，汇总及反馈配送信息。

(2)物流配送信息系统的作用

①业务管理：主要用于物流配送中心的入库、验收、分拣、堆码、组配、发货、出库、输入进(发)货数量、打印货物单据，便于仓库保管人员正确进行货物的确认。

②统计查询：主要用于物流配送中心的入库、出库、残损及库存信息的统计查询，可按相应的货物编号、分类，便于供应商、客户和仓库保管人员进行统计查询。

③库存盘点：主要用于物流配送中心的货物盘点清单制作、盘点清单打印、盘点数据输入、盘点货物确认、盘点结束确认、盘点利润统计、盘点货物查询、浏览统计、盘亏盘盈统计，便于实行经济核算。

④库存分析：主要用于物流配送中心的库存货物结构变动的分析，各种货物库存量、品种结构的分析，便于分析库存货物的积压或短缺问题。

⑤库存管理：主要用于物流配送中心的库存货物的管理。对库存货物的上下限报警：对库存货物数量高于合理库存上限或低于合理库存下限的货物信息提示。对库存呆滞货物报警：对有入库但没有出库的货物进行信息提示。对货物缺货报警：对在出库时库存货物为零但又未及时订货的货物进行信息提示，便于对在库货物进行动态管理，以保持相应合理的库存货物。

⑥库存货物保质期报警：主要用于物流配送中心的库存货物的质量管理。对超过保质期的货物进行报警：对库存货物的保质期在当天到期的货物进行信息提示，对超过保质期的货物进行报警，以及时进行处理。对货物保质期查询：对库存货物的保质期进行查询，便于仓库对在库货物进行质量管理，及时处理超过保质期的货物，提高货物库存质量。

⑦货位调整：主要用于物流配送中心对库存货物的货位进行调整，进行货位调整查询，以便仓库管理人员掌握各种货物的存放情况，能及时准确地查找在库货物。

⑧账目管理：主要用于物流配送中心核算某一时间段的每种货物明细账、每类货物的分类账和全部在库货物的总账，能实行经济核算。

⑨条码打印：主要用于物流配送中心的货物自编条码打印、货物原有条码打印等，便于仓库实行条码管理，自动生成打印各种货物的条码。

【案例分析 9－1】

信息在“小红帽”物流配送系统中的应用

小红帽报刊发行服务有限责任公司(以下简称“小红帽”)是北京著名的配送企业。该公司全面代理 40 多种报刊的发行工作，还涉及投递广告、收购旧报及送书、送奶、送水上门等多项业务。这些服务极大地便利了北京广大市民的生活。“小红帽”在北京地区已先后建立了 10 个发行区站、近 80 个发行分站。

为了适应市场竞争和发展的要求，“小红帽”在微机化管理、网络化建设等方面做了不懈的努力。2000 年初公司就有 7 个部门、10 个区站和 43 个发行站实现了微机联网，大大提高了发行业务的技术含量，有效地保证了各项业务的顺利开展。前段时间，方正数码有限公司在“小红帽”物流配送中成功运用了位置信息技术，进一步提高了“小红帽”开展电子商务的竞争实力。

“小红帽”地理信息系统针对订阅发行、订货送货、广告投递业务在地理信息方面的需求，以业务数据图形化管理和业务机构、业务对象图形化编辑为核心，从客户、产品、业务结构三个管理层面上实现对业务的全面图形化管理。

“小红帽”业务主要包括订阅发行、订货送货、报刊零售、广告投递，总公司负责汇集、整理各种业务客户的要求，管理各类业务产品和各业务机构的人事、行政，再将整理后的客户和产品信息作为任务，下达给相关的各下属业务机构执行。总公司还要汇总各下属业务机构提交的业务执行情况数据，进行业务分析，由业务分析结果制定出下一步的业务运行和行政、人事管理的计划。

“小红帽”配送系统的需求主要集中在以下几个方面：

①通过客户邮编和详细地址字符串，自动确定客户的地理位置(经纬度)和客户所在的区站、分站和投递段。

②通过基于地理信息系统的查询、地图表现的辅助决策，实现对投递路线的合理编辑(如创建、删除、修改)和客户投递排序。

③用特定的地图符号在地图上表示客户的地理位置，不同类型的客户(如普通客户和会员客户，单位客户和个人客户等)采用不同的符号表示。

④通过地理信息系统的查询功能或在地图上点击地图客户符号，显示此客户符号的属性信息，并可以编辑属性。

⑤在地图上查询客户的位置。

⑥通过业务系统调用地理信息系统，以图形的方式显示业务系统的各种相关操作结果的数值信息。

⑦由上级机构基于综合评估模型和地理信息系统的查询，实现对下级机构区域的拆分、合并。

⑧由总公司基于广告投递综合评估模型和地理信息系统的查询，实现广告投递区域的选择。设计围绕“小红帽”地理信息系统采取基于 Internet 广域网的 B/S 体系结构，地图服务器采用美国 MapInfo 公司的网络产品 MapXtreme 2.0 for NT，属性数据库采用 Oracle 8i。系统在客户浏览器端采用 DHTML 加 OCX 技术实现友好的用户图形界面，在服务器中用 ASP 与 MapXtreme 结合的技术来实现远程数据访问和地图操作。

“小红帽”地理信息系统的主要模块有客户地址定位、机构区域划分、站点选址、投递排序、投递路线编辑和广告投递。其中，“客户地址定位”和“机构区域划分”为系统核心功能实现模块。

客户地址定位：系统首先根据由业务前台提供的客户邮编和地址信息，自动分析确定在城市地图上该客户楼房的位置，然后根据楼房的位置确定该由“小红帽”报刊发行服务公司下属的哪个分站的哪位投递员去为该客户送报或送货。

分析提示：信息管理在“小红帽”中的应用，提高了其工作效率和效益。

9.3.2 物流配送信息系统的构成

(1)销售出库管理系统

销售出库管理系统在现代配送中心已得到普遍运用。物流配送中心的销售出库管理系统的构成如图 9—4 所示。

由图 9—4 可知，销售出库管理系统对用户的主要工作范围是从用户处取得订单、订单处理、仓库管理、发货准备、配送到户。对内部各大系统的工作范围是，统计订单并把它传送给采购入库管理系统作为入库信息，把应收账款信息传给会计管理系统作为入库信息，把各项信息传给营运、绩效管理系统作为效率评估之用。销售出库管理系统包括订单信息处理、销售分析与预测、拣货规划、包装流通加工、派车计划、仓库管理、发货配送和应收账款等许多子系统。图 9—5 为销售出库管理系统的信息流程。

(2)采购入库管理系统

采购入库管理系统也是在配送中心占据重要地位的操作系统，其主要组成如图 9—6 所示，包括入库作业处理、存货控制、采购管理和应收账款等系列活动。

采购入库管理系统信息流程如图 9—7 所示。

①入库作业处理系统。入库作业处理系统处理预订入库信息和实际入库信息。处理预定入库信息主要包括入库站台、人力安排、机器分配。信息来源有两个方面：一是来自采购单上的预定库日期、入库商品项目和入库数量，二是来自供货商的进货日期、商品和入库数。

②存货控制系统。存货控制系统的作业内容有商品分类分级、确定订购批量和订购时点、存货追踪管理及库存盘点。商品的分类分级是按类别对库存商品数量进行统计，并根据库存量大小进行排序、分类。这样为仓库区域规划布置、商品采购、人力分配和工具设备的选用等提供了参考依据。存货控制系统还可实现经济订购批量及采购时点的预测。

③采购管理系统。采购管理系统由采购预报系统、供应厂商管理系统、采购单据打印系统

图9—4　销售出库管理系统

和采购跟踪系统组成。当存货控制系统建立采购批量及采购时点档案后，仓库管理人员可实时利用采购预报系统来检查所需采购的商品。

④应付账款系统。当采购商品入库后，可把采购信息转入应付账款信息中，财会人员可据票付款。

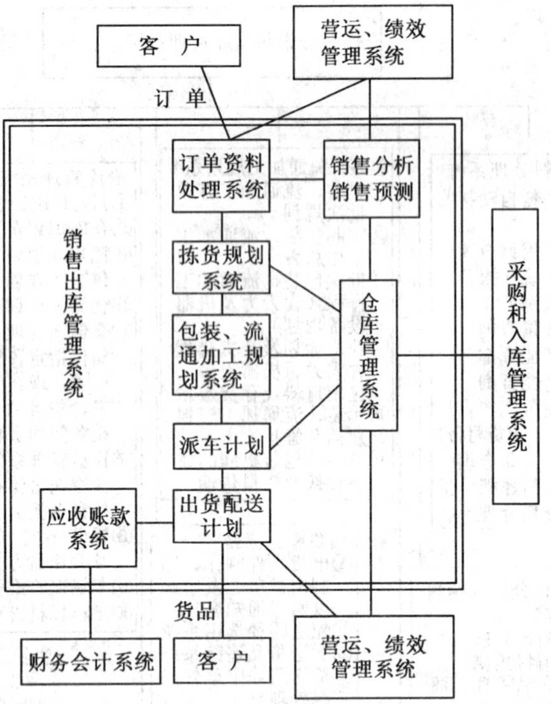

图 9—5　销售出库管理系统信息流程

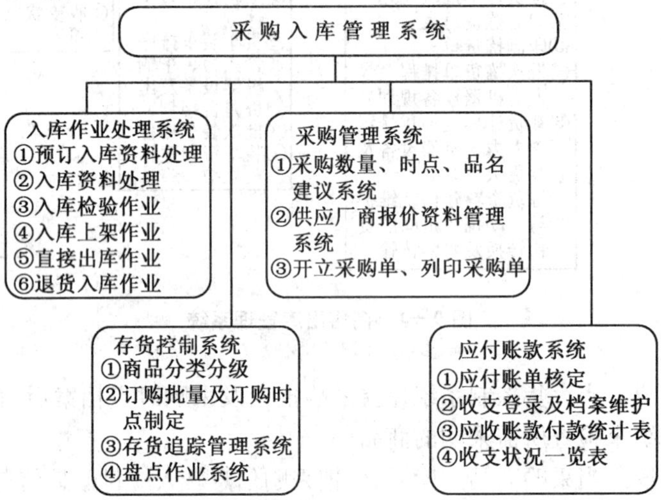

图 9—6　采购入库管理系统

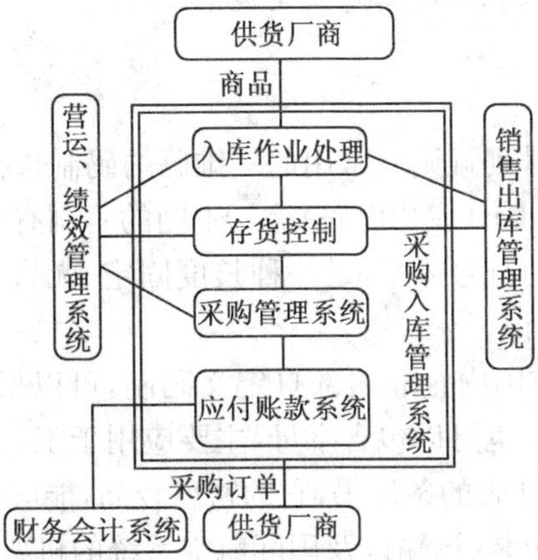

图 9—7　采购入库管理系统信息流程

任务 9.4　仓储配送管理技术

9.4.1　条形码技术

(1)条形码技术概述

条形码技术是一种自动识别技术，具有输入速度快、准确率高、成本低、可靠性强等优点。在物流企业管理中，利用条形码技术可以对物品进行自动识别和描述物品的信息，从而解决了数据录入和数据采集的“瓶颈”问题，极大地满足了现代物流流量大和高速化的要求，大幅度提高了物流效率，降低了物流的成本，同时提高了物流管理水平。条形码是实现 POS 系统、EDI、电子商务、供应链管理的技术基础，是物流管理现代化的重要技术手段。

条形码是由一组规则排列的条、空以及对应的字符组成的标记。黑色的“条”是对光线反射率较低的部分，白色的“空”是对光线反射率较高的部分，再加上条与空格宽度不同，就能使扫描光线产生不同的反射接收效果，再经光电转换成不同的电脉冲，这些电脉冲就是信息。

【知识链接 9－2】

条形码的种类

目前在实际使用中的有两种条形码：

一维条形码(1D barcode)，只是在一个方向(一般是水平方向)表达信息，而在垂直方向则不表达任何信息，其具有一定的高度通常是为了便于阅读器对准。

二维条形码(2D barcode)，在水平和垂直方向的二维空间都存储有信息的条形码，就是将一维条形码存储信息的方式在二维空间上进行了扩展。

通常对于每一种物品，编码是唯一的，对于普通的一维条形码来说，还要通过数据库建立条形码与商品信息的对应关系，当条形码的数据传到计算机上时，由计算机上的应用程序对数据进行操作和处理。因此，普通的一维条形码在使用过程中仅作为识别信息，它的意义是通过在计算机系统的数据库中提取相应的信息来实现的。

(2)条形码的码制

码制即条形码条和空的排列规则。常用的一维码的码制包括 EAN 码、39 码、交叉 25 码、UPC 码、128 码、93 码及 Codabar(库德巴码)等。不同的码制有它们各自的应用领域。

①EAN 码,是国际通用的符号体系,是一种长度固定、无含义的条形码,所表达的信息全部为数字,主要应用于商品标识。

②39 码和 128 码,为目前国内企业内部自定义码制,可以根据需要确定条形码的长度和信息,编码的信息可以是数字,也可以包含字母,主要应用于工业生产线领域、图书管理等。

③93 码,是一种类似于 39 码的条形码,它的密度较高,能够替代 39 码。

④交叉 25 码,只应用于包装、运输以及国际航空系统的机票顺序编号等。

⑤Codabar 码,应用于血库、图书馆、包裹等的跟踪管理。

(3)条形码符号的组成

一个完整的条形码的组成次序依次为:静区(前)、起始符、数据符、(中间分隔符,主要用于 EAN 码)、(校验符)、终止符、静区(后),如图 9—8 所示。

图 9—8　条形码符号的组成

①静区。静区是指条形码符号的组成左右两端外侧与空的反射率相同的限定区域。它能使阅读器进入准备阅读的状态。当两个条形码符号的组成相距距离较近时,静区则有助于对它们加以区分。静区的宽度通常应不小于 6 毫米(或 10 倍模块宽度)。

②起始/终止符。起始/终止符是指位于条形码开始和结束的若干条与空,标志条形码的开始和结束,同时提供了码制识别信息和阅读方向的信息。

③数据符。数据符是位于条形码中间的条、空结构。它包含条形码所表达的特定信息。

构成条形码的基本单位是模块。模块是指条形码中最窄的条或空。模块的宽度通常以 mm(毫米)或 mil(千分之一英寸)为单位。构成条形码的一个条或空称为一个单元。一个单元包含的模块数是由编码方式决定的。有些码制中,如 EAN 码,所有单元由一个或多个模块组成;而另一些码制,如 39 码,所有单元只有两种宽度,即宽单元和窄单元,其中的窄单元即为一个模块。

(4)条形码阅读器

条形码阅读器是用于读取条形码所包含的信息的设备。它通常由以下几部分构成:光源、接收装置、光电转换部件、译码电路、计算机接口。普通的条形码阅读器通常采用以下三种技术:光笔、CCD、激光。它们都有各自的优缺点,没有一种阅读器能够在所有方面都具有优势。

【小思考9-1】

条形码阅读器是怎样工作的?

条形码阅读器的基本工作原理为:由光源发出的光线经过光学系统照射到条形码符号上面,被反射回来的光经过光学系统成像在光电转换器上,使之产生电信号,信号经过电路放大后产生模拟电压,它与照射到条形码符号上被反射回来的光成正比,再经过滤波、整形,形成与模拟信号对应的方波信号,经译码器解释为计算机可以直接接收的数字信号。

(5)条形码在物流领域的应用

条形码技术在物流中有较为广泛的应用,主要表现在以下几个方面:

①销售信息系统(POS系统)。在商品上贴上条形码就能快速、准确地利用计算机进行销售和配送管理。其过程为:对销售商品进行结算时,通过光电扫描读取并将信息输入计算机,然后输进收款机,收款后开出收据,同时,通过计算机处理,掌握进、销、存的数据。

②库存系统。在库存物资上应用条形码技术,尤其是对规格包装、集装、托盘货物,入库时自动扫描并输入计算机,由计算机处理后形成库存的信息,并输出入库区位、货架、货位的指令,出库程序则和POS系统条形码应用一样。

③分货拣选系统。在配送方式和仓库出货时,采用分货、拣选方式,需要快速处理大量的货物,利用条形码技术便可自动进行分货拣选,并实现有关的管理。其过程如下:一个配送中心接到若干个配送订货要求后,将若干订货汇总;每一品种汇总成批后,按批发出所在条形码的拣货标签;拣货人员到库中将标签贴于每件商品上并取出,用自动分拣机分货;分货机始端的扫描器对分货机上处于运动状态的货物扫描,一方面确认所拣出货物是否正确,另一方面识读货物条形码上的用户标记;指令商品在确定的分支分流,到达各用户的配送货位,完成分货拣选作业。

【知识链接9-3】

条形码的优越性

与其他自动化识别技术相比,条形码技术具有如下优越性:

①可靠准确。有资料表明,键盘输入平均每300个字符有一个错误,而条形码输入平均每15 000个字符有一个错误。

②数据输入速度快。键盘输入,一个每分钟打90个字的打字员,1.6秒可输入12个字符或字符串,而使用条形码,做同样的工作只需0.3秒,速度提高了5倍。

③经济便宜。与其他自动化识别技术相比较,推广应用条形码技术,所需费用较低。另外,条形码标签易于制作,对印刷技术设备和材料无特殊要求。

④灵活、实用。条形码符号作为一种识别手段可以单独使用,也可以和有关设备组成识别系统实现自动化识别,还可和其他控制设备联系起来实现整个系统的自动化管理。同时,在没有自动识别设备时,也可实现手工键盘输入。

⑤自由度大。识别装置与条形码标签相对位置的自由度要比光学字符识别(OCR)大得多。条形码通常只在一维方向上表达信息,而同一条形码上所表示的信息完全相同并且连续,这样即使是标签有部分残缺,仍可以从正常部分输入正确的信息。

⑥设备简单。条形码符号识别设备的结构简单,操作容易,无需专门训练。

9.4.2 射频技术

(1)射频技术概述

射频技术(radio frequency identification,RFID),即射频识别,常称为感应式电子晶片或近接卡、感应卡、非接触卡、电子标签、电子条码等。射频识别技术是一种非接触式的自动识别技术,它通过射频信号自动识别目标对象来获取相关数据。识别工作无须人工干预,可应用于各种恶劣环境。短距离射频产品能工作于油渍、灰尘污染等恶劣的环境,可以替代条码,如用在工厂的流水线上跟踪物体。长距射频产品多用于交通上,识别距离可达几十米,如自动收费或识别车辆身份等。

(2)射频技术在物流企业中的应用

鉴于射频识别技术的优势,它已被广泛用于物流、交通运输、工业自动化、安全认证、身份识别等众多领域。最广泛的应用是在交通运输管理(汽车和货箱身份鉴别)、路桥收费、门禁保安、自动化生产和货物标签等方面。其他运用包括工具识别、人员监控、包裹和行李分类、车辆监控、物料跟踪和货架识别等。

①高速公路自动收费及交通管理。目前,我国的高速公路发展迅速,但是人工收费系统有时会造成交通堵塞。在高速公路中运用射频技术,可有效地解决这个问题,它能在携带标签的车辆高速通过收费站的同时自动完成收费。例如,香港的车辆自动识别系统——驾易通,采用的主要技术就是射频技术。目前香港已经有约 8 万辆汽车装上了电子标签,装有电子标签的车辆通过装有射频扫描器的专用隧道、停车场或高速公路路口时,无需停车缴费,大大提高了行车速度。

②生产线自动化。在生产流水线上应用射频技术可实现自动控制,从而提高生产效率,改进生产方式,节约成本。例如,德国宝马汽车公司在装配流水线上应用射频技术,实现了由用户定制产品的生产方式。他们在装配流水线上安装 RFID 系统,采用可重复使用、带有详细的汽车定制要求的标签,在每个工作点都设有读写器,以保证汽车在每个流水线工作站上都能按定制要求完成装配任务,从而装配出上百种不同款式和风格的宝马汽车。

③仓储管理。在仓储管理中应用射频技术,能实现实时货位查询和货位动态分配,大幅度减少查找货位信息的时间,提高查询和盘点精度,大大加快出、入库单的流转速度,从而大幅度提高仓储运作与管理的工作效率,增强信息处理能力,满足现代物流管理模式下仓储管理系统的要求。使用远距离射频识别系统时,可在货物仓库的库区内设置一定数量的信号发射和接收装置,使得整个库区被覆盖在一个完整的控制网络之下。当携带有射频标签的货物(一般为大型和重要货物)进入射频天线工作区后,射频标签被激活,标签内的数据如生产厂家、货品名称、数量、批号、发货地址和目的地址等都通过标签上的发射天线被发射出去,系统的接收天线接收到此数据信号后通过传输线传送给阅读器,经阅读器解码和校验后输入到计算机中。通过这种方式,此商品的全部信息被计算机的数据库完整而准确地记录下来。只要货物不离开库区,不论其在库区内哪一个区域移动,该货物的所有信息均可处于计算机的监控之下,如货物在库区中的位置、进入库区的时间、调出库区的时间等,计算机都有准确的记录。这种系统比传统的条形码管理方式更加方便、准确、快捷、灵活,同时也保证了货物的安全性。

9.4.3 地理信息系统技术

(1)地理信息系统概述

地理信息系统(geographical information system,GIS)是多种学科交叉的产物。它以地理空间数据为基础,采用地理模型分析方法,适时地提供多种空间的和动态的地理信息,是一种为地理研究和地理决策服务的计算机技术系统。其基本功能是将表格型数据(无论它来自数据库、电子表格文件或直接在程序中输入)转换为地理图形显示,然后对显示结果进行浏览、操作和分析。其显示范围可以从洲际地图到非常详细的街区地图,显示对象包括人口、销售情况、运输线路和其他内容。

地理信息系统是由计算机硬件系统、计算机软件系统、地理数据(或空间数据)、管理人员和用户组成的。其核心部分是计算机硬件和软件系统,空间数据反映了 GIS 的地理内容,而管理人员和用户则决定了系统的工作方式和信息表示方式。

①计算机硬件系统。硬件的性能影响到处理速度、使用的方便性及可能的输出方式。硬件系统包括数据输入设备、数据存储设备、数据输出设备、数据传输设备。

②计算机软件系统。为了实现复杂的空间数据管理功能,地理信息系统需要有与硬件环境相配套的多种软件功能模块。在软件层次上,需要有系统软件、基础软件、基本功能软件、应用软件等多层次体系。根据地理信息系统的功能,其软件系统可划分为计算机系统软件和基础软件、数据输入子系统、数据编辑子系统、空间数据库管理系统、空间查询与空间分析系统、数据输出子系统。

③空间数据。空间数据是指以地球表面空间位置为参照的自然、社会和人文经济景观数据,可以是图形、图像、表格和数字等。地理信息系统的空间数据主要包括实体在某个已知坐标系中的位置、实体间的空间位置、与几何位置无关的属性。

④人员。人是地理信息系统中最重要的组成部分。开发人员必须定义地理信息系统中被执行的各种任务,开发处理程序。熟练的操作人员通常可以克服地理信息系统软件功能的不足,但是最好的软件也无法弥补操作人员对地理信息系统一无所知所带来的负作用。

(2)地理信息系统在仓储配送管理中的应用

①跟踪服务。通过运用 GPS 和地理信息系统,实时跟踪车辆、货物的运动,及时确定其所在的准确位置,这项技术正在道路运输特别是物流配送中得到越来越广泛的应用。车辆跟踪是通过全球移动通信网络的短消息服务,进行数据连接,车辆上安装的设备有 GPS 信号接收仪、一个调制解调器和一个呼叫控制器,而地面站由地面调制解调器和 GPS 工作站组成。通过空间的卫星通信能在 GPS 工作站的电子地图上显示出车辆当前的位置和当时的速度。监控中心在了解车辆目前的运行状况和所处的地理位置后,利用短消息或语音的方式对车辆进行合理调度,还能把车辆运行的轨迹在电子地图上进行回放。

②紧急情况下的路线安排。在时间紧迫的情况下,地理信息系统找出可替代的行车线路。在许多城市地区,由于交通情况复杂多变(如某路段临时发生交通阻塞),适时地为司机提供更多的信息可以减轻交通拥挤,提高驾驶安全性并尽快达到目的。如对时间敏感的物料获取、加工和配送活动,一个基于 GIS、为时间紧迫型物流而设计的、在交通拥挤时能发出最短路径的决策支持软件系统,可凭借精确细致的临时解决方案,预测道路网的交通量,并根据货物的最迟到达时间和目的,找出车辆的最佳出发时间和行驶路线。

③仓库(超市)的合理选择。运用适当的软件,结合相应的空间和属性数据,如一个地区的人口、人均收入、年龄分布、驾车时间等,综合这几个图层,可以得出仓库或超市的最佳地址。

④综合数据分析。地理信息系统应用于物流分析,主要是指利用 GIS 这种特有的强大的地理数据处理功能来完善物流分析工作。利用 GIS 在处理空间数据、多层分析、强大的地理

图形和图形处理功能等领域的优势对物流过程相关数据进行深度分析，为物流过程参与各方提供决策依据。

9.4.4 电子自动订货系统

电子自动订货系统(electric ordering system，EOS)是零售业与批发业之间通过增值网或互联网和终端设备以在线联结(on-line)方式将各种信息从订货到接单，用计算机进行处理的系统。

电子自动订货系统并非单个零售店与单个批发商组成的系统，而是许多零售店与许多批发商组成的大系统的整体运作方式。电子自动订货系统一般是在零售的终端利用条形码阅读器获取准备采购的商品条形码，并在终端机上输入订货资料，利用电话线通过调制解调器传到批发商的计算机中；批发商开出提货传票，并根据传票同时开出拣货单，实施拣货，然后依据送货传票进行商品发货；送货传票上的资料便成为零售商的应付账款资料以及批发商的应收账款资料，并进入应收账款的系统中去；零售商对送达的货物进行检验后，便可以陈列与销售了。

电子自动订货系统按应用范围可分为企业内的电子自动订货系统(如连锁店经营中各个连锁分店与总部之间建立的电子自动订货系统)，零售商与批发商之间的电子自动订货系统，以及零售商、批发商和生产之间的电子自动订货系统。电子自动订货系统基本框架如图 9—9 所示。

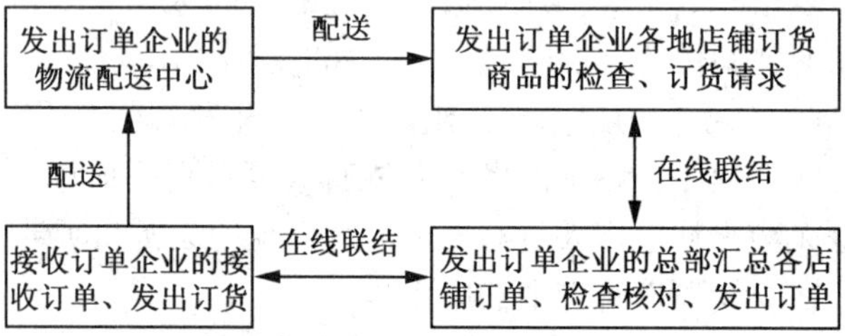

图 9—9 电子自动订货系统的基本框架

电子自动订货系统能及时准确地交换订货信息。它在仓储配送管理中的作用如下：

①对于传统的订货方式，如上门订货、邮寄订货、电话、传真订货等，电子自动订货系统可以缩短从接到订单到发出订货的时间，缩短订货商品的交货期，减少商品订单的出错率，节省人工费。

②有利于减少企业的库存水平，提高企业的库存管理效益，同时也能防止商品特别是畅销商品缺货现象的出现。

③对于生产厂家和批发商来说，通过分析零售商的商品订货信息，能准确判断畅销商品和滞销商品，有利于企业调整商品生产和销售计划。

④有利于提高企业物流信息系统的效率，使各个业务信息子系统之间的数据交换更加便利和迅速，丰富企业的经营信息。

【小思考 9－2】

企业在应用电子自动订货系统时应注意哪些问题？

答：企业在应用电子自动订货系统时应注意：

①订货业务作业的标准化,这是有效利用电子自动订货系统的前提条件。

②商品代码的设计。在零售行业的单品管理方式中,每一个商品品种对应一个独立的商品代码。商品代码一般采用国家统一规定的标准。对于统一标准中没有规定的商品,则采用本企业自己规定的商品代码。商品代码的设计是应用电子自动订货系统的基础条件。

③订货商品目录账册(order book)的制作和更新。订货商品目录账册的设计和运用是电子自动订货系统成功的重要保证。

④计算机以及订货信息输入和输出终端设备的添置与电子自动订货系统设计。这是应用电子自动订货系统的基本条件。企业需要制定电子自动订货系统应用手册,并协调部门间、企业间的经营活动。

9.4.5　销售时点信息系统

销售时点信息系统(point of sale,POS)是指通过自动读取设备(如收银机)在销售商品时直接读取商品销售信息(如商品名、单价、销售数量、销售时间、销售店铺、购买顾客等),并通过通信网络和计算机系统传送至有关部门进行分析加工,以提高经营效率的系统。销售时点信息系统最早应用于零售业,以后逐渐扩展至其他如金融、旅馆等服务行业,利用销售时点信息系统的范围也从企业内部扩展到整个供应链。

商业销售时点信息系统分为硬件和软件两部分。

(1)销售时点信息系统的硬件部分

硬件是一个计算机网络系统,既可以是集中式的大系统,也可以用微型机连成局域网,这要视商场的规模、信息量、处理量和资金投入而定,但大致可分为三大组成部分,如图 9—10 所示。

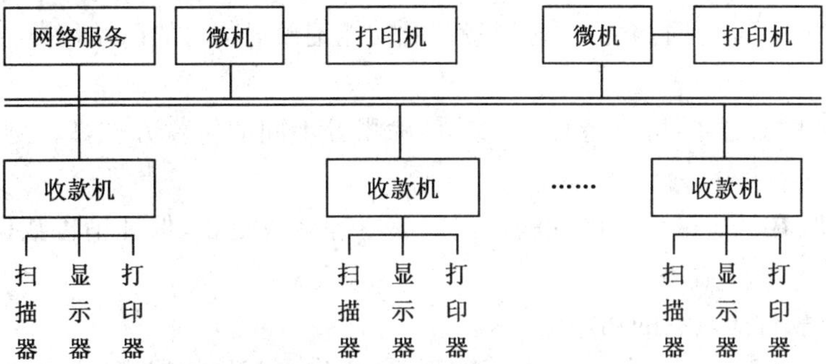

图 9—10　商业销售时点信息系统硬件组成

①前台收款机,可采用具有顾客显示屏和票据打印机、条形码扫描器的 POS 机型。条形码扫描器可根据商品的特点选用手持式或台式,以提高数据录入的速度和可靠性。

②网络。目前我国大多数商场内部信息的交换量一般都很大,而对外的信息交换量则很小,因此,计算机网络系统应采用以高速局域网为主、电信系统提供的广域网为辅的整体网络系统。

③硬件平台。大型商业企业的商品进、存、调、销管理复杂,账目数据量大,且需频繁地进行管理和检索。选择较先进的客户机/服务器结构可大大提高工作效率,保证数据的安全性、

实时性及准确性。

(2)销售时点信息系统的软件部分

软件系统是商业销售时点信息系统的核心部分,从根本上说,它仍属于管理信息系统的范畴,MIS的三个层次——操作层、管理层、决策层对于商业销售时点信息系统同样适用,但人们更习惯把商业销售时点信息系统的软件分为前台和后台两个部分,如图9—11所示。

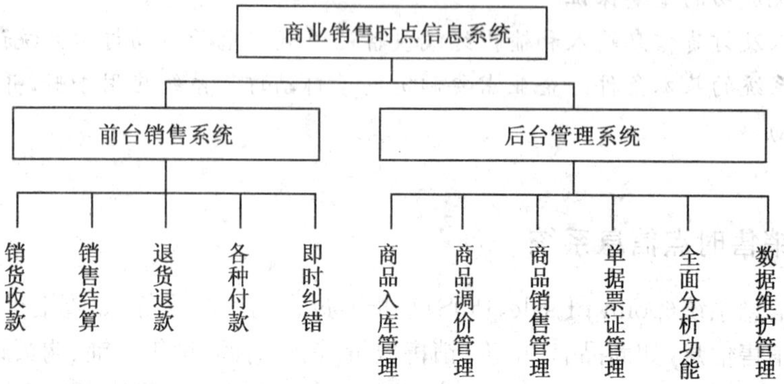

图9—11 商业销售时点信息系统软件组成

①前台销售系统应具有的功能。

- 日常销售:完成日常的售货收款工作,记录每笔交易的时间、数量、金额,进行销售输入操作。如果遇到条形码不识读等现象,系统应允许手工输入条形码号进行价格查询。
- 交班结算:进行交班收款员交班的收款小结、大结等管理工作,计算并显示出本班交班时的现金及销售情况,统计并打印收款机全天的销售金额及各售货员的销售额。
- 退货:退货功能是日常销售的逆操作。为了提高商场的商业信誉,更好地为顾客服务,在顾客发现商品出现问题时,允许顾客退货。此功能记录退货时的商品种类、数量、金额等,以便于结算管理。
- 支持各种付款方式:可支持现金、支票、赊账等不同的付款方式,以方便各类不同的顾客要求。
- 即时纠错:在销售过程中出现的错误能够立即修改更正,保证销售数据和记录的准确性。

②后台管理软件应具有的功能。

- 商品入库管理:对入库的商品进行输入登录,建立商品数据库,以实现对库存的查询、修改、报表及商品入库验收单的打印等功能。
- 商品调价管理:由于某些商品的价格随季节和市场等情况而变动,本系统应能提供对这些商品进行调价的管理功能。
- 商品销售管理:根据商品的销售记录,实现商品的销售、查询、统计、报表等管理,并能对各收款机、收款员、售货员等进行分类统计管理。
- 单据票证管理:实现商品的内部调拨、残损报告、变价调动、仓库验收盘点报表等各类单据票证的管理。
- 报表打印管理:实现商品销售过程中各类报表的打印等管理功能。
- 完善的分析功能:销售时点信息系统的后台管理软件应能提供完善的分析功能,分析内容涵盖进、销、调、存过程中的所有主要指标，同时以图形和表格方式提供给管理者。

- 数据维护管理：实现收款机、收款员的编码、口令管理，支持各类权限控制，具有对本系统所涉及的各类数据进行备份、交易断点恢复的功能。

9.4.6　可视化智能仓储信息管理系统

可视化智能立体仓库利用射频识别技术存储物资，通过电子计算机控制进行物资存取作业，结合自动识别技术完成对物资的识别、跟踪，通过以上技术的结合完成对仓储物资的各项管理。

（1）系统架构

可视化智能仓储信息管理系统由三个层次的软、硬件组成：采集、汇聚和管理。它们分别负担着信息的获取、传输、管理和消费的功能，如图 9－12 所示。

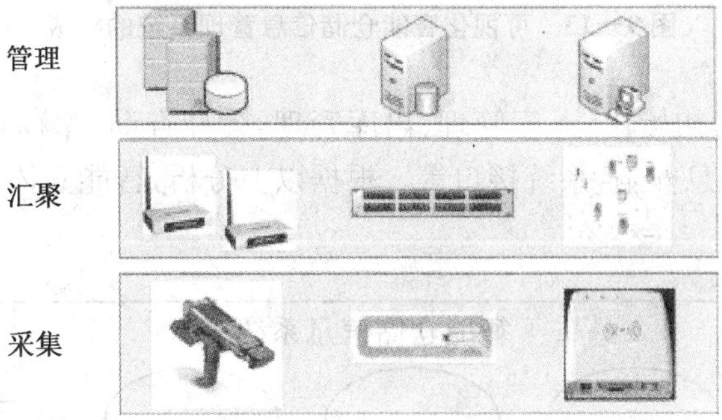

图 9－12　可视化仓储信息管理系统的层次

采集层主要是通过射频识别设备以及其他自动识别设备采集数据，包括库位标签、货物标签、手持读写器、无线接入终端；汇聚层通过无线通信技术，把采集来的数据传递到中央数据库，包括无线接入设备和相关的网络设备；管理层对采集的数据进行处理、管理和消费，包括数据库服务器、网络服务器等设备和仓库管理系统软件。从网络的角度看，可视化智能仓储信息管理系统的采集层是由一系列手持、固定和叉车车载读写器组成。这些读写器负担着对射频识别标签信息读和写的功能，是可视化智能仓储信息管理系统与库存货物产生信息交互的最基本载体。接着，由这些读写器产生的信息流会通过无线或者固定网络传输到库存信息数据库中。信息承载的网络可以是以太网、3G 通信系统或 WiFi 无线通信系统等。可视化智能仓储信息管理系统包含六个模块、四个数据库。它们分别是信息写入管理、信息删除修改、查询管理、定位管理、信息备份、容错恢复模块；货位、货品、标签和审计数据库。六个模块组成了可视化智能仓储信息管理平台，是与采集层的手持、无线和叉车车载读写器直接发生数据交互的载体。它们以采集层传来的数据作为输入，直接对这四个数据库进行操作，如图 9－13 所示。

（2）智能立体仓库控制管理系统设计

整个智能立体仓库计算机管理系统利用一台数据库服务器、一台调度计算机、一台监控计算机组成一个局域网，完成对系统的控制。服务器上安装了数据库管理系统。数据库管理系统选用 SQL Server 软件平台。客户机运行应用程序，完成数据的输入/输出处理等前端任务。该系统保证仓库管理各个环节数据输入的速度和准确性，确保使用单位及时准确地掌握库存的真实数据，合理保持和控制仓库库存。根据需求，系统包含了若干模块：标签制作、货位

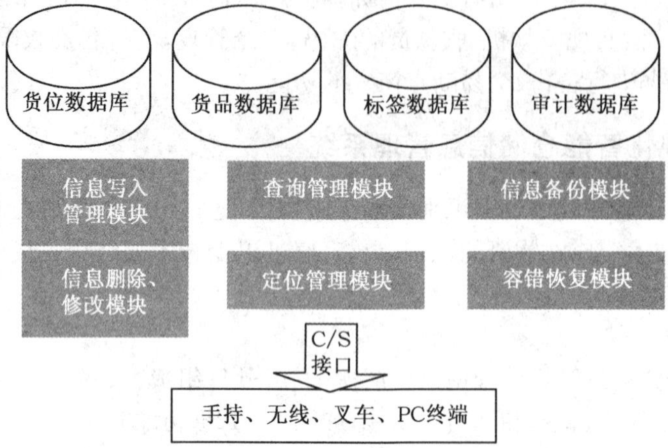

图 9—13 可视化智能仓储信息管理系统的构成

数据库和货品数据库的初始化、入库管理、出库管理、统计查询、库存管理、货位调整、账目管理、射频和条码打印、信息安全、系统接口等。根据以上分析，智能立体仓库管理软件结构如图9—14所示。

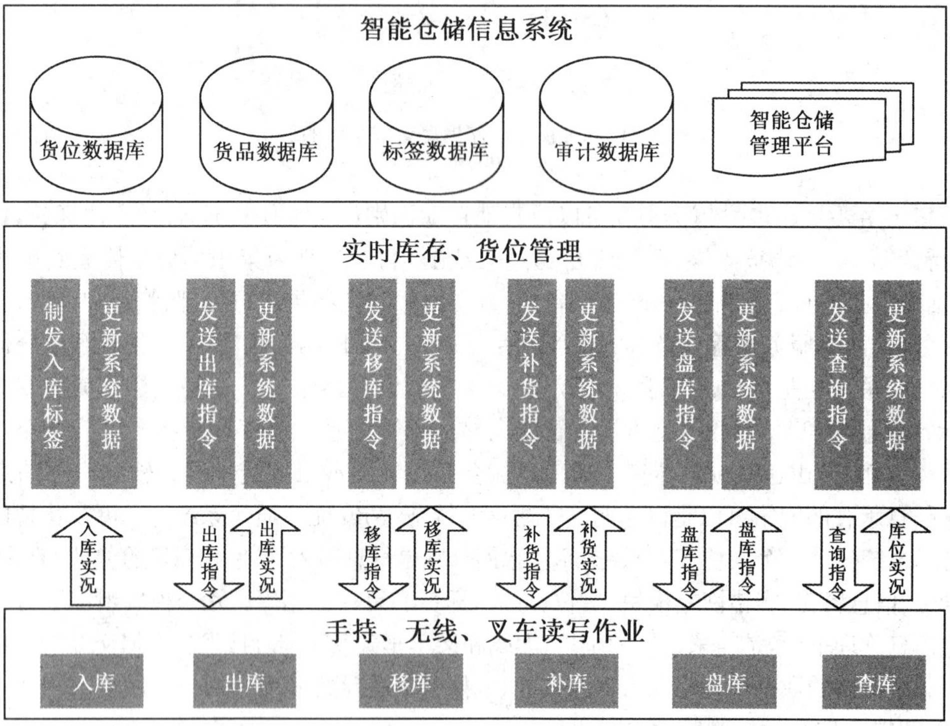

图 9—14 智能立体仓库管理软件结构

● 基本训练

□ 知识题

1.1 阅读理解

(1)简述仓储信息管理系统和仓储管理系统的含义。

(2)简述仓储信息管理系统和仓储管理系统的内容。

(3)简述条码技术、射频技术的含义。

(4)简述销售时点信息系统(POS)及其应用。

(5)简述电子订货系统的含义及其作用。

1.2　知识应用

(1)判断题

①仓库商品代码一般采用国家统一规定的标准。(　　)

②销售时点信息系统(POS)系统最早应用于金融,以后逐渐扩展至其他如零售业、旅馆等服务行业。(　　)

③空间数据反映了地理信息系统(GIS)的地理内容。(　　)

④识别工作需人工干预,可工作于各种恶劣环境。配送是较短距离、较小规模、额度较高的运输形式。(　　)

⑤利用条形码技术可以对物品进行自动识别和描述物品的信息。(　　)

(2)选择题

①条形码用于表达特定信息的区域是(　　)。

A. 静区　B. 起始符　C. 数据符　D. 终止符

②信息资源管理的英文简称是(　　)。

A. SRM　B. IRM　C. CRM　D. EDI

③EDI 指的是(　　)。

A. 电子转账支付　B. 电子物流

C. 销售时点系统　D. 电子数据交换

④下列关于 GPS 的说法中错误的是(　　)。

A. 全球连续定位　B. 定位精度高

C. 接近实时定位　D. 容纳有限的用户

⑤需要地理空间数据为基础的信息技术是(　　)。

A. GPS　B. GIS　C. POS　D. EOS

□ **技能题**

□实践训练

(1)参观1～2家仓储配送企业,要求学生写一份参观报告。报告内容包括仓储配送的经营模式、经营内容、企业性质、仓储类型、配送方式等情况。

实训目的:要求学生了解仓储或配送企业生产经营状况。

实训要求:仔细观察,认真听讲解,结合所学知识。

(2)查阅物流管理的知名网站,写出3～4个网址,对某一自己感兴趣的网页栏目的话题写一篇1 000字左右关于仓储配送管理的体会。

实训目的:对仓储配送管理的重要性有进一步认识。掌握一些仓储配送管理的经验。

实训要求:认真思考,结合所学知识,用自己的语言写出自己关于仓储配送管理的体会。

综合案例

案例1 HH公司生鲜配送系统优化

(1)企业简介

HH物流有限公司规划占地27万平方米,设常温仓储中心、冷链仓储中心、信息处理中心、综合服务中心、大型停车场等,全球眼监控系统、全自动火灾报警系统、大型垃圾中转中心等配套设施一应俱全;拥有完善的配送体系,配送半径达800千米,配送网络覆盖宁夏全境及周边省份,200余辆配送车全部带板运输,货物装卸实现无缝对接;全程车辆智能调度系统、GPS监控系统,实时掌控商品运行状态,确保商品安全准点到达。

(2)生鲜配送系统优化前后业务对比

该公司生鲜配送主要满足连锁超市200余家门店的配送,目前与某软件系统有限公司通力合作,量身定做了SAP扩展仓储管理解决方案即EWM仓储配送管理系统,有效解决了系统优化问题。

以下介绍几点系统优化前的运作问题及系统优化后的解决措施:

①解决商品流与信息流不同步问题。系统优化前:超市各门店通过设计好的Excel电子档进行下单。物流信息员汇总各店订货需求Excel电子档后,发出采购订单。物流工作人员通过手工纸单据收货。商品到店后,门店通过手工纸单据签收验货。纸质签字单据返回物流后,物流信息员补做进、销、存的一系列系统账务处理。

②优化内控环节,解决各环节内控不严密,排除运作风险。系统优化前:向供应商订货和门店向物流订货均为物流续订员操作,且商品价格的维护也由物流续订员负责,流程缺乏对这个岗位的有效监控;供应商入库系统过账和物流系统拣配、发货过账全部由物流信息员完成。账务处理前后环节只有两个岗位人员进行,无法形成各环节互相制约、互相监控的机制,存在运作风险。

③解决门店下单问题,提高商品准确性及运作效率。系统优化前:门店LCC汇总Excel电子档需求并通过网络传给物流信息员,物流信息员汇总各店订货需求Excel电子档,通过网络发给生鲜采购,安排向供应商订货。人为手工操作将各表转换汇总,容易出现商品数量输错或串行,且环节流转缓慢,运作时间长。系统优化后:门店在系统内进行订货需求下单操作,物流信息员在系统中自动汇总各店订单并生成向供应商的采购订单,供应商登录网站,截取并打印订单,安排送货。

④现场运作模式改变,解决一系列运作难题。系统优化前:生鲜库房用手工单据进行收货、分播、QC、合板、发货。供应商送货无严格标准,现场差错率高,对库房人员技能要求高,手工单据填写问题多。系统优化后:供应商必须按规格包装送货,现场使用手持终端收货分播,同时配合多种属具作为商品载体,手持终端进行商品QC检核(商品多货、少货、残损、日期问题等监控检核)并进行系统数量组盘,相应由第三方承包商负责商品合板。

(3)系统优化后业务变革点及效益分析

①生鲜业务流程的变革推进了采配各环节效率提升。

②生鲜收货环节优化。系统优化后,现场收货及分播使用手持终端进行操作,并开发EWM模块功能,将用户扫打印机码进行绑定,播种提交后在指定的打印机打印播种标签。

③SAP-EWM信息系统的推广使用。SAP-EWM即扩展仓库管理(extended warehouse management,EWM),此系统为客户处理各种商品移动和管理仓库库存,提供灵活的自动化支持。系统能够对客户所有仓库物流流程进行有计划的高效处理。系统提供灵活的模块化仓储

和流程控制，使库存及过程高度透明，优化库存计划和操作执行，支持仓库的现代增值服务，采用无缝的技术集成，有效改善仓库生产效率和库存精准度。

(4)生鲜配送库规划下一步改进优化目标方案

①配合生鲜商品销售增长需进行系统及设备全面升级。2014 年生鲜商品配送额接近 2 亿元，2015 年全年配送额达到 5.6 亿元，其中果蔬 2 亿元、冷藏冷冻 2.6 亿元、水产 0.3 亿元、熟食加工 0.2 亿元、肉品 0.5 亿元。需进行 SAP-EWM 系统相关模块的全面升级优化及手持终端、叉车及其他设备的大量购置，以满足运作需求。

②继续优化生鲜库其他环节的流程。目前生鲜库果蔬商品全部使用 EWM 系统进行运作，计划下一步对冷藏冷冻商品、水产、熟食加工、肉品陆续进行 EWM 系统上线，降低运营成本，提升运作效率。

③实现 SAP-EWM 系统托盘码与商品追溯系统对接功能。目前生鲜商品追溯系统只能通过商品的批号及商品编码在现有的追溯系统中查询到销售门店、供应商及产地，对何时何地何人送货、收货、入库、寄存仓位、拣配、发货、存放日期等信息无法查询。通过 SAP-EWM 系统中具有物流追溯信息的托盘码与商品追溯系统端口对接，可做到商品在整个供应链的信息追溯查询。

④GPS 覆盖及热点追踪分析。在满足所有运输车辆的 GPS 追踪及线路热点分析后，还将对现有整个物流园内各库区的通道货架、仓位、运作叉车、手持终端、重点商品等覆盖 GPS 技术及热点监控分析，辅助库房资源统筹规划人员采集运作热点通道货架、高频次动销仓位及商品、叉车及人员运作动线等数据，进行整合分析，合理安排规划现有库房资源及商品配置，以最大限度地提升配送能力、提高商品库存周转及设施设备利用率。

公司计划在三年内构建果蔬农产品 24 小时供应链：攻克果蔬 24 小时到店的供应链难题，通过供应链各环节的有效集成，实现首都新鲜果蔬的充足供应。创新组织架构，实现供应链管理的集成：大大提高供应链的组织效率，使连锁系统从上到下的供应链管理的专业性更强、效率更高。创新运营技术，实现配送中心的作业高效和系统集成：以“高度信息化、充分机械化、适度自动化”指导配送中心作业模式构建，使配送成本不断下降，作业效率不断提高，并为连锁企业物流建设提供成功经验和典型示范。实现配送中心经营的系统集成：高效服务于供应商，不断提升经济效益，从而使配送中心从成本中心转型到利润中心。

问题：

该公司生鲜配送系统是如何优化的？优化后取得哪些效果？

案例 2　A 公司的信息化管理

A 公司是一家世界知名企业，曾经由于生产与物流环节不畅，出现了多年库存积压的现象。后来引入信息化管理手段，建立了一个全新的信息化物流管理系统，A 公司将过去的“缺陷”变成了“特长”。

(1)度身定制信息管理系统

经过认真的市场调查和专家咨询以后，A 公司下属的物流公司发现用于汽车外销的信息系统软件找不到，最后只好自己设计开发，之后便推出了专门为出口物流提供合作物流操作的全新物流电子信息系统，把汽车制造、零售商、汽车部件生产商、承包商、托运人、承运人和运输公司全部联结在一起。因为物流公司看到，全球物流运作过程中大量的原材料、半成品、零部件和产成品均承受沉重的费用负担。同时，客户对物流提出越来越高的标准，迫切要求供应商随时提供有关订货情况和所需货物的实时信息。解决这些问题的关键在于提供实物分销或者供应运作的信息，还有就是传递这种信息的能力。物流公司的配送应用信息系统是一种覆盖面非常广泛的出口物流信息系统网站，从汽车生产流水线车间到交货地点，出口链上的所有部门和外商合伙人都能访问该网站的电子商贸平台，确保供应链的透明度。

(2)保持与客户和合作伙伴从头到尾的紧密联系

物流公司不仅要与新老客户保持密切的联系，而且还要提供汽车从订货到交货的“一条龙”服务。在通常情况下，一些大型的汽车制造厂商会专门设立负责听取消费者投诉和提供售后服务的客户服务部或者信息技术部门，但是A公司自从推出信息网络和数字交换系统以后，所有的售后服务和消费者投诉的受理全部由网络信息系统解决。通过该系统可以对每辆汽车进行跟踪和监督，取得有关数据。系统可以把生产厂商提供的产品、客户的订货和市场销售系统有机地结合起来，使得汽车零售商能够通过系统互联网络，清楚地了解新型汽车产品的信息。与此同时，A公司的配送系统随时向承运人和其他有关运输公司提供信息。每当汽车零售商把客户的订单输入信息系统后，有关汽车从生产、装配、包装、运输一直到交货的每一步都可以安排好。物流公司通过网络与多家承运人保持密切的联系，具有多种运输方式可供选择，有足够的能力优化组织交货。

由于现在A公司基本上都由网络信息系统指导，过去曾有过的库存积压的现象已经不复存在。在过去的几年中，物流公司在联合承包和提供物流等方面积极发展与其他汽车生产厂商的合作，信息化的物流管理系统无疑为A公司保持与合作伙伴的业务联系提供了良好的基础。

问题：

(1)促使A公司开发信息化的物流管理系统的因素有哪些？自己度身定制管理信息系统有什么好处？

(2)该信息系统的运用对客户和合作伙伴有何意义？

● 综合实训

实训项目：物流信息软件仿真实训

(1)实训目的

①使学生熟悉物流企业各个岗位职责，掌握物流信息传递中各个环节连接方法，熟悉物流信息和单据流程。

②根据需要将学生分成不同角色(仓管员、运管员、配送员、综合管理员)。

③准确进行物流信息传递。

④利用物流信息系统对仓储、运输和配送资源进行整合管理。

⑤训练学生使用电子计算机系统管理物流，为以后计算机化管理物流打下基础。

(2)实训内容

①使用一体化物流仿真软件。

②模拟运输协管员，对项下车辆以及运输的货物根据预先设定的内容进行管理。

③模拟仓管员，对项下仓库货位管理、库存物资管理根据预先设定的内容进行分析、控制。

④模拟配送管理员，对项下配送车辆管理、配送货物管理、配送地点管理根据预先设定的内容进行决策和实施。

⑤利用物流仿真软件进行物流资源综合调度训练。通过软件采用条形码、射频等先进的

物流技术设备，对出入仓货物实现联机登录、存量检索、容积计算、库位分配、损毁登记、简单加工、盘点报告、租期报警和自动仓租计算等仓储信息管理。学生通过该仓储配送管理实训系统，能够实现远程的仓库状态查询、账单查询，以及图形化的仓储状态查询。对货物存储、出货等仓储业务进行动态安排，对仓储作业流程全过程进行电子化操作，能够与客服中心建立数据接口，使客户通过互联网实现远程货物管理，可以与企业的其他仓库系统（如高架立体仓系统）实现无缝连接。这样一款功能强大的实训软件，真正解决了仓储配送管理课程实训问题，学生从中可以不断积累岗位职能工作经验，为就业打下坚实基础。

(3)实训要求

①要求在 4 课时内完成。

②一人一机。

③撰写实践报告。

(4)注意事项

①相互之间模拟实际操作，各步骤之间结合紧密。

②最后结果相互进行对照。

③一次操作完成后，互换角色进行第二次操作。

主要参考文献

[1]程洪海. 配送中心管理理论与实务[M]. 北京:清华大学出版社,2011.

[2]石佐生. 配送管理[M]. 北京:冶金工业出版社,2009.

[3]余艳琴. 物流成本管理[M]. 武汉:武汉大学出版社,2008.

[4]姚仁浩. 安顺烟草降低物流成本的探索之路[J]. 物流技术与应用,2012(1).

[5]王波,申作兰. 现代物流配送管理[M]. 武汉:武汉理工大学出版社,2008.

[6]陈平. 物流配送管理实务[M]. 武汉:武汉理工大学出版社,2007.

[7]田红英. 物流配送管理[M]. 成都:四川大学出版社,2006.

[8]阮喜珍. 仓储配送管理[M]. 武汉:华中科技大学出版社,2011.

[9]张敏,黄先军. 现代物流配送管理[M]. 合肥:安徽大学出版社,2009.

[10]叶国权,柴华,杨淼淇. 可视化智能仓储信息管理系统的研究与设计[J]. 软件,2012(2).

[11]刘北林,付玮琼. 物流配送管理[M]. 北京:化学工业出版社,2009.

[12]董千里. 高级物流学[M]. 北京:人民交通出版社,2006.

[13]吴斌. 配送管理实务[M]. 北京:科学出版社,2007.

[14]杜庭刚,张淑芳. 配送中心运营管理[M]. 北京:中国物资出版社,2006.

[15]贾争现. 物流配送中心规划与设计[M]. 北京:机械工业出版社,2010.

[16]朱凤仙,罗松涛. 物流配送实务[M]. 北京:清华大学出版社,2008.

[17]翟光明. 仓储管理[M]. 北京:中国物资出版社,2009.

[18]陈达强. 配送与配送中心运作与规划[M]. 杭州:浙江大学出版社,2009.

[19]马毅,张虎臣. 物流仓储与配送[M]. 北京:北京交通大学出版社,2009.

[20]祈洪祥. 配送管理[M]. 南京:东南大学出版社,2006.

[21]徐海东. 物流中心规划与运作管理[M]. 大连:大连理工大学出版社,2010.

[22]江少文. 配送中心运营管理[M]. 北京:高等教育出版社,2007.

[23]吴斌. 配送管理实务[M]. 北京:科学出版社,2007.

[24]殷延海. 配送中心规划与管理[M]. 北京:高等教育出版社,2008.

[25]赵佳妮. 仓储配送管理[M]. 北京:国防工业出版社,2015.

[26]阮喜珍. 物流企业管理[M]. 北京:机械工业出版社,2011.

[27]李永生. 仓储与配送管理[M]. 北京:机械工业出版社,2008.

[28]罗俊,黄柳英. 仓储管理[M]. 重庆:重庆大学出版社,2012.